教育部哲学社会科学重大攻关招标课题"中国道德文化的传统理念与现代践行研究"（08JZD006）阶段性成果

公务员职业道德培训丛书

LIAN JIE LUN

李建华 李建国 主编

廉洁论

从"廉以正身"、"廉以立信"、"廉以服人"、"廉以正国"等方面入手，选择古代若干位杰出的"公务员"廉洁为官执政的事迹，阐释"廉洁"思想对为官从政者的重要意义；同时通过对各种反面事例的剖析，增强本书关于"廉政建设"思想的现实意义。

谭忠诚 ◇ 著

传统与现代的交锋，理想与现实的碰撞。

古今中外，旁征博引，视角独特。

且看本书如何论道"廉洁"。

华夏出版社
HUAXIA PUBLISHING HOUSE

图书在版编目（CIP）数据

公务员职业道德培训丛书. 廉洁论 / 李建华, 李建国主编;
谭忠诚著. — 北京：华夏出版社, 2013.1
ISBN 978-7-5080-7279-1

Ⅰ.①公… Ⅱ.①李… ②李… ③谭… Ⅲ.①公务员—职业道德—中国—学习参考资料 Ⅳ.①D630.3

中国版本图书馆CIP数据核字(2012)第253780号

公务员职业道德培训丛书·廉洁论

主　　编	李建华　李建国
作　　者	谭忠诚
总 策 划	袁　伟
出版策划	嘉伟文化 JARL.V CULTURE
责任编辑	刘晓冰
特约编辑	黄湘琳
出版发行	华夏出版社
经　　销	新华书店
印　　装	北京汇林印务有限公司
版　　次	2013年1月第1版　2013年1月第1次印刷
开　　本	710×1000　1/16
印　　张	14印张
字　　数	152千字
定　　价	25.00元

华夏出版社　网址：www.hxph.com.cn　地址：北京市东直门外香河园北里4号　邮编：100028
若发现本版图书有印装质量问题，请与我社营销中心联系调换。　电话：（010）64663331（转）

目 录
Contents

序

第一章 范畴篇：廉洁的道德维度

一、不贪为廉，不污为洁//022

二、廉故知耻，贪则染污//031

三、廉为德本，洁以存心//041

第二章 渊源篇：廉政观的历史衍变

一、先秦诸子廉政观//053
二、汉代的选廉制度//059
三、两汉后的廉政观//065
四、国外廉洁观概述//080

第三章 践行篇：倡廉与肃贪

一、廉故得民，贪则失民//092
二、廉为政本，洁以淳民//100
三、廉则政兴，国旺家宁//113

第四章 嬗变篇："廉"范畴的现代转型

一、洁己：洁以闲耻//125
二、节俭：俭以养廉//132
三、去奢：奢则伤廉//142
四、自足：廉者自安//153

第五章 开新篇：廉政建设的新思路

一、健全廉政文化//171

二、完善廉政制度//182

三、严肃反腐立法//195

四、加强官德建设//204

参考文献//216

Foreword 序

随着中国政治体制改革的深入，政治权力的构建与制约越来越需要道德的规范，特别是对公共权力的执掌者——官员——的德性要求也越来越高。近年来，公务员职业道德问题成为社会关注的焦点之一。如何有效加强公务员道德建设，防止官员腐败，树立良好的政府形象，是一个亟待解决的问题。

一、官德是社会的主体性道德

从社会成员的分层来看，官员是社会道德活动的主体；从社会道德的层次来看，官德是社会的主体道德。官德的主体性地位，首先是由官德的社会价值决定的。由于官员在社会生活中处于领导地位，手中掌握着权力。他们既是群体利益的代表者和维护者，又是群体意志的体现者和协调者，也是群体活动的组织者和教育者，还是群体关系的设计者和执行者；他们对社会的人、财、物等方面进行全面领导、管理、协调和服务。所以，"政治路线确定之后，干部就是决定因素"。正因为这种"决定因素"，社会和人民在道德上对他们赋予极高期望，官德在社会生活中，尤其是道德建设中起着举足轻重的作用。在改革开放和建立社会主义市场经济体制的今天，如果说当代中国社会发展中的道德建设已经引起人们的极大关注和忧虑，那么，公务员职业道德建设就是当代道德建设中的关键性问题。

公务员的职业道德取向直接显示着社会的道德导向。就当代中国社会道德发展状况而言，在确定了社会主义市场经济目标取向以后，受经济活动方式直接影响的道德建设，正处在新的定位过程中。道德规范和要求以及道德学说，被充实完善者有之，吸纳补充者有之，更新替代者有之，摒弃不用者亦有之。社会的不同阶层及成员如何在这一过程中判断社会的道德导向，并决定个人的道德取舍呢？他们既不可能再去因循计划经济体制下的道德规范，又对市场经济条件下的道德要求缺乏应有的理性认识。处于社会领导职位、担负不同领域和不同社会层面领导职务的领导干部的道德取向，在这种情况下就凸现出其导向作用。一方面人们从其道德言论中感悟社会所倡导的道德要求；另一方面人们又从其道德行为中判断善恶是非。公务员职业道德建设不仅显示了社会道德建设的主题，而且成为社会道德建设的重要组成部分，它对自身问题的解决，无疑会推动整个社会道德建设的全面开展。同时，由于官德在社会道德体系中的特殊地位，官德建设取得的成效，具有社会道德建设中其他内容均不可能具有的强烈示范效应，从而增强社会成员的道德建设信心，推动道德进步。

其次，从政治性角度分析，官德在本质上是一种政治道德，而政治道德始终处于社会道德的核心地位。

在中国的传统道德中，政治和道德是融为一体的，表现出明显的伦理政治化和政治伦理化的特征。伦理政治化就是通过把伦理产生的一切社会功能和文化功能与政治联系起来，扩大和加强伦理的政治功能，来保证封建政治制度能够在一系列伦理原则的规范和调节下有序地运行；政治伦理化则是把封建统治的政治目的、政治权力、政治秩序等归结于伦理观念，进而从伦理的角度证明封建政治制度的合理性。难怪一些思想家把德治、政德看作是国家兴亡的重大问题。在我国最早的一部政府重要文件及政治论文选编——《尚书》中，就提出了"德惟治，否德乱"的主张，即为政以德则治，不以德则乱。孔子也强调："为政以德，譬如北辰，居其所而众星拱之。"[1]汉代大思想家董仲舒再三说："以德为国者，甘于饴蜜，固于胶漆。"[2]这种思想观念一直延续到近代。孙中山先生就明确指出："有了很好的道德，国家才能长治久安。"[3]但道德对国家政治的重要作用，要靠人去实践，政德要靠为政者去实践，为政在人，因此，官德是关系国家兴亡的大问题。如以周公为代表的周初统治者，总结了夏商灭亡的教训："惟不敬厥德，乃早坠厥命。"[4]为此，提出"以德配天"的理论。"皇天无亲，唯德是辅"[5]，官德成为社会安危治乱的决定因素。司马迁在《史记》中，通过对先秦历史变迁、政权兴衰的总结得出了"有德者昌"、"饰诈者亡"、"修身而天下服"等结论。中国传统文化中的伦理政治、贤人政治与现代民主政治是相冲突的，但始终强调政德、官德的主导作用是非常有益的。事实上，在资产阶级道德中政治道德也占据核心地位。1893年，罗伯斯庇尔在建立法国资产阶级政权之际，即首先向议会发表了《关于政治道德的各项原则》的施政演说。他认为支持和推动政府的主要动力是爱祖国和法律的美德，要用美德来管理国家政治生活。当代美国政府也十分重视官德建设，并用立法的形式加

---

[1] 《论语·为政》。
[2] 《春秋繁露·立元神》。
[3] 《孙中山选集》，人民出版社1981年版，第679页。
[4] 《尚书·召诰》。
[5] 《尚书·蔡仲之命》。

强公职人员的道德责任,比如1976年公布的《公务公开法》,1978年颁布的《公务道德法》、《政府道德法》和1980年通过的《公职人员道德法》。无产阶级的政治道德是有史以来人类最崇高的道德,它代表着全人类的根本利益。"领导干部一定要讲政治"的科学命题也暗含了深刻的政治道德价值。

最后,从我国道德建设的现状来看,公务员职业道德建设也应成为道德建设的主题。

对当前我国社会道德领域出现的一些严重问题稍作分析即可看出,它们大都与公务员职业道德建设存在的问题直接相关。一方面,一些领导干部本身放松思想改造和道德自律,直接引发了严重的道德问题,如官员的生活腐化堕落;另一方面,作为道德他律的一个重要构成部分,少数官员对发生在自己身边,甚至直接隶属自己管辖范围的道德问题置若罔闻,客观上助长了道德问题的滋生与蔓延,使得当代中国道德建设在双重意义上要求将官德建设摆在首位。其一,官员自身存在的道德问题,构成社会道德建设中的难点和重点。从主流上看,我们大多数的官员是好的和比较好的,但也有个别官员以权谋私、生活腐化,堕落成腐败分子和犯罪分子。早在1978年,邓小平同志就告诫全党:"领导干部,特别是高级干部以身作则非常重要。"[①]"现在,不正之风很突出,要先从领导干部纠正起。群众的眼睛都盯着他们,他们改了,下面就好办。"[②]如官员自身正了,自身的道德问题解决好了,就能理直气壮地去解决他人的问题。其二,由官员道德问题所引发的消极影响,构成社会道德建设首先需要消除的影响。尽管有道德问题的官员是少数,但少数的官员却代表了党和政府公职人员的形象,容易产生极大的社会反响,在普通社会成员中造成一种连环性假象:由少数官员的道德问题推及到整个领导干部道德问题,由领导干部道德问题推及整个社会道德问题。

---

① 《邓小平文选》第2卷,人民出版社1994年版,第124页。
② 《邓小平文选》第2卷,人民出版社1994年版,第125页。

而要消除这种假象，就必须先使官员在道德上亮丽起来，从而消除引发上述连环性假象的源头。只有把官德建设作为道德建设的主体性工程，才能从根本上实现从上至下的平等道德自律，否则，道德建设只会成为只对下、不对上或只对民、不对官的管制老百姓的手段和精神枷锁。

二、官德作为职业道德的误区

公务员职业道德究竟是属于职业道德范畴，还是角色道德范畴，这是理论探讨的重要问题。现有道德学术书籍，几乎都是把官德定位为职业道德，这不仅给官德的理论研究带来了混乱，也给公务员职业道德建设带来了某种程度上的不利。

为了论述的方便，我们必须先明确职业与角色、职业道德与角色道德的区别。职业是指人们由于社会分工从事具有专门业务和特定职责并以此作为主要生活来源的社会活动。而角色是指在社会生活中处于一定社会位置、具有一定社会规范的活动个体及行为模式。从定义可知，职业侧重于社会的自然分工并是养家糊口的基本方式，而角色侧重于人的身份和地位，"身份"是人们在识别角色时使用的称呼。身份规定了角色，角色体现了身份。职业是个人自致和社会指定的结果，往往是固定和单一的，有时是终身的，而角色则是社会关系的产物，具有变动性、同兼性等特点。因此"官"不是一种职业，而是一种社会的指定角色，是一种身份；官不是社会分工而来，而是靠选举产生（在世袭制下是世袭而来）；官不应是终身的，而应是变动的、可更换的；官不是自致的，而是由社会机关、组织指定任命的。职业道德"是从事一定职业的人们在其特定的工作或劳动中的行为规范的总和"[①]。它具有内容上的稳定性、范围上的限定性、形式上的多样性等特点。角色道德

---

① 罗国杰主编：《中国伦理学百科全书·职业伦理学卷》，吉林人民出版社1993年版，第31页。

"就是人们在社会生活中充当某种角色时所必须遵循的行为准则、价值观念及其道德实践"①。职业道德突出了行业性的群体特点，而角色道德则突出在社会关系中的个体性。如商业道德是职业道德，营业员道德则是角色道德；军事道德是职业道德，而军人道德则是角色道德；政治道德是职业道德，则官德是角色道德，如此等等。更进一步说，职业更多地体现社会伦理关系，而角色更多地体现道德性质。伦理与道德在通常意义上可以等义使用，但二者之间的区别也是不容忽视的。伦理和道德在使用意义上的主要区别有：伦理是客观自在的，道德是主观自为的；伦理是社会的，道德是个体的；伦理是他律的，道德是自律的。尽管官德是社会政治伦理关系的主要体现，但也决不可用前者取代后者，更不能把后者归结为前者。

把官德定位于职业道德在理论和实践上都不利于加强公务员职业道德建设。首先，会降低官德的社会地位和自身要求。从社会整体而言，无论生产劳动还是管理和生活服务，也无论政府官员还是勤杂工，都承担着一定的社会职能，而且这种职能是社会不可分割的。国家社会不仅事事要有人做，而且专事要有专人做。"专人做专事"是社会成员的"自然"分流，也就是说从事某种职业本身对社会、对个人是自然的事（在现代社会有竞争上岗的问题）。同时，从事某种职业不仅意味着有了一个社会正式承认的身份，而且意味着有了生活的主要经济来源，有了谋生的手段。所以，"干活吃饭，挣钱养家"成为大多数人从事职业的主要动机，也是职业生活的基本事实。而官员如果仅仅是为了挣钱养家，仅仅是为了谋生，那么在为官动机上就等同于一般老百姓，在从政行为中就是"保饭碗"，不求有功，但求无过。这样，就无法体现官德的主体性作用。其次，官德的职业定位会弱

---

① 魏英敏主编：《新伦理学教程》，北京大学出版社1993年版，第522页。

化角色意识。儒家强调"君君、臣臣、父父、子子",就是要求"君"应该像"君"、"臣"应该像"臣",否则就是社会伦理纲常的败坏。这实际上强调的就是一种角色意识。角色意识是形成角色权利和义务、地位与作用观念的前提。角色意识中渗透着角色的自我认可、自我评价,因而它又是角色自信心、自尊心的源泉。正确的角色意识可以使所担任的角色得以成功,反之,错误的角色意识则会使所担任的角色趋于失败。如果一个人角色意识不强,则会形成角色差距,甚至会角色失真。曾几何时,在所谓"砸三铁"的热潮中,党政官员纷纷"下海",兴办产业,从事"第二职业",为的就是把饭吃好点,拓宽职业门路来捞取钱财,结果导致官商不分、带权经商,人民赋予的权力变成了个人或部门挣钱的工具。官商一体之所以成为历代社会之大忌,就在于官的角色失真,官不像官,带权经商,造成社会资源的分配不公。一个社会如果人们不能各安其分、各尽其责,出现角色失真抑或角色反串,就是社会道德衰败的开始。从职业角度讲官员同时可以是"老板"(我国对第二职业没有明确的法律规定),但从角色来讲官员就不能同时是"老板",正像一个人不可能同时演的既是"李玉和"又是"鸠山"一样。在特定场合角色都是特定的,不能用一种角色替代其他角色。一个官员在商场里购物只能是以顾客身份,在剧场看戏只能是观众,在公共汽车上就是乘客,而不是"XX长"之类,否则就会有特权现象。

正是由于对官德的定位不准,导致了公务员职业道德建设中的一系列问题,主要有两个:

1.在特征上,官德建设的超前性与社会道德的现实性相混淆。从社会的总体性道德要求而言,官德的要求与民德的要求不可同日而语、平行而论。官德代表着社会较高层次、体现道德发展较高要求的超前性规范,例如公而忘私、无私奉献、毫不利己、专门利人等等。这些道德规范,对于一般公民而言是属于提倡性、鼓励性、理想性道德，而对于社会主义社会的官员来说则是必须坚决遵循并身体力行的道德戒律。正因为如此，"我们在新民主主义革命时期，就已经坚持用共产主义思想体系指导整个工作；用共产主义道德约束共产党员和先进分子的言行"，而在改革开放和市场经济条件下，"党员尤其是党的高级负责干部，就愈要高度重视、愈要身体力行共产主义思想和共产主义道德"[1]，这里根本不存在超越现实问题。社会普通公民应遵守社会的广泛性、现实性道德要求，官员应遵守社会的先进性、广泛性道德要求。这种先进性与现实性的特点是十分明确的，但我们的一部分官员放松了对自己的高要求，把自己等同于一般的老百姓，并且以一般群众道德水平不高作为自己不能严守高标准道德规范的托辞，有的甚至把无私奉献、全心全意为人民服务、公而忘私等道德规范作为"左"的东西加以否定和批判，"而这种荒唐的'批判'不仅没有受到应有的抵制，居然还得到我们队伍中一些人的同情和支持"[2]，这就导致"吏无吏德"、"官无官责"的消极现象，直接影响到社会的道德建设。

2.在具体要求上，官德出现了模糊性。中国的政治体制改革相对于经济体制改革不但严重滞后，而且目标含糊不清。这种经济建设的明确性与政治行为的模糊性并存的现状，致使官德建设面临许多新问题，并在事实上处于一种似是而非的认识与理解状态。一是由于官德实际上被夹杂在一般道德、职业道德的规范当中被人们加以把握，这就完全忽视了政府官员与一般社会成员不同的道德要求和领导职务并非某种职业的特点；二是官德规范并没有得到明确的认定，尽管社会推出了"医德"、"商德"、"师德"、"公德"和"家庭美德"等一系列规范要求，但对官德缺乏应有的规范说法。在

---

[1]《邓小平文选》第2卷，人民出版社1994年版，第367页。
[2]《邓小平文选》第2卷，人民出版社1994年版，第367页。

唯经济主义的感召下,许多官员只注重了如何当好一个经济建设的带头兵,却无法清醒地明确怎样做一个"道德人",由此使他们难于以确定的、具体的道德规范来约束自己。利益驱动,尤其是对实利的获取是一切职业行为的基本前提,就是职业道德本身也无非是树立职业形象、改善服务质量、招揽顾客、谋取利益的手段。这种职业道德层面上的官德往往也容易变为官员的装饰,促成道德虚伪(这是中国官场上的一道独特景观)。同时,现实生活中虽然我们并不缺少对公务员的道德教育,但一部分公务员依然在利益的驱动下超越了职业道德的戒律,甚至出现为了职业需要而必须违反职业道德的怪现象,如当今中国一些官员感叹:"不腐败就办不成事",就是这种印证,公务员道德建设的难度可想而知。

三、官德作为一种角色道德

对官德职业定位误区的指出,同时意味着对官德进行角色定位的强调,以及由此而引申的现代意义。作为一种社会角色,"官"从来不是一种单一存在,而是一个角色丛。这就意味着"官"在现代社会中不可能是一个单一的道德主体,而是一种多元主体,官德的形成及其社会效应也不可能由单纯的道德手段所致,而是需要社会各个方面的共同努力,尤其是出现角色冲突的时候。把官看作道德主体,是对官德地位的确认;把官同时又看作是多元化主体,或者看到官由单一的道德主体向多元主体的变化,则是对官德本质的确认。

中国自古就有把官作为纯粹道德主体的传统。古代神话传说中的氏族首领是道德的化身,是正义的象征,是为民除害兴利的英雄,如盘古开天辟地,女娲炼石补天,燧人氏钻木取火,神农尝百草发明草药等等。传说中的尧、舜、禹都是德高望重的杰出人物。宋代司马光在其名著《资治通鉴》中将人分为四种:"圣人"、"愚人"、"君子"、"小人"。德才兼备是"圣人",

德才兼立是"愚人",德胜于才是"君子",才胜于德是"小人"。他认为只有"圣人"和"君子"可以成为国家的管理者。就是在新民主主义革命和社会主义革命时期,也是把干部的主观能动性的发挥和道德信念的高扬,作为革命事业成功的重要保证。所以,中国老百姓对官的角色期待主要是道德期待,希望有一个清政廉明的政府来拯救自己。道德无论以何种形态出现,总是属于主观性的东西,道德背后的客观基础是利益,是实实在在的利益关系。但是,半个多世纪以来,我们一直在夸大主观能动性的作用,强调"人是要有一点精神的",而又把这种精神看成是通过学习、教育、思想斗争可以获得的,在任何情况之下都能保持和发扬。我们可以用拔高、曲解、造假的方法"塑造"出许多不食人间烟火的"英雄",但那种"纯粹的人"的道德追求最后只能是道德"乌托邦"。不论历史活动有多么沉重的惯性,它都不会只停留在这一形式上。新中国成立后,剥削阶级被消灭了,非此即彼的利益对抗没有了,整体利益绝对至上的关系开始淡化,于是乎公私关系变得复杂起来。作为道德基础的利益关系的变化,就使诸如"无条件地牺牲"等道德标准开始失去它原有的明确和效力,内在的道德调节机制遇到了困境,新中国的官员们有可能出现"无组织行为"。其实,在三大战役硝烟未尽时,毛泽东就预见:"因为胜利,党内的骄傲情绪,贪图享乐不愿再过艰苦生活的情绪,可能生长。"①三十年后,邓小平又焦虑地指出,干部中脱离群众、思想僵化、滥用权力、办事拖拉、互相推诿、压制民主、徇私行贿、贪赃枉法等现象已达到令人无法容忍的地步。担忧变成了现实,现实越来越令人担忧。

问题的严重性也许并不在于官德的这种"蜕化",而是在于对这种现象的解释及其相应措施。过去,我们总是把官德蜕化归结为"资产阶级思想的

---

① 《毛泽东选集》,人民出版社1968年版,第1328页。

腐蚀"、"封建残余的影响"。于是,"思想改造"成了提高官德水平的唯一途径,"灵魂深处闹革命"、"狠斗私心一闪念",具体就是无休止的思想汇报、反省检查、斗私批修、上纲上线。这实际上就是用一种"阶级性善论"来论证党员干部是单一纯正的道德主体。毫无疑问,党和政府作为一种政治组织和政权机构,代表着国家和人民的利益,党和政府的政治行为应当体现人民利益的第一原则,但不能把这一性质简单套用到官员身上。因为党员干部就其完全的社会存在而言,他是历史活动中的个人,是具有多重社会角色的主体。一个政府官员在执行公务时是国家公务员,代表和维护国家利益是他的职责;官员作为某一单位的领导可能是代表群体利益;官员作为丈夫、父亲,则要维护和增进家庭利益;此外,他还可能是顾客、观众、患者等其他社会角色。总之,官员已不可能是纯而又纯的职业革命家了,他处于多种权利与义务的关系之中,充当着多种社会角色。这就使他们在执行公务时会面临双重相互矛盾的选择,职责要求他们维护社会整体利益,但个人私利也可能诱使他们以权谋私。这就迫使我们对官员的行为约束不能仅依赖于道德自觉,而必须对"官"这种社会角色进行道德上的制度安排。马克思在总结巴黎公社的经验时指出:"从前有一种错觉,以为行政和政治管理是神秘的事情,是高不可攀的职务……现在这种错觉已经消除。彻底清除了国家等级制,以随时可以罢免的勤务员来代替骑在人民头上作威作福的老爷们,以真正的负责制来代替虚伪的负责制,因为这些勤务员经常是在公众监督之下进行工作的。"①这就说明,使"勤务员"们"真正负责"的保证是"公众监督",而不是道德本身。这同中国传统文化中强调的"修身、齐家、治国、平天下"有根本上的不同。任何社会角色首先是一种利益角色,总是体

---

① 《马克思恩格斯选集》第3卷,人民出版社1995年版,第96页。

现着一定的权利与义务的关系，而道德又是以利益为基础的，所以角色道德更多地体现了一种以客观利益为基础的社会伦理关系，而不仅仅是某种主观的善良愿望。

作为一种角色道德，官德包含如下要义：

1.角色责任。这是角色道德的基本规定。每一社会角色同时就是对社会责任的某种分担，或者说，社会责任的分解是通过角色的分工去实现的。官员的角色责任就是为人民服务，医生的角色责任就是救死扶伤，教师的角色责任就是教书育人；服从是军人的天职，孝顺是子女的义务，义道是朋友的准则，温柔是女人的本性。凡此种种，都表明了角色与责任的同构。

2.角色技能。角色技能是担任角色的能力。一个人在何种程度上可以真正履行角色责任，不仅取决于他是否具有责任感，而且主要取决于他的能力。过去，我们之所以陷入"德"与"才"、"红"与"专"的无端争论之中，在于首先就把才与德对立起来。其实，"才"本身就是"德"，"德"也是"才"。在现代社会，一个不学无术、无知无识的人能德高望重，实在令人生疑。官员的才识与能力是官德的应有之义。一个没有能力履行角色责任的人，本身就是角色失真，谈何角色道德？一个人根本不会游泳，但我们千方百计鼓励他去救落水者，只要有这点精神，就是一个高尚的人，这不是明摆着鼓励人去"寻死"吗？世界上真有无才之德吗？

3.角色调解。角色调解就是指两个角色或多个角色因同角色的要求而发生冲突时，按照"两利相比取其大"的原则予以调节，实现角色的准确定位。当"忠""孝"不能两全时，必取其"忠"，因为"忠"是臣的最大责任。一个官员无论兼任多少种角色，当发生角色冲突时，始终必须以"官"这个角色为主，而不能反主为次，因为"官"代表的是国家和人民的利益，是高于一切的利益，维护人民的利益，是"官"的基本要求。

《公务员职业道德培训丛书》是按照官德的主要规范来组织的，尽管对官德规范的概括是多种多样的，但我们认为，"民本"、"公忠"、"勤政"、"廉洁"是基本的，每本书基本上都是按照特定的概念厘定、伦理价值、基本要求、建设路径的思路来形成框架。希望丛书的出版，不但能给官德研究提供新的理论元素，更能为公务员职业道德建设的具体实践提供参考。

是为序。

李建华

2013年1月

第一章 Chapter

范畴篇：廉洁的道德维度

廉洁，作为传统士大夫的精神品格，自古就是中国知识分子陶冶情操与完善自我的一种道德修养，如宋代欧阳修说"廉耻，士君子之大节"（《廉耻说》）。据现今可考文献记载，"廉洁"一词最早出现在战国时屈原的《楚辞·招魂》"朕幼清以廉洁兮"和《楚辞·卜居》"宁廉洁正直以自清乎"。东汉著名学者王逸在《楚辞·章句》中注释说："不受曰廉，不污曰洁。"意思是说：不接受他人的不义之施，不让自己的高洁人品受到玷污，这就是廉洁。

在中国传统社会中，这种士大夫之精神品格的"廉洁"，不仅整合了中国传统士大夫人格之自我完善的"内圣"，即在一方面自觉形成了中国传统士大夫（包括儒家孔子所谓"君子"人格）的内在德性，无论是孔子所倡导的"君子固穷，小人穷斯滥矣"的君子节操，还是孟子所弘扬的"富贵不能淫，贫贱不能移，威武不能屈"的大丈夫气概，均离不开这种个体士大夫之"廉洁"的品格修养；在另一方面，随着传统士大夫进身入仕机会的增加，这种已"内化"为士大夫个体之精神品格的"廉洁"，又日益焕发出其政治方面的"外王"事功，即廉政的社会治理效应。举凡古今英明的统治者，无不熟谙"廉生公，洁生明"的道理，并一致认为：惟有为政清廉，才能实现社稷中兴、国泰民安的良序政治社会。早在两千多年前，齐国政治家晏婴在谈及"廉政"时就说："廉者，政之本也，民之惠也；贪者，政之腐也，民之贼也。"（《晏子春秋·内篇》）这已把"廉"的"外王"事功提到了"政之本"、"民之惠"的高度。同样，春秋时另一著作《管子》中还有"礼义廉耻，国之四维，四维不张，国乃灭亡"的论述，把"廉"上升到了关系国之存亡的"四维"之一，这些论述皆彰显了"廉政"在整个社会管理中举足轻重的地位。但是，这种"廉政"的政治效应既不是一蹴而就的，也不是单凭某套严密的廉政制度建设就能立竿见影的。首先，它理所当然离不开对社会各级官吏进行修身培养的官德教育，如《左传·桓公二年》说"国家之败，由官邪也；官之失德，宠赂章也"，《尚书·商书·说命》又言"惟治乱在庶官"，《东汉诏令》也说"吏不廉平，则治道衰"。因此，历览古今中外的治道明君无不精察"治国"须先"治吏"的道理，如先秦法家代表人物韩非曾说"明主治吏不治民"（《韩非子·外储说》）。

古今中外，"明主治吏"的手段无非两种：一是严惩于既后的法律，一是防患于未然的道德，说白了，也就是儒家孔子提出的"德"、"刑"并举的治国思想。不过，在"德"、"刑"二者关系上，孔子却秉持了一种"德"主"刑"辅的执政立场，孔子说："道之以政，齐之以刑，民免而无耻。道之以德，齐之以礼，有耻且格。"（《论语·为政》）这就形成了早期儒家"为政以德"的政治理论雏形。

"为政以德"，本是传统儒家学派一贯倡导的执政观，孔子说："为政以德，譬如北辰，居其所而众星共之。"（《论语·为政》）意思是说，只要能做到以德治国，那么当政者就会像北极星一样，高居天体北极，大臣和人民群众就像群星一样环绕在他周围，服从他的领导。不仅如此，早期儒家甚至还认为，一个人能够充任多大官职，与其本人拥有的道德品格是相称的，这就是西周初期以周公为代表的"以德配位"说。因此，在西周王朝登上中国历史政治舞台以后，就立即儆诫那些各自分封为王的诸侯大臣：若要保住他们的统治地位，必须"有德"。像前朝殷商统治者那样只相信天命是不行的，即"天难谌"（《尚书·大诰》）、"天不可信"（《书经·君奭》）。这里的"天不可信"，并不是说天的存在不可信，而是说，不可以完全依赖于天的保佑。天之保佑与否，主要看统治者是否"有德"，所谓的"皇天无亲，惟德是辅"（《尚书·蔡仲之命》）。"以德配位"观不仅适用于统治者，对普通民众亦然，即某人能够拥有多大的社会财富，驾驭多大的社会资源，往往与其本人德行之高下有关，这就是《周易·乾卦》中"厚德载物"的命题。把儒家这种"以德配位"与"厚德载物"观念投射到现实人生，自然就产生了这样一种德性人生观——某人若是"无德"而身居高位或富甲一方的话，这对他往往是不吉利的。用道家老子之言，就是"金玉满堂，莫之能守"（《老子·九章》）。原因可能在于，一个"无德"之人往往会为了追求权力或贪图钱财而不择手段，终究遭致政治对手或商业仇家的报复而"人财两空"。因此，人们一旦知晓了"德"跟人生名位、物质财富的内在关系，就是知"道"，即老子所言的"知常"、"知常曰明"（《老子·五十五章》）。否则，不"知常"，悖德妄为，这就是"凶"了。故老子又言："不知常，妄作，凶。"所以，儒家孔子在告诫世人面对"富贵贫贱"之人生境遇时，曾有过如下一番感悟：

"富与贵，是人之所欲也；不以其道得之，不处也；贫与贱，是人之所恶也，不以其道得之，不去也。君子去仁，恶乎成名？君子无终食之间违仁，造次必于是，颠沛必于是。"（《论语·里仁》）

在这里，孔子完全赞同人们对"富与贵"的正当追求，但其"逐富求贵"的前提应该是"以其道得之"。言下之意，人们应该以正当的、合乎道义的手段来取得"富与贵"，否则宁愿甘居"贫与贱"而"不去也"。故孔子又言："不义而富且贵，于我如浮云。"（《论语·述而》）显然，孔子眼里的"富与贵"，不仅要以合乎道德（即他所谓的"仁"、"义"）的方式去"求"，而且还应该以合乎道德的方式去"守"。只有这样，才算是符合"仁"的实质内涵。因此，这个"仁"，也就成了儒家关于"君子"或"士"的道德要求，即"仁"德。孔子认为，要践行这种君子之道的"仁"德，并不是一件很难的事情，即"我欲仁，斯仁至矣"（《论语·述而》）。因为，践行"仁"德，对于一般普通人来说，只要做到如孔子提出的"忠"、"恕"之道就可以了。这个"忠"，用孔子的话来说，就是"己欲立而立人，己欲达而达人"（《论语·雍也》）；"恕"就是"己所不欲，勿施于人"（《论语·颜渊》）。然而，对于具体的统治者来说，若要力行"仁"德，还需另外符合孔子所谓的"五达德"——即恭、宽、信、敏、惠。如《论语·阳货》载：

子张问仁于孔子。子曰："能行五者于天下，为仁矣。"请问之。曰："恭、宽、信、敏、惠。恭则不侮，宽则得众，信则人任焉，敏则有功，惠则足以使人。"

儒家孟子则进一步认为，一旦把这种用于个人修身的"仁"德拓展开去，推行到社会政治生活中，就可顺理成章地实现一种德治的"仁政"社会，即儒家理想的"王道"政治。孟子认为，他这种"以（仁）德服人"的"王道政治"，是与法家那种凭武力来征服的"霸道政治"截然不同的，即"以力假仁者霸……以德行仁者王"（《孟子·公孙丑上》）。

中国古代文化的"德"，不仅展现在执政治国上，还更具普遍意义地表现在对个人品德的修养上。儒家经典《大学》说："自天子以至于庶人，一是皆以修身为本",这里的"修身"即"修身以德"。这种"修身以德",也是实现儒家关于个体人生之圆满所不可或缺的关键环节。早在春秋时期,鲁国大夫穆叔就提出了关于人生之圆满的"三不朽",他说:"太上有立德,其次有立功,其下有立言"(《左传·襄公二十四年》)。该观点认为,人生在世,应该首先追求道德的完善("立德"),建立社会的功业("立功"),倡正确的言论("立言"),这样才能死而"不朽"。这"三不朽"的思想与现代人关于理想人生"三境界",即"事业上的有成,家庭的幸福,人格的完美"颇有会通之处,都充分肯定了道德的完善对个人理想人生的"不朽"意义。

另外,对一个国家或民族而言,优良的道德传统,又是衡量该国家或民族是否具有文化底蕴与精神气象的内在特征。从这个意义上说,衡量一个民族真正灭亡的不是它的物理载体,如生理相貌特征等的消失,而是该民族本身所代表的道德文化的消亡。所以,就此而论,元朝时蒙古人虽然从肉体上征服了南宋大汉民族,然而由于当时蒙古民族本身文化底蕴的匮乏,终究未能实现从文化的精神层面来征服大汉民族,这就注定了这个王朝气数不长的历史命运。孙中山先生在其《三民主义·民族主义》中曾经谈到了这个问题,他说:"从前中国民族的道德因为比外国民族的道德高尚得多,所以在宋朝,一次亡国到外来的蒙古人,后来蒙古人还是被汉人所同化;在明朝,二次亡国到外来的满洲人,后来满洲人也是被汉人同化。因为我们民族的道德高尚,故国家虽亡,民族还能够存在;不但自己的民族能够存在,并且有力量能够同化外来的民族。所以穷本极源,我们现在要恢复民族的地位,除了大家联合起来组成一个国族团体外,就要把固有的旧道德先恢复。有了固有的道德,固有的民族地位才可以图恢复。"[①]就此,我们可以说,作为古代纯粹"马背民族"的蒙古人因为缺乏一种文化底蕴作为其精神上的依托,不管它所依仗的"武力"多么强悍,这样的民族终究只能称得上是一个仅会

---

① 孙中山:《三民主义》,《孙中山选集》,人民出版社1981年10月版,第680页。

"打江山"（"平天下"），而不会"守江山"（"治天下"）的民族。元朝蒙古人统治失败的教训，给后来的满族人有了引以为戒的历史机遇，因此，清朝统治者入主中原之后，立即就意识到了这种文化道德治理的优先性，及时地选拔了一些晚明汉族社会中的知识精英如范文程、洪承畴等来协助他们致力于中国儒家道德文化上的筹划，终于让其王朝帝国地位得以巩固而久安了两百多年。

当然，在传统儒家关于"为政以德"的论述中，廉洁，不仅是其德治之核心，也是有史以来为中国老百姓一直喜闻乐道的清廉政治的关键。

孔子虽然极为重视"为政以德"，但是，"廉洁"一词并未成为孔子思想的重要德目，其"廉"字在《论语》中仅出现过一次，其辞载于《论语·阳货》：

子曰："古者民有三疾，今也或是之亡也。古之狂也肆，今之狂也荡；古之矜也廉，今之矜也忿戾；古之愚也直，今之愚也诈而已矣。"

对于这个"廉"字，郑玄注为："鲁读廉为贬，今从古。"显然，在孔子生活的鲁国，当时是"廉"、"贬"互训的。可见，"廉"字之所以不为孔子所重视，乃是囿于他所生活的鲁国方言干扰。尽管如此，我们仍然能够在先秦其他典籍中发现这种作为"德目"的"廉"，如《管子》一书中即有"礼义廉耻，国之四维，四维不张，国乃灭亡"的语句。这里已把"廉"上升到关系国之存亡的"四维"之一，由此可知"廉"德的重要性。而且，在孔子《论语》中，我们依然能够品读出与现今"廉"之德目相关的诸多语境来。如"不义而富且贵，于我如浮云"（《论语·述而》），又说"富而可求也，虽执鞭之士，吾亦为之。如不可求，从吾所好"（《论语·述而》）。孔子认为，谋求"富与贵"应存在其手段上是否正当的道德规定性，这其中肯定蕴涵了"廉洁"的政治要求。

今之所谓"廉正"、"清廉"是导源于屈原的《楚辞》。明代《从政录》对世人之"廉"作了细致的划分:"世之廉者有三:有见理明而不妄取者,有尚名节而不苟取者,有畏法律保禄位而不敢取者。见理明而不妄取,无所为而然,上也;尚名节而不苟取,狷介之士,其次也;畏法律保禄位而不敢取,则勉强而然,斯又为次。"从这种关于"世之廉者"的细分,我们不难得出:廉洁,乃立身之基,齐家之始,治国之源,从政为民之根本!

因此,正是有鉴于"廉"对个人修身、齐家、治国上的根本意义,在本书接下来的篇章中,我们将对传统中国人所素以景仰的这种"廉洁"之品格与"廉政"之行事,聊作一番历史的探幽与时代的穿凿,旨在对我们新时代的廉政建设提供一番研幽摘微的历史品鉴。

一、不贪为廉，不污为洁

先秦儒家典籍关于"廉"的论述最早出现在《仪礼·乡饮酒礼》："设席于堂廉东上"，汉代经学家郑玄注曰："侧边曰廉"。许慎《说文解字》说："廉，仄也，从广，兼声。"段玉裁注曰："此与广为对文，谓逼仄也。廉之言敛也。堂之边曰廉，天子之堂九尺，诸侯七尺，大夫五尺，士三尺，堂边皆如其高。贾子曰：'廉远地则堂高，廉近地则堂卑'是也。堂边有隅有棱，故曰廉。廉，隅也。又曰：廉，棱也，引申之为清也，俭也，严利也。"由此可知，廉之本义为古人堂屋之侧边，其特点是有隅有棱，引申义即为清、俭、严利之类的行为品格。这种行为品格的引申义，后来被逐渐突显衍生而发展为一种重要的伦理范畴。

作为儒家道德范畴的"廉"最早是出现在《周礼·天官·小宰》："以听官府之六计，弊群利之治。一曰廉善，二曰廉能，三曰廉敬，四曰廉正，五曰廉法，六曰廉辨。"郑玄注曰："既断以六事，又以廉为本。善，善其事，有辞誉也。能，政令行也。敬，不解于位也。正，行无倾邪也。法，守法不失也。辨，辨然不疑惑也。"按经学家郑玄的解释，这些"以廉为本"的"六事"，不仅关涉着一个人对待政事的品格，而且还牵涉其人的执政能力、称职等问题。不仅如此，在《周礼》中，对于如何衡量一个人的廉能、廉法等，还曾设计了一套完整的考核方案。这极大地拓宽了当时执政者对于廉政的正确理解，也为历代统治者厉行切实的廉政制度提供了基本思路。事实上，后世统治者对官员廉政的考量，都不外乎以上述"六廉"为基本内容的框架体系。由此可知，"廉"之道德观念的出现，最早大约在西周时期已正式形成了。

与"廉"常用且相连的另一个文字则是"洁"。顾名思义，洁，就是洁白，不污。将其义衍申到人之品格描述时，往往是说，其清白的人品没有受到玷污。东汉著名学者王逸在《楚辞章句》中对"廉洁"二字注释说："不受为廉，不污为洁"。换成现代语言就是，不接受他人馈赠的钱财礼物，不让自己清白的人品受到玷污，这就是"廉洁"。

"不受为廉"，并不是要拒绝他人的任何惠施给予，而是应儆诫不义之施，不虞之惠。古代中国素以"礼仪之邦"著称，属于人与人之间"礼尚往来"的那种相互赠与，乃是人际间交往的一种必要礼节。像《孟子》一书中曾提到，战国时"士人"去他国谋职游说时盛行一种"出疆必载质"的风尚。这个"质"，即"贽"或"挚"。在古代，士人初次相见时，常常需交换一定的礼品来表示相互诚意，这种礼品便叫做"挚"。一般士人用的礼品则是"雉"，就是我们今天所说的"野鸡"。当时有个叫周霄的人对此不以为然，还以此求教于孟子说："出疆必载质，何也？"孟子对此回答说："士之仕也，犹农夫之耕也；农夫岂为出疆舍其耒耜哉？"（《孟子·滕文公下》）在孟子看来，士人出疆以载质，就如同农夫出疆必带农具一样。因此，以古人初次相见之礼来衡量，士人间相互接受必要的馈赠，不仅无伤大雅，还是合乎礼数的，这是对人的一种尊重。如孟子之受宋、薛之馈就是一例。史载孟子携弟子周游列国过程中，有时对其所遇国君的馈赠坦然接受，有时却又反其道而拒之。孟子有一叫陈臻的随行弟子，对此大为疑惑，于是以此发难而请教孟子。《孟子·公孙丑下》录其事如下：

陈臻问曰："前日于齐，王馈兼金一百，而不受；于宋，馈七十镒而受；于薛，馈五十镒而受。前日之不受是，则今日之受非也；今日之受是，则前日之不受非也。夫子必居一于此矣。"

孟子曰："皆是也。当在宋也，予将有远行，行者必以赆；辞曰：'馈赆。'予何为不受？当在薛也，予有戒心；辞曰：'闻戒，故为兵馈之。'

予何为不受？若于齐，则未有处也。无处而馈之，是货之也。焉有君子而可以货取乎？"

孟子回答是说，他对于不同国君之馈的"受"与"不受"，皆是对的。在宋国时，由于将有远行，宋君在馈赠时对孟子说："送上你一点盘缠吧。"故孟子接受了。在薛国时，孟子听说沿路有危险，需要戒备而行，因此薛君馈赠孟子时说："听说你沿途需要戒备，我就送点钱给你置备兵器吧。"故孟子也接受了。可是，在齐国时，却并未碰到这两种情形之一，所以孟子不受齐君之馈。相反，如果接受了齐君之馈，那就成了"货之"，用今天的话说，就是"贿赂"。在孟子看来，哪有君子可以随便接受他人贿赂的呢？

孟子认为，无故而受人之馈，就等于是默认了"不义之施"，这就是一种贿赂，非廉士之所为也。在《孟子》一书中，还有好几处提到了类似这种"不义之施"的例子。兹再引孟子与其弟子万章的一段对话：

万章曰："君馈之粟，则受之乎？"
（孟子）曰："受之。"
"受之何义也？"
曰："君之于氓也，固周之。"
曰："周之则受，赐之则不受，何也？"
曰："不敢也。"
曰："敢问其不敢何也？"
曰："抱关击柝皆有常职以食于上。无常职而赐于上者，以为不恭也。"
曰："君馈之，则受之，不识可常继乎？"
曰："缪公之于子思也，亟问，亟馈鼎肉。子思不悦。于卒也，摽使者出诸大门之外，背面稽首再拜而不受，曰：'今而后知君之犬马畜伋。'盖自是一无馈也。"（《孟子·万章下》）

孟子认为，国君对于外来人士馈之以谷米，是可以接受的。但不可常继，否则，不授之常职而不断地继以俸禄的话，也是可以像子思（孔子之孙，名伋）那样拒馈的。不仅可以拒馈，而且还应该深以为耻，正如孔伋所哀叹那样"今而后知君之犬马畜伋"。意思是，孔伋觉得鲁缪公待他只不过如同犬马之蓄养罢了。在孔伋看来，鲁缪公倘若真正赏识他，就应该对他赐以爵位，供以俸禄。否则，"子思以为鼎肉使己仆仆尔亟拜也，非养君子之道也"。显然，缪公虽待子思"亟馈鼎肉"，子思却感到了如畜犬马般的羞辱，而当成是"不虞之惠"。这里的关键是如何理解"不义之施"、"不虞之惠"。

"不义"的"义"何解？从字源学上来看，一般认为"义"字是来源于"宜"，是从"宜"字转换过来的。关于"义""宜"两字的字源学关系，在郭店儒简中就有"义，宜也"（《语从三》简35）的简文，并且，在传世文献中也同样可见到"义，宜也"的表述，如《礼记·中庸》说：

仁者，人也，亲亲为大；义者，宜也，尊贤为大；亲亲之杀，尊贤之等，礼所生也。

许慎《说文解字》释"宜"曰："宜，所安也。"可是，要真正了解这种以"心安"来解"宜"或"义"的做法，我们还得回到儒家孔子那里去。春秋时期，孔子一方面提出了以"爱人"为具体内容的"仁"，另一方面孔子似乎也注意到了这种"爱人"之"仁"在实际行事时也应存在着一个"当与不当"的限度问题，如孔子说的"唯仁者能好人，能恶人"就已包含了一种"仁"者应当爱所当爱，恶所当恶的内在尺度，这个内在尺度保障着作为"仁"之内容的"爱人"原则在付诸具体行为时，应维系着一种"当与不当"的适度性，这个时候就产生了"义"。从这个意义上说，孔子思想中的"义"本已包含在"仁"之中，因此，清人戴震也说："言仁可以赅义"[①]。

---

① 戴震：《孟子字义疏证》，中华书局1982年版，第48页。

可见，一旦这个"仁"之"爱人"原则必须见诸行事时，就牵涉到了"义"的必要性。由此可知，儒家的"义"也是从"仁"中延伸出来的一种用于处理人我关系的道德规定性，按庞朴先生的说法，这个"义"是"原来存于'仁'之内部的'能恶人'一面的外现"①。关于"义"对人之道德行为的规定性，冯友兰先生曾经说过："人在某种社会中，如有某种事，须予处置，在某种情形下，依照某种社会之理所规定之规律，必有一种本然底、最合乎道德底、至当底，处置之办法。此办法我们称之曰道德底本然办法。此办法即是义。"②通过这种对"义"的考察可知，"义"有两层意思，一是"宜"，即适宜，合适；二是衡量人之行为"应该"与否的限度，即冯友兰所称的"道德底本然办法"。"不义之施"是说，对于日常的施予，有些合于"义"的，就可以接受；对那些"不义"的，则应当拒之。

太史公司马迁认为，要真正地通晓儒家作为行事范畴的"义"，最好的方法应是精心治理《春秋》这部史书。对此，司马迁说：

> 故有国者，不可以不知《春秋》，前有谗而弗见，后有贼而不知。为人臣者不可以不知《春秋》，守经事而不知其宜，遭变事而不知其权。为人君父而不通于《春秋》之义者，必蒙首恶之名。为人臣子而不通于《春秋》之义者，必陷篡弑之诛，死罪之名。其实皆以为善，为不知其义，被之空言而不敢辞。夫不通礼义之旨，至于君不君、臣不臣、父不父、子不子。夫君不君则犯，臣不臣则诛，父不父则无道，子不子则不孝。此四行者，天下之大过也。以天下之大过予之，则受而弗敢辞。故《春秋》者，礼义之大宗也。（《史记·太史公自序》）

"不虞"的"虞"何解？虞，许慎《说文解字》云："仁兽也，食自死之肉"，按《说文》的解法，虞，本是指一种不吃生物之肉、只食死去动

---

① 庞朴：《儒家辩证法研究》，《庞朴文集》第1卷，第450页。
② 冯友兰：《新理学》，《贞元六书》（上），华东师范大学出版社1996年版，第128页。

物之尸的仁兽。段玉裁注曰："按此字假借多而本义隐矣。凡云乐也、安也者，'娱'之假借也。凡云规度也者，以为'度'之假借也。"今多取其"度"之假借义，如孟子说："有不虞之誉，有求全之毁"（《孟子·离娄上》）。"虞"，《毛传》引《诗·大雅·抑》"用戒不虞"句，注曰："不虞，非度也"，就是一例。由此可知，"虞"有"料想"之意。"不虞之惠"中的"不虞"，也应做此解。"不虞之惠"，也就是"非度之惠"，用今天的话来讲，即是出乎意料的财惠，或意外之财。

出乎意料的财惠，即"不虞之惠"为什么不能轻易接受呢？这是因为，平白无故地接受他人财惠，必然会授人以柄，他日，施惠者一旦有所求时，必将图以厚报。前日受人"不虞之惠"，今日回报时，就不得不受制于人了。俗语说"吃人家的嘴软，拿人家的手短"，在这方面，春秋时宋国的司城子罕，可谓树立了一个很好的榜样。据《左传·襄公十五年》记载：

宋人或得玉，献诸子罕。子罕弗受。献玉者曰："以示玉人，玉人以为宝也，故敢献之。"子罕曰："我以不贪为宝，尔以玉为宝。若以与我，皆丧宝也。不若人有其宝。"

子罕不受重玉，其意思是，我以不贪为宝贝，而你以玉为宝贝，现在倘若将宝玉送给了我，我们两人岂不都失去了各自的宝贝？可知，子罕之所以不受重玉，以其为"不虞之惠"，受之伤廉也。借用孟子的话，这就是"可以取，可以无取，取伤廉"（《孟子·离娄下》）。

"不污为洁"，其本义是说，不让自己清白的身子受到玷污。常指代人的品格高洁，不让自己清白的人格受到玷污。文学名著《红楼梦》里林黛玉所赋《葬花辞》的"质本洁来还洁去，强于污淖陷渠沟"，就形象地道出了这层意思。

人各有志，且不同个体之精神境界亦参差不齐，高下悬殊。自古以来，众多志存高远的雅士，往往表现为两种极端的人生路径——要么像道家那样，绝尘远世，做个避居山林的隐士，如在《论语·微子》篇中，曾记载了一些孔子周游时,在民间碰到不少特立独行的隐士情况;要么像儒家那样,以天下为己任,以积极参与社会之行事(主要是各类政治活动)来实现自己的人生价值,如赵岐《孟子章句》中引孔子之言:"仲尼有云:我欲讬之空言,不如载之行事之深切著明也。"

然而,古往今来,对于那种道家隐士的高洁,无论其时人还是后辈,往往也有一种"仁者见仁,智者见智"的品鉴。例如生活在商纣时代的伯夷,就可堪称是一名洁士。据《孟子·万章下》记载:

> 伯夷,目不视恶色,耳不听恶声。非其君,不事;非其民,不使。治则进,乱则退。横政之所出,横民之所止,不忍居也。思与乡人处,如以朝衣朝冠座于涂炭也。当纣之时,居北海之滨,以待天下之清者。故闻伯夷之风者,顽夫廉,懦夫有立志。

其意思是说,伯夷眼中见不了"恶色",耳中听不下"恶"声。不是他理想的君主,就不去为官侍奉;不是他理想的百姓,就不屑于去使唤。天下太平,他就出来做事;天下混乱,就隐迹田野山林。凡是有暴政与暴民的地方,都绝对不会去居住。当处商纣王无道之世,他就独自一个人居住在北海边上,以等待天下之清平。所以,当时能听到伯夷之风节的人,贪得无厌之人就廉洁起来了,懦弱之人也开始有独立不屈的志气了。孟子认为,如果硬是要给伯夷一个好的评价的话,那就是"圣之清"了。

与伯夷相比,柳下惠却截然相反,据《孟子·万章下》记载:

> 柳下惠不羞污君,不辞小官。进不隐贤,必以其道。遗佚而不怨,阨穷而不悯。与乡人处,由由然不忍去也。"尔为尔,我为我,虽袒裼裸裎于我侧,尔焉能浼我哉?"故闻柳下惠之风者,鄙夫宽,薄夫敦。

这里意思是说,柳下惠不以侍奉污君为耻,也不以官小而辞职。立于朝堂之上，不隐藏自己的才能，但行事时却有自己的原则。自己被遗弃，也无怨恨；穷困也不忧愁。乐于同乡下人打成一片而不忍离去。他说："你是你，我是我，你纵然在我旁边赤身裸体，哪能沾染着我呢？"所以，听到了柳下惠之风节的人，胸襟狭小之徒也变得心胸宽大了，刻薄之人也变得厚道了。孟子看来，倘若据此要给柳下惠一个好评的话，那就是"圣之和"。

可是，在孟子看来，伯夷与柳下惠这两种人均是不值得效法的。其理由是："伯夷隘，柳下惠不恭。隘与不恭，君子不由也。"（《孟子·公孙丑上》）意思是说，伯夷过于狭隘，即器量太小；柳下惠则不太严肃。儒家的君子是不会沦于这种"隘"与"不恭"之偏的。孟子这种看法也很符合孔子的思想。如《论语·微子》篇载：

逸民：伯夷、叔齐、虞仲、夷逸、朱张、柳下惠、少连。子曰："不降其志，不辱其身，伯夷、叔齐与！"谓："柳下惠、少连，降志辱身矣。言中伦，行中虑，其斯而已矣。"谓："虞仲、夷逸，隐居放言，身中清，废中权。我则异于是，无可无不可。"

在这里，孔子流露出的"无可无不可"态度，可谓揭示儒家对于隐士之高洁的恰当看法：即该像伯夷那样做到"圣之清"时，就"清"，该像柳下惠那样做到"圣之和"时，就"和"，一切因时世而宜。所以，孟子又说孔子是一名"圣之时"者。

尽管如此，儒家眼里的"廉士"与"洁士"还是有区别的。如在《孟子》一书中，曾记载了一位时人普遍公认的"廉士"——陈仲子，孟子却不以为然，认为陈仲子还够不上"廉士"的标准。其事见《孟子·滕文公下》：

匡章曰："陈仲子岂不诚廉士哉？居於陵，三日不食，耳无闻，目无见也。井上有李，螬食实者过半矣，匍匐往，将食之；三咽，然后耳有闻，目有见。"

孟子曰："于齐国之士，吾必以仲子为巨擘焉。虽然，仲子恶能廉？充仲子之操，则蚓而后可者也。夫蚓，上食槁壤，下饮黄泉。仲子所居之室，伯夷之所筑与？抑亦盗跖之所筑与？所食之粟，伯夷之所树与？抑亦盗跖之所树与？是未可知也。"

这则故事是说，当时有个叫匡章的人说，陈仲子能够称得上"廉士"了吧。（他因视其兄之禄为不义之禄而不食，以其兄之室为不义之室而不居，独自避兄离母，居于於陵。）在於陵时，他饿了三天，以至于耳鸣眼花了。附近的井边有一颗李子，虽已被虫子蟠食过半了，仲子仍然爬过去捡食，三口以后，耳目方有感觉。孟子则说，我不否认仲子是齐人中的佼佼者（"巨擘"），但仍不能说仲子够得上是"廉"。为什么呢？孟子以为，若要世人效法仲子之操行的话，除非变为蚯蚓后才能做到。因为，蚯蚓上食地面干土，下饮地下泉水。即便这样，仲子可能连蚯蚓也不如。试问：仲子在於陵所居的房子，究竟是伯夷这样的洁士还是像盗跖那样的强盗建造的呢？仲子所吃的谷米，究竟是伯夷还是盗跖所种植的呢？所以，在这些都没能弄清的情况下，实在很难说仲子就称得上"廉"了。至于其中的道理，孟子则在其他地方谈到了。如在《孟子·尽心上》即载：

孟子曰："仲子，不义与之齐国而弗受，人皆信之，是舍箪食豆羹之义也。人莫大焉亡亲戚君臣上下。以其小者信其大者，奚可哉？"

孟子的意思是说，若以不正当手段取得齐国以让与陈仲子，他是不肯接受的。但即便这样，其行为也只能属于那种舍箪食豆羹之类的"小义"，而与其抛弃亲戚君臣而不顾的"大义"而言，陈仲子实在又是因"小"失"大"了。

从上述引文可知，儒家所谓的"廉"，绝对不是那种弃国与家之双重人伦责任而不顾的自洁其身的个人癖好，而必须是兼备道德责任和人伦义务的担当。关于这一点，孔子弟子子路曾表述得很明确，在《论语·微子》篇，子路说："不仕无义。长幼之节，不可废也；君臣之义，如之何其废之？欲洁其身，而乱大伦。君子之仕也，行其义也。"孟子之所以肯定陈仲子的操守，而不赞同其为"廉士"，乃在于仲子仅做到"欲洁其身"，而乱"大伦"了。子路的"君子之仕，行其义也"，即点出了儒家士大夫们出仕做官的真谛，即做官只是一种实现自己价值观——"行其义也"的手段，而非贪财弄权也。从这个意义上说，"廉"和"洁"又是有所区别的，"洁"只是一种个人欲洁其身的癖好，是操守；而"廉"则在此基础上有所提升，是一种德行。

二、廉故知耻，贪则染污

中国传统美德中，还有一项与"廉"息息相关的内容，那就是"知耻"。所以中国人讲"廉"德时，往往又离不开"耻"，即"廉耻"是并列的。如欧阳修说："廉耻，士君子大节"（《廉耻说》），再如《管子》的"礼义廉耻，国之四维"，"廉"与"耻"即位居其"四维"之二。

一个人要做到"廉"，必须首先在心理上要有知耻意识，即所谓"知耻而后廉"；反之，一个不知耻的人，是无法做到"廉"的。而要做到知"廉耻"，在儒家士人看来，又需先明"礼"。孔子认为，"礼"的作用就是为了让人"知耻"，他说："道之以政，齐之以刑，民免而无耻。道之以德，齐之以礼，有耻且格"（《论语·为政》）。意思是说，统治者以政事引导民众，以刑法来约束民众，则民众只知道避免犯罪，却在心理没有羞耻感；若是以道德来教导民众，以礼义来规范民众，则民众就会有羞耻心。孔子又说："恭近于礼，远耻辱也。"（《论语·学而》）甚至在对他人表示恭敬时，也应该按礼的规范去做，这样才能使自己免于羞辱。这里，关键是如何理解古人所说的"礼"，而且，这个"礼"还是儒、道两家分歧的一个焦点，老子说："礼者，忠信之薄而乱之首也。"（《老子·三十八章》）那么，如何客观理性地看待儒、道两家在围绕"礼"的问题上的分歧呢？为此，我们还必须对代表中华文明之核心内容的"礼"进行一番必要的历史考察。

古代中国号称"礼仪之邦"，考察"礼"的起源实际就是追溯中华文化或华夏文明的源头。

关于"礼"的起源，近代学术界各执己见，众说纷纭。近代王国维先生通过对古文字学的研究，对礼的起源提出了新的见解。他认为，礼起源于宗教仪式。"礼"字最早指以器皿承两串玉祭献神灵，后来也兼称以酒祭献神灵，再后来则笼统地将一切祭神之事泛称为礼。关于王国维先生这一观点，我们亦可求诸《说文解字》（以下简称《说文》）关于"礼"的解释来证明。在《说文》中，许慎释"礼"："礼，履也。所以事神致福也。"

同时，民国学者刘师培先生又提出"礼源于俗"的观点。他说："上古之时，礼源于俗。典礼变迁，可以考民风之同异。"①梁启超先生也说："无文字的信条，谓之习惯。习惯之合理者，儒家命之曰'礼'。"②这一"礼源于俗"的观点，还保留在《礼记·表记》的相关描述中：

> 子曰：夏道遵命，事鬼敬神而远之，近人而忠焉，先禄而后威，先赏而后罚，亲而不尊。其民之敝，蠢而愚，乔而野，朴而不文。
>
> 殷人尊神，率民以事神，先鬼而后礼，先罚而后赏，尊而不亲。其民之敝，荡而不静，胜而无耻。
>
> 周人尊礼尚施，事鬼敬神而远之，近人而忠焉，其赏罚用爵列，亲而不尊。其民之敝，利而巧，文而不惭，贼而蔽。

上述《表记》这段文字把上古三代文化区分为夏道"尊命"，殷人"尊

---

① 刘师培：《古政原始论》，见《刘申叔遗书》第683页。
② 梁启超：《先秦政治思想史》，中华书局1936年版，第81页。

神"，周人"尊礼"。（这与我们传统史学界关于巫觋文化、祭祀文化、礼乐文化的演进是一致的。）对此，陈来先生指出，《表记》说的夏代应含夏以前至三皇时代的文化面貌，"尊命"即尊占卜之命、巫觋之行，那时的神灵观念尚未充分发展，所以说远于鬼神。殷人尊神事鬼，先鬼后礼，表明殷人虽已有礼，但占据文化主导地位的是鬼神，礼完全不具有任何优势（此"礼"指人道之礼）。周人尊礼，礼在周人的文化体系中占主导地位，享有甚于其他事物的优先性。由于人道之礼居主要地位，鬼神祭祀虽仍保留，却已渐渐远之，向神道设教的形态发展（这就是荀子所说的君子以为人道，百姓以为鬼神）。

这三段文字也揭示了民风在三代文化中所表现的时代差异。夏民愚野质朴，反映了蒙昧时代民智未开现象。殷人荡而不静，似乎是酒神性格的表现；而求胜而无耻，表示殷代属野蛮时代，道德感亟待建立。周人礼而巧，显示出周文化所处的时代特点。

周人"尊礼"意味着这种"礼"至周代已完备臻熟，从文化上看，已经是不区分宗教与道德，不严格分别礼俗与法律，而是一种包容性很大的文明组织方式了。这种"礼"，就是荀子说的："礼者，法之纲纪，类之大分。"此"礼"的规范与仪式可谓囊括了人类社会生活的各个方面。其具体则包括了祭祀之礼、丧葬之礼、聘礼、婚礼、冠礼、燕礼（天子燕来朝诸侯之礼）、朝觐礼，甚至是乡饮酒礼、射礼等。总之，"礼"不仅规范着人从生到死的每一个社会行为，而且囊括了个人日常闲居行为的方方面面，它几乎涵盖了制度文化的一切方面，其涵义略近于今日所称之"文化"或"文明"了。因此周"礼"亦是"周文"或"周道"。

西周的"礼"如此隆盛以至于"郁郁乎文哉！"它有什么内在特征呢？或者说，它为何值得人们如此遵奉？这是因为，"礼"有两个重要特点：即"周礼"既是本乎"天道"，又是合乎"人情"的。这就是《礼记·礼运》所言："夫礼，先王以承天之道，以治人之情。故失之者死，得之者存。"

"礼"本乎"天道"，在《左传·昭公二十五年》记郑子产言曰："夫礼，天之经也，地之义也，民之行也。"

《左传·昭公二十六年》记齐晏婴之言："礼之可以为国也久矣，与天地并。"

宋儒张载也说："礼不必皆出于人，至于无人，天地之礼自然而有，何假于人。天之生物便有尊卑大小之象，人顺之而已，此所以为礼也。学者有专以礼出于人，而不知礼本天之自然。"①

另一方面说"礼"合乎"人情"。这种观点在《礼记·礼运》篇说得很明确。它说：

何谓人情？喜、怒、哀、惧、爱、恶、欲，七者弗学而能。何谓人义？父慈、子孝、兄良、弟弟、夫义、妇听、长惠、幼顺、君仁、臣忠，十者谓之人义。讲信修睦，谓之人利；争夺相杀，谓之人患。故圣人之所以治人七情，修十义，讲信修睦，尚辞让，去争夺，舍礼何以治之？……故圣王修义之柄，礼之序，以治人情。故人情者，圣王之田也，修礼以耕之，陈义以种之，讲学以耨之，本仁以聚之，播乐以安之。

这形象地说明，人情只是一块田地，只有用圣王的礼乐来耕种它、改造它，才能有所成就。这即是文中所提到的"礼义以为器，人情以为田。"因此，在《礼记·乐记》中还说："是故先王本之情性，稽之度数，制之礼仪"，"礼"一方面是"本之情性"，但同时也要"稽之度数"，这两方面结合起来才是真正的"礼"。这实际上就是荀子所强调的"礼以养情"说。《礼记·坊记》引用孔子的话说："礼者，因人之情而为之节文，以为民坊者也。"意即"礼"一方面是"因人之情"，但同时又要用"礼"来"节"，即控制人情，否则必然会"灭天理而从人欲"（《礼记·乐记》），最终导致天下大乱。因此，即使到了近代，也有学者依然认同这

---

① 《经学理窟》，《张载集》，第264页。

种观点。如李安宅在《仪礼与礼记之社会学的研究》中曾有类似的看法："礼的起源,自于人情。"①其实,中国古代哲学一个基本问题就是"天人合一",这一根本问题反映到"礼"上,也是既本乎"天道",又合乎"人情"的。这种"天道"与"人情"的统一,即在于孔子所提出的"仁",一旦做到了这个"仁",就能在个体的行为中自觉地表现出如孔子所言的"随心所欲而不逾矩"的自由境界。这就是"礼"表现在个体上的功用,把这种功用推广开来,就可以实现社会整体的"和",即孔子所说的"礼之用,和为贵"(《论语·学而》)。

现在,我们再回过头来看看老子对儒家"礼"的批判,老子说:"故失'道'而后'德',失'德'而后'仁',失'仁'而后'义',失'义'而后'礼'。礼者,忠信之薄而乱之首也。"(《老子·三十八章》)钱穆先生对老子这番言辞激烈的反儒论调曾有过这样的辩护,钱先生说:"其实失于仁而为礼,则不仅薄而已,为伪为僭,无所不至,宜为乱之首。"②而清人朱彬在《礼记·表记》中有这样一段"正义"文字说:"礼,人文也。人文之著,则上下有等,亲疏有辨。及其末也,溺于文而不求其实,拘于末而不返其本,故其俗文而不惭,文胜质而不知义也。其民则贼而蔽,不返其本,故贼于其末,不求其实,故蔽于虚文也。三代之本末可知矣。"可知,这段"正义"文字与钱穆先生的辩护是一致的。显然,儒家强调的"礼"本就如钱穆先生所言,是有"文"有"质"的,而一旦脱离"质","礼"就仅沦为一种虚文仪式了,这就是道家老子所不幸言中的"礼者,忠信之薄而乱之首也。"正是因为"礼"的这重特征,所以,在儒家思想中,"仁"和"礼"始终并举,甚至有人说孔子是"仁内礼外"。这里的"礼外",是说"礼"是用来规范或约束人之外在行为,孔子说"七十而随心所欲不逾矩"的"矩",实际上就是"礼"。

只有明白了"礼",才能真正地知"耻"。在儒家思想中,无论是孔子

---

① 李安宅:《仪礼与礼记之社会学的研究》,商务印书馆1931年版,第4页。
② 钱穆:《论语新解》,生活·读书·新知三联书店2002年版,第54页。

还是孟子均强调应该用"礼"来规范个人的日常行事,一旦其人行事有逾礼之举,孔子即认为是"耻辱"。

如《论语·八佾》记载,鲁国的季氏按周天子的礼节——"八佾"来举行家宴,孔子认为这是不合乎"礼"的,所以深以为耻,并痛斥说:"八佾舞于庭,是可忍,孰不可忍?"意思是说,季氏以周天子乐舞的规格来举行家宴,对他这样的行为都可以容忍的话,还有什么行为不可以容忍呢?反过来,季氏明知"八佾"为天子之乐舞的礼数,仍然堂而皇之地公开奉行,这是一种有政治野心的"不臣"之举。这种"不臣"的觊觎之心,不仅大逆不道,更是一种"不知耻"的表现。故孟子言:"耻之于人大矣哉"。又说:"人不可以无耻,无耻之耻,无耻矣。"(《孟子·尽心上》)因而,对于季氏之流的僭礼之臣,是谈不上羞耻的,这更是"无耻之耻"了。

孔子生活的时代,正值"礼崩乐坏"的衰世,不但臣子有不知礼的,君王也有不按礼数行事的。如《左传·文公二年》记载,鲁文公在太庙举行登基大祭时,竟然将鲁僖公的灵位跻于其先人闵公之上。当时主管祭仪的礼官夏父弗忌还振振有词地说:"吾见新鬼大,故鬼小。先大后小,顺也。跻圣贤,明也。明、顺,礼也。"而当时知礼的君子却"以为失礼",并有评论说:"礼无不顺。祀,国之大事也,而逆之,可谓礼乎?"

在先秦时代,类似国君这种僭礼行为,不仅会引发贤臣的指责而顿失民心,有时甚至招致丧师辱国的灾难,如春秋时的齐顷公即属此例。其事载于《春秋谷梁传》:

(成公元年)冬,十月。(鲁)季孙行父秃,晋郤克眇,卫孙良夫跛,曹公子手偻,同时而聘于齐。齐使秃者御秃者,使眇者御眇者,使跛者御跛者,使偻者御偻者。萧同叔子处台上而笑之。闻于客。客不说而去,相与立胥间而语,移日不解。齐人有知之者,曰:"齐之患,必自此始矣!"

其事是说:鲁成公元年,鲁国大夫季孙行父、晋国大夫郤克、卫国使臣孙良夫、曹国使臣公子首结伴而行，一起出使齐国。碰巧的是，这四位使臣均有一大生理上的缺陷：晋国郤克是独眼龙（眇），鲁国季孙行父是个秃顶，卫国孙良夫是个瘸子（跛），曹国公子首是个罗锅（偻）。可齐顷公为了博得其母萧同叔子的开心，竟然不顾外交礼节而蓄意上演一出恶作剧来羞辱四位外交大臣，齐顷公在给四位使臣安排御者时，竟然给鲁国季孙行父安排了一位秃子，给晋国郤克配了一名独眼龙，给卫国孙良夫找来了一个瘸子车夫，给曹国公子首提供了一名罗锅车夫。齐顷公这一非礼外国使臣的行为，当即引来了国人的指责，并有人预言说："齐之患，必自此始矣！"果如所料，时过三年，在郤克掌握晋国大权之后，立即与鲁、卫、曹结成四国联盟，共同讨伐齐国，这就是春秋时期著名的"鞌之战"。史载此役齐军大败，连齐顷公本人也险些成了晋军的俘虏。在战后两国和谈条件时，晋国竟然特意提出"必以萧同叔子为质"，即提出必须以齐国的国母做人质，这不可不谓是齐国的"国耻"。

由此可知，一个人只有知"礼"节、明"礼"数，才能知"耻"；而君子只有在"知耻"后才能做到"廉"，所谓知耻而后廉，鲜耻则寡廉。流传千古的"志士不食盗泉之水，廉者不受嗟来之食"的典故，就是这种"知耻而后廉"的范例。据《尸子》一书记载："孔子过于盗泉，渴矣而不饮，恶其名也。"意思是说，孔子不喝"盗泉"水，因为他憎恶这个名字。旧时人们引用这句话，多是奉劝人们应该坚守节操，不污其行。"廉者不受嗟来之食"，其语出《礼记·檀弓下》："予唯不食嗟来之食，以至于斯也！"其故事又载于明朝冯梦龙《东周列国志》第八十五回，其大意是说，齐国出现了严重的饥荒，黔敖在路边准备好饭食，以供过路的饥民来吃。有个饥饿的人用袖子蒙着脸，无力地拖着脚步走来。黔敖左手端着吃食，右手端着汤，说道："喂！来吃！"那个饥民扬眉抬眼看着他，说："我就是不愿吃嗟来之食，才落到这个地步！"黔敖追上前去道歉，饥民终究没有吃，最后饿死了……

这个"不食嗟来之食"的典故，其意在教导人们做人要有骨气，绝不低三下四地接受别人的施舍,哪怕是牺牲自己的利益甚至生命,也绝不能做出辱没骨气和志气的事情。说白了,人要有廉耻之心,不能厚颜无耻地苟且偷生。由此可知,中国古人"养廉"之心何其慎也。

一个要"养廉"之人,除了须"知耻"之外,还应"戒贪"。贪婪,从现代心理学来说,是来源于人性中固有之生存本能的一种欲望,如司马迁说:"天下熙熙,皆为利来,天下嚷嚷,皆为利往",诗人陆游《对食》诗说:"人苦不知足,贪欲浩无穷"。对于人性的这种贪欲之心,古人曾经赋诗以形容说:

> 终日奔波只为饥,
> 方才一饱便思衣。
> 衣食两般皆俱足,
> 又想娇容美貌妻。
> 娶得爱妻生下子,
> 恨无田地少根基。
> 买到田园多广阔,
> 出入无船少马骑。
> 槽头扣了骡和马,
> 叹无官职被人欺。
> 当了县丞嫌官小,
> 又要朝中挂紫衣。
> 若是世人心里足,
> 除非南柯一梦西。

正是鉴于人心这种永无止境的"贪欲",古今中外的哲学家都一致强调,一个有理性的人,应该学会将自己的欲望调整在适合自己身心之和谐的范围之内。如中国古代哲学家荀子从"人性恶"论出发,第一次从人性角度阐述了人之无限的贪欲与有限的社会资源之间的矛盾。荀子说:

今人之性，生而有好利焉，顺是，故争夺生而辞让亡焉；生而有疾（嫉）恶焉，顺是，故残贼生而忠信亡焉；生而有耳目之欲，有好声色焉，顺是，故淫乱生而礼义文理亡焉。然则从人之性，顺人之情，必出乎争夺，合于犯分乱理而归于暴。故必将有师法之化、礼义之道（导），然后出于辞让，合于文理，而归于治。（《荀子·性恶》）

在荀子看来，要解决人性之无穷的欲望与有限的社会资源之间的矛盾，必须以"礼"来节制人的欲望。因此，荀子提出"礼以定分"说，认为一个人能够享有多大的社会资源，应该根据其本人在社会上所处的地位而划定其名分，这又叫做"礼以养情"说。否则，为一味满足自己的欲望而毫无顾忌地越名僭礼，势必导致天下纷争，动乱不已。用洛克的话说，这种社会就处于一种"人对人是狼"的自然状态。置身这种状态下的每一个人都将生活在一种朝不保夕的恐惧之中。

中国道家学派的老子早就看到了人性中这种因贪欲而导致的祸害根源正是来于人性的"不知足"，故而提出"知足之足，恒足矣"。如在《道德经》第九章中，老子即说：

天下有道，走马以粪。天下无道，戎马生于郊。罪莫大于可欲，祸莫大于不知足，咎莫大于欲得。故知足之足，恒足矣。

在老子看来，一个人无论是犯下罪恶也好，是祸害或过错也罢，都根植于其自身"不知足"的贪欲之心。因此，导致天下战乱纷争之人祸根源，亦在于以"侯王"为首的统治者们的"不知足"。侯王"不知足"，必将征召百姓去打仗，而一旦百姓参与战争，自然就造成了人民生活的严重"不足"。人民生活"不足"，国家又怎么会"足"呢。相反，侯王们若能学会"知足"，"使什伯之器而不用"，"虽有甲兵，无所陈之"（《老子·八十章》），这样人民就能安居乐业，国家也因此富足，侯王焉能"不足"？遗憾的是，老子告诫世人这些至理真言，直到今天还被许多当政者置若罔闻，以致这种因人主的贪欲而上演的人间悲剧绵延不息。

中国古圣先哲们正是预见了人性中这个"贪利"、"嗜欲"的"潘多拉盒子"不能随意开启，才始终教导后来者应该崇德以谋利，"君子不患位之不尊，而患德之不崇"，这就是汉儒董仲舒所说的"正其义不谋其利，明其道不计其功"（《汉书·董仲舒传》）。所以，对于身居要职的官员，"戒贪"应是其居官一方的首要任务。否则，上梁不正下梁歪，"上之所好，则下必有甚焉者"，一旦上下贪利之风盛行，则政教俱失，民风必坏。用孟子的话说，就是"上下交征利而国危矣"（《孟子·梁惠王上》）。所以孔子终生"罕言利"（《论语·子罕》），其原因也许正在于此。

自古至今，举凡那些修身好洁的正人君子，无不以戒贪为其立身做人的根本原则。反之，"贪则失正"，势必会妨碍你堂堂正正地做人行事，从而陷入世俗名利的欲海中，最终无法自拔而身败名裂。这类例子在古今中外，可谓数不胜数。所以，世界上许多宗教的教义，都有"节欲"、"戒贪"的戒律。如在基督教教义中，贪婪就被列为基督教"七宗罪"之一，撒旦之一的玛门（Mammon）便是贪婪的代表。《圣经》"十诫"的第十诫就是戒人之贪，它说："不可贪恋别人的房屋，也不可贪恋别人的妻子、仆役、牛驴，并其他所有。"佛教教义也认为"贪、嗔、痴、慢、疑"是妨碍人们修成正果的五大烦恼，即"五钝使"。用我们世俗的语言来说，正是包括"贪"在内的"五钝使"才是妨碍人们保持心灵纯洁的诱发因子。

在宋明理学家看来，包含"贪利"、"嗜欲"在内的人之情欲，是属于气质之性，是有善有恶的，这个气质之性虽与那个"有善无恶"的义理之性密不可分，但若任其生发而不加降伏的话，终究还会妨碍"义理之性"，故理学家们在修身方面都要求人们应"降伏气质，扶持德性"。由此出发，宋明理学家在修身上并未完全要求压制人之气质之性的"人情"，相反，也是像其前代先贤那样，主张应将"人情"控制在合理的范围之内，用明代修身大家吕坤先生的话说，就是"人情有当然之愿，有过分之欲"（《呻吟语·性命》)。因此，倘若居官做人要保持廉洁，就必须先"戒贪"，如在曾国藩据以修身明志的"八本堂"中就有"居官以不要钱为本"的"戒贪"之训。由此可知，"戒贪"，是中国古人关于修身养廉的第一步。

三、廉为德本，洁以存心

"廉"、"洁"二字，在传统儒家伦理中，虽然有细微的差别，却常在作为"德目"的意义上相互连用，且为古往今来无数修身尚德之士所自勉，而且越在世衰道微之际，廉洁之士越多，其境界也更为高逸，常令后人"高山仰止，景行行止"。

战国时楚国三闾大夫屈原，虽身处污世，小人当道，又不遇明君，故"忧愁幽思而作《离骚》"以明其志。太史公司马迁在《史记》中评价《离骚》时，曰：

《国风》好色而不淫，《小雅》怨诽而不乱。若《离骚》者，可谓兼之矣。上称帝喾，下道齐桓，中述汤、武，以刺世事。明道德之广崇，治乱之条贯，靡不毕见。其文约，其辞微，其志洁，其行廉，其称文小而其指极大，举类迩而见义远。其志洁，故其称物芳。其行廉，故死而不容。自疏濯淖污泥之中，蝉蜕于浊秽，以浮游尘埃之外，不获世之滋垢，皭然泥而不滓者也。推此志也，虽与日月争光可也。(《史记·屈原贾生列传》)

这里，太史公称赞屈原之"行廉"、"志洁"的高风亮节"与日月争光可也"。正是身怀这种"廉洁"的高尚德操，屈原始终能身处浊世而心纯如玉，然而，"好高人愈妒，过洁世难容"，屈原终究遭佞人逸诬，被昏君流放，以至于"被发行吟泽畔，颜色憔悴，形容枯槁。"尽管这样，屈原所坚守的节操却丝毫未改。当他被流放到江边，遇到一渔父时，两人发生了如下一段江边问答：

　　渔父见而问之曰："子非三闾大夫与？何故而至此？"屈原曰："举世混浊而我独清，众人皆醉而我独醒，是以见放。"渔父曰："夫圣人者，不凝滞于物而能与世推移。举世混浊，何不随其流而扬其波？众人皆醉，何不哺其糟而啜其醨？何故怀瑾握瑜而自令见放焉？"屈原曰："吾闻之，新沐者必弹冠，新浴者必振衣，人有谁能以身之察察，受物之汶汶者乎！宁赴常流而葬乎江鱼腹中耳，又安能以皓皓之白而蒙世俗之温蠖乎？"

　　屈原与渔父这段江边问答，堪为屈原人格之独立、节操之坚贞的千古绝唱。在这里，渔父规劝屈原，希望他能稍微变通，屈己以媚世，即所谓"举世混浊，何不随其流而扬其波？众人皆醉，何不餔其糟而啜其醨？"而屈原则表示"宁赴常流而葬乎江鱼腹中耳，又安能以皓皓之白而蒙世俗之温蠖乎？"言下之意是，他宁愿以死明志殉节，也不愿像屈伸虫那样阿谀媚世以苟且偷生。

　　屈原这种"廉行"、"洁志"，无疑又深深地感染了太史公司马迁，故在《史记》中辟专文为其立传，以高扬屈原清正廉直之亮节。否则，战国时充任诸侯之大夫者，不计其数，太史公何以独自将屈原单列以彪炳史册呢？这无非是为了纪念屈原的廉行洁志，以昭后世罢了。从这里可知，历史对人的启示究竟是什么？对此，国学大师钱穆先生一番话颇有见地，如钱先生在谈到《尚书·西周书》时曾说道："一段历史的背后，必有一番精神，这一番精神，可以表现在一人或某几个人身上，由此一人或几人提出而发皇，而又直传到下代后世。孔子一生崇拜周公，主要应该在此等处认取。若我们只把十几篇《西周书》当一堆材料看，不能看到整部书之结集和其背后之时代精神与人物精神，即失却了其意义和价值。"①据此，对于历史研究之价值，

---

① 钱穆：《中国史学名著》，生活·读书·新知三联书店2000年版，第10页。

钱先生作了如此一番认识,他说:"因此我们研究历史,更重要的是应懂得历史里的人。没有人,不会有历史。历史留下一堆材料,都成为死历史。今天诸位只看重历史上一堆堆材料或一件件事,却不看重历史上一个个人,这将只看见了历史遗骸,却不见了历史灵魂。"①钱先生在这里所讲的"历史灵魂",指的就是历史人物身上所焕发出来的那种精神气质与道德节操。结合钱穆先生这段话,我们似乎不难明白,一代历史学家陈寅恪先生之所以穷其十年之心力为区区一晚明名妓柳如是作传,正是有感于她的民族气节与爱国知廉的精神:"披寻钱柳之篇什于残缺毁禁之余,往往窥见其孤怀遗恨,有可以令人感泣而不能自已者焉。"②这位"结束俏俐,性机警,饶胆略"的小女人"通权达变,大义凛然,苟利家国,生死以之",其身上所表现出来的"巾帼不让须眉"的廉直、洁志,与那位号称"东林泰斗"的钱大诗人(钱谦益)形成了鲜明的对比。

当然,表现个人的"廉洁"志行,并非要像屈原那样以死志来明节。有时,只需像陶渊明或者周敦颐那样寄物托志就可以了。

晋人陶渊明,少时习儒,颇怀济世之志,但由于生不逢时,他所生活的年代正是东晋与刘宋政权交替之际,政治昏暗、社会动荡、民族矛盾激化,使得他的理想与现实产生了极大的冲突。然而,陶渊明并未媚俗迎世,而是退出仕途,归隐田园,"闲静少言,不慕荣利","常著文章自娱,颇示己志",以"五柳先生"自号,最终以修身名节而著称于世。后人往往通过阅读陶渊明的诗作来熏习他这番"廉行"、"高洁",如在《归园田居》诗中,陶渊明写道:

少无适俗韵,性本爱山丘。

误落尘网中,一去三十年。

羁鸟恋旧林,池鱼思故渊。

---

① 钱穆:《中国史学名著》,生活·读书·新知三联书店2000年版,第10页。
② 陈寅恪:《柳如是别传(上)·缘起》,生活·读书·新知三联书店2001年版,第4页。

开荒南野际,守拙归园田。
方宅十余亩,草屋八九间。
榆柳荫后檐,桃李罗堂前。
暧暧远人村,依依墟里烟。
狗吠深巷中,鸡鸣桑树巅。
户庭无尘杂,虚室有余闲。
久在樊笼里,复得返自然。

梁代萧统在《陶渊明集序》中,对陶渊明的归隐之志有过一番赞赏,他说:"(陶渊明)真志不休,安道苦节,不以躬耕为耻,不以无财为病,自非大贤笃志,与道污隆,孰能如此乎!"[①]这可谓对陶渊明人品作了极高的评价。设想陶渊明若不识时而退,而是强志以入世、媚俗,安能有如此之高洁廉行享誉后世?所以,孔子说:"君子疾没世而名不称焉"(《论语·卫灵公》)。陶渊明可谓是身在没世而名扬于后人的典范了,要做到这一点,非慕名好洁之士而难能也!

在中国历史上最受孔子推崇的"洁身如玉"之人,当属伯夷、叔齐二兄弟。其事见司马迁《史记·伯夷列传》:

伯夷、叔齐,孤竹君之二子也。父欲立叔齐,及父卒,叔齐让伯夷。伯夷曰:"父命也。"遂逃去。叔齐亦不肯立而逃之。国人立其中子。于是,伯夷、叔齐闻西伯昌善养老,盍往归焉。及至,西伯卒,武王载木主,号为文王,东伐纣。伯夷、叔齐叩马而谏曰:"父死不葬,爰及干戈,可谓孝乎?以臣弑君,可谓仁乎?"左右欲兵之。太公曰:"此义人也。"扶而出之。武王已平殷乱,天下宗周,而伯夷、叔齐耻之,义不食周粟,隐于首阳山,采薇而食之。及饿且死,作歌。其辞曰:"登彼西山兮,采其薇矣。以

[①] 《陶渊明集》,逯钦立校注,中华书局1979年版,第10页。

暴易暴兮，不知其非矣。神农、虞、夏忽焉没兮，我安适归矣？于嗟徂兮，命之衰矣！"遂饿死于首阳山。

太史公司马迁在书及伯夷、叔齐之事迹时，时常心生困惑，这就是：像伯夷、叔齐这样的善人为何不得好报而饿死了呢？与此类似的是，孔子诸弟子仅以颜回好学，而颜回早夭。老天之施报善人何其薄情？现录司马迁原文如下：

或曰："天道无亲，常与善人。"若伯夷、叔齐，可谓善人者非邪？积仁洁行如此而恶死！且七十子之徒，仲尼独荐颜渊为好学。然回也屡空，糟糠不厌，而卒蚤夭。天之报施善人，其何如哉？

对此，太史公司马迁说："余甚惑焉，倘所谓天道，是邪非邪？"司马迁意即，我对此感到很困惑，我们常说的"天道"真是如此的是非交融、善恶不分吗？最后，司马迁通过贾谊之语，道出了其原委："贾子曰：'贪夫徇财，烈士徇名，夸者死权，众庶冯生。'"意思是说，不同的人有不同的人生价值取向，有些人为财，有些为名，有些是为权，众生只是为了苟且偷生而已。正因为其各自的人生追求不同，其人生意义也就迥然有别了。对于伯夷、叔齐之类的贤士，其人生追求就是为了"徇名"。这里的"徇"，即求也，名即儒家所谓的"道义"。故后世又将儒家称为"名教"。对伯夷、叔齐的洁行，同为后世洁士的陶渊明深有同感，曾在《读史述九章》中特为伯、叔二君子赋诗一首说：

二子让国，相将海隅。
天人革命，绝景穷居。
采薇高歌，慨想黄虞。
贞风凌俗，爰感懦夫。

这里的"二子让国，相将海隅"，指的是司马迁《史记》所记伯夷、叔齐互让国君之位以出逃于北海之滨的典故。"天人革命，绝景穷居"，是说周武王伐纣，本是顺天应人的革命，可伯、叔二君却认为是"臣弑君"的"以暴易暴"之"大不仁"，于是绝迹隐身于民间穷居，至死"义不食周粟"。"采薇高歌，慨想黄虞"，指的是《史记》所载的"采薇而食之。及饿且死，作歌"之事。"黄虞"，指黄帝、虞舜之古圣流韵。"贞风凌俗，爰感懦夫"，贞，即洁也。这已充分肯定了伯、叔二君子的行为是洁行，"凌俗"，说的是这一行为并不为世俗所理解。但并未影响其洁行为后世雅士所景仰的德操，即"爰感懦夫"，说白了，就是《孟子·万章下》中说的"当纣之时，居北海之滨，以待天下之清者。故闻伯夷之风者，顽夫廉，懦夫有立志。"陶渊明对伯、叔二君子这番穿越历史的心照神交，不正好印证了儒家孔子的"德不孤，必有邻"（《论语·里仁》）吗？

与陶渊明一样，宋代理学开山祖师周敦颐曾通过其脍炙人口的《爱莲说》来寄寓其高逸的廉品洁操。现录其《爱莲说》如下：

水陆草木之花，可爱者甚蕃。晋陶渊明独爱菊，自李唐来，世人盛爱牡丹。予独爱莲之出淤泥而不染，濯清涟而不妖。中通外直，不蔓不枝，香远益清，亭亭净植，可远观而不可亵玩焉。

予谓：菊，花之隐逸者也；牡丹，花之富贵者也；莲，花之君子者也。噫！菊之爱，陶后鲜有闻；莲之爱，同予者何人？牡丹之爱，宜乎众矣！①

在《爱莲说》这番自喻中，周敦颐明确表述了，由于物换星移，他已不能再像陶渊明那样甘作隐逸田园的君子，而是必须入世以行事来弘道了。可是，世俗社会难免泥沙俱下，鱼龙混杂，然而，周敦颐仍然坚定，始终保持能够像"莲之出淤泥而不染"一样，做个尘世中的高洁廉直之士。据时人对他的眼见耳闻，周敦颐不仅在心境上始终保持了这份"出淤泥而不染"的莲趣——"洁"，而且还在生活中恭敬地笃行了这种"中通外直"的莲行——

---

① 《周濂溪集》，商务印书馆民国二十五年版，第139页。

"廉"。现暂录时人潘兴嗣关于周敦颐一段记忆以证如下:

> 君(周敦颐)奉养至廉,所得俸禄,分给宗族,其余以待宾客,不知者以为好名,君处之裕如也。在南昌时得疾暴卒,更一日一夜始甦。视其家,服御之物,止一敝篋,钱不满数百,人莫不叹服,此予之亲见也。①

以时人这段"亲见",周敦颐不仅为官至廉,又居家甚俭,不异世人"以为好名"而自安。其孤风远操,寓怀尘埃之外的洁品廉行,堪令后人景仰!后儒黄庭坚追怀其品行而赞曰:"茂叔人品甚高,胸中洒落,如广风霁月。"②由此亦知,周敦颐能赢得宋明理学之宗主地位,其学问高深仅是其一,更重要的,是其人品的高趣廉洁!

---

① 《周濂溪集》,商务印书馆民国二十五年版,第201页。
② 《周濂溪集》,商务印书馆民国二十五年版,第169页。

第二章 Chapter

渊源篇：廉政观的历史衍变

"廉"德，作为古今中外廉士们的共同美德，其历史悠久，源远流长。同时，作为一种基于官德文化的廉政建设，也是任何朝代的统治者绝不可以懈怠的执政大事。早在春秋时期，其统治集团的许多有识之士就意识到了"官德"与国家政权存亡的关系，如《左传·桓公二年》载："国家之败，由官邪也；官之失德，宠赂章也。"其意是说：国家的败亡，在于官员的邪恶；官员一旦失去德操的话，贪污受贿之风就会滋长。为了防止官员败德，君臣间相互禁奢倡廉的劝勉声也日渐高涨。

如齐景公曾一度生活奢靡,也因此遭到其贤相晏婴的批评。难能可贵的是,齐景公竟然能虚怀纳谏,非但不怪罪晏婴的犯颜谏诤,而且还乐于改过,遂"使有司宽政,毁关,去禁,薄敛,已责"(《左传·昭公二十年》)。更有意思的是,齐景公还和晏婴讨论过"廉政"话题,齐景公问晏婴说:"廉政而长久,其行何也?"晏婴回答说:"其行水也,美哉水乎清清,其浊无不雩途,其清无不洒除,是以长久也。"因此,在春秋时期,类似齐景公、晏婴君臣这样将崇俭去奢的"廉"当成一种官德,似乎已形成一种官场共识了。如《左传·桓公二年》说:"夫德,俭而有度,登降有数,文物以纪之,声明以发之,以临照百官。百官于是乎戒惧,而不敢易纪律。"《左传·庄公二十四年》又说:"俭,德之共也。侈,恶之大也。"其中,最能代表春秋士人关于"廉"德的共识,则是围绕着对鲁国宗亲季文子之"忠"的评价,据《左传·襄公五年》记载说:

季文子卒。大夫入敛,公在位。宰庀家器为葬备,无衣帛之妾,无食粟之马,无藏金玉,无重器备。君子是以知季文子之忠于公室也。相三君矣,而无私积,可不谓忠乎?

从《左传》对"季文子之忠于公室"的评价,可知,先秦士人已将"廉"和对公室的"忠"等同起来了。在现存的先秦典籍中,这似乎已成为士大夫居官的一种常识了。如《尚书·舜典》载虞舜告诫伯夷说:"夙夜惟寅,直哉惟清",《尚书·大禹谟》又载虞舜告诫夏禹说:"克勤于邦,克俭于家"。《尚书·夏书》所载的"皋陶之刑"中有"昏、墨、贼、杀",其中"墨"刑,据春秋时晋国大夫叔向的解释就是一种专门针对贪官的刑罚,叔向说:"己恶而掠美为昏,贪以败官为墨,杀人不忌为贼。"(《左传·昭公十四年》)从其他历史文献来看,先秦各家似乎已完全清醒地意识到了"借假不廉"的贪腐行为对于国家政权的危害,如《商君书·修权篇》说:"夫废法度而好私议,则奸臣鬻权以约禄,秩官之吏隐下而渔民。……

是故明王任法去私而国无蠹矣。"这已把贪官污吏比作危害国家的蠹虫了，并认为"蠹众则木折，隙大而墙坏"，这样势必危及政权稳定，所以必须通过"任法去私"的反贪行动来清除蠹虫。

官员贪腐败德的行为，除了会危及国家政权之外，将导致的另一个结果就是"失民"，即丧失了广大民众对该国政权的支持。这一点，春秋时楚国令尹子文认识得尤为深刻。子文是春秋时与鲁国季文子齐名的廉吏楷模。据《国语·楚语下》记载，楚国令尹子文曾经是"无一日之积，恤民故也……人谓子文：'人生求富，而子逃之，何也？'对曰：'夫从政者，以庇民也。民多旷也，而我取富，是勤民以自封，死无日矣。我逃死，非逃富也。'"一句"我逃死，非逃富"，简单直白，既点明了子文忧国恤民的高风亮节，又道出了官民之间"以廉则存、以贪当死"的生死忧戚关系。

统而言之，在号称"百家争鸣"的春秋战国时代，其占主流地位的儒、道、墨、法四家无不既注重个人的廉洁操守，又关注官员的廉行洁风。其到汉代的集中表现则是在选拔人才上推行所谓的廉选制度——选廉制。根据两汉史料，察举曾是汉代朝廷选官的重要途径，其中明确以"廉"作为选拔官员的标准就有两项："察廉"与"孝廉"。汉代选廉制的推行实际上与汉初统治者对廉政的深刻认识与高度重视有关。首先，汉初最高统治者在厉行休养生息的黄老无为政治中，亲眼见证了举国奉行清廉节俭带来国富民强的经济效应。这一点，司马迁在《史记·平准书》中总结道：

汉兴七十余年之间，国家无事，非遇水旱之灾，民则人给家足，都鄙廪庾皆满，而府库余货财。京师之钱累巨万，贯朽而不可校。太仓之粟陈陈相因，充溢露积于外，至腐败不可食。众庶街巷有马，阡陌之间成群，而乘字牝者傧而不得聚会。守闾阎者食粱肉，为吏者长子孙，居官者以为姓号。故人人自爱而重犯法，先行义而后绌廉耻焉。

第二章 源流篇：廉政观的历史衍变

有鉴于汉初厉行节俭所带来的政治清廉效应，所以汉初统治者如汉文帝即说："天下之乱，在朕一人"，并以身作则，率先在克勤克俭、廉洁从政方面甘为群臣典范。文帝在位23年，其宫室、园林、车驾、服饰皆无任何增加。本来他有过修建一个露台以供自己休息游乐的想法，可召工匠一计算，发觉需耗费上百斤黄金的开销，文帝立刻打消了这一念头，并告诉身边近臣说："百斤，中民十家之产。吾奉先帝宫室，常恐羞之，何以台为！"（《史记·孝文本纪》）汉文帝不仅率先带头厉行节俭，而且亲自拒贿以禁群臣之纳献。据《资治通鉴·汉纪五·孝文皇帝上》记载汉文帝之事说："时有献千里马者，帝无贪欲，不为所动……还其马，与道里费，而下诏曰：'朕不受献。其令四方毋求来献。'"

除了身体倡廉奉洁之外，汉文帝还非常注重对官吏队伍的廉政建设。早在文帝即位第二年，就曾颁诏要求"举贤良方正能直言极谏者"（《汉书·文帝纪》）。在文帝十二年还特别颁诏以表彰孝悌、力田、三老和廉吏，诏书说："孝悌，天下之大顺也；力田，为生之本也；三老，众民之师也；廉吏，民之表也。"这种公然标称"廉吏，民之表也"并大力表彰廉吏，堪为汉文帝施政的一大创举，对激励汉代官吏的廉洁意识起到了积极的推动作用。据史家考证，汉文帝这些倡廉选吏举措，实际上离不开另一心腹大臣贾谊的荐举，在贾谊上书给文帝的著名奏疏《陈政事疏》（又名《治安策》）中，就曾恳切陈词了应该大树官吏的廉耻之德。在奏疏中，贾谊这样直书：

廉耻不立，且不自好，苟若而可，故见利则逝，见便则夺。主上有败，则因而挺之矣；主上有患，则吾苟免而已，立而观之耳，有便吾身者，则欺卖而利之耳。人主将便于此？群下至众，而主上至少也，所托财器职业者粹于群下也。俱亡耻，俱苟妄，则主上最病。（《史记·贾谊传》）

其大意是说，明主应大令臣下树立廉耻之德，否则，容易助长臣下的私心,以致上下贪欲成性,最终危害君上的统治。汉文帝对贾谊这份奏疏不仅"深纳其言",且大力推行,从而使得西汉初期的官吏队伍廉洁成风,并涌现了一批名垂青史的清官廉吏。

在倡廉同时,汉代统治者对于贪墨之赃吏的惩治也很严厉,据《汉书·刑法志》记载,文帝时丞相张苍、御史冯敬等朝中大臣曾经联名上奏以修改汉代法律条文,其中就有"吏坐受赇枉法,守县官财物而即盗之……皆弃市"的建议。汉景帝即位后,立即下诏严惩贪官污吏,其诏曰:"吏受所监临,以饮食免,重;受财物,贱买拐卖,论轻。廷尉与丞相更议著令。"(《汉书·景帝纪》)在选拔官吏上,还明确规定"赃吏子孙不得察举"(《后汉书·灵帝纪》)。汉代统治者这种崇"廉"的社会风尚,在历史上取得了良好的政治效果。史称汉代的政治是"吏治蒸蒸,不至于奸,黎民艾安"(《史记·酷吏列传第六十二》)。

继汉以后,历代统治者都非常注重对官员"廉"行的政绩考核,尤其是在隋文帝《开皇律》里明确细化了对官员惩贪倡廉的法律条文,对过去北朝齐、周以来的律令作了一次大的改革,并订出刑律十二篇,希望以此来抑制各级官吏的贪贿行为。此外,隋文帝还开科举选官制度的先河,在强调选贤任廉的同时,也注重奖掖廉吏,如岐州刺史梁彦光曾因"廉慎之誉,闻于天下",隋文帝即下令表彰。平乡县令刘旷执法严明,操守廉洁,以致境内犯罪几绝,狱中杂草丛生,文帝获悉后即擢升刘旷为营州刺史。总之,隋文帝主政时,廉正之风弥漫朝野。此后,唐朝统治者也基本沿袭了《开皇律》这种立法以反贪的传统,并在肃贪惩腐上不断加以完善,分别出台了《武德律》(高祖武德七年)、《贞观律》(太宗贞观十一年)、《永徽律》(高宗永徽三年)、《开元律》(玄宗开元二十五年)等律令。到宋明以后,随着理学、心学之心性哲学的兴起,文人士大夫尤为注重修身养廉以名志的节操,如周敦颐的《爱莲说》、司马光的《训俭示康》、苏东坡的《后杞菊赋》、欧阳修的《廉耻说》等,这种士大夫心性修养哲学的兴起,使得一批由文人晋身入仕的官员群体的廉洁觉悟走向自发与自觉的官德自律深层次。

一、先秦诸子廉政观

春秋战国时期，由于周天子地位日渐式微，出现了如孔子所说的"礼崩乐坏"时代。各诸侯之间相互征伐的领土兼并战争已愈演愈烈。到孟子生活的战国中期，诸侯各国为了争霸夺利，扩充地盘，连年刀兵不息，杀伤惨重，以致酿成了"争城以战，杀人盈城；争地以战，杀人盈野"的悲惨局面。在这种情况下，人民自然迫切希望有仁君圣主以拯救他们于水深火热之中，从而消弭战争，改善生活，使天下回归一统。正是针对当时的社会病症，先秦诸子百家竞相开出了自己的济世良方。总揽其各种学说和主张，一是皆以用世为主。尽管后人论及先秦诸子学术时素有"百家"、"九流"之殊繁，然单就其政治思想而论，民国学者萧公权认为"仅儒、墨、道、法四家足为大宗"[1]。如儒家孔子提出"克己复礼"的"正名"思想，法家倡导"务耕织，修守战之具"[2]的"富国强兵"政策，墨家则提出了"兼爱"、"非攻"的理论，而道家学派的老子认为，要从根本上治理春秋末年这种混乱的社会现状，统治者必须实行"无为而治"的治国方针。

孔子在治国上一贯主张"礼治"——"为政以德"，并在具体施政方略上提倡"德主刑辅"。如在《论语·为政》篇中，孔子说："道之以政，齐之以刑，民免而无耻；道之以德，齐之以礼，有耻且格。"在孔子看来，只有通过道德教化来治理国家，百姓们才会真正地有羞耻心，即"知耻"。只有"知耻"，其个人行为才能"廉直"。为此，孔子提出了自己对"知耻"

---

[1] 萧公权：《中国政治思想史》（一），辽宁教育出版社1998年版，第17页。
[2] 《贾谊集校注》，王洲明、徐超校注，人民文学出版社1996年版，第1页。

的看法，这就是"行己有耻"（《论语·子路》），即认为一个人应在出言行事上有知耻之心。所以孔子又说："古者言之不出，耻躬之不逮也。"（《论语·里仁》）这就是说，古代道德高尚的人，均对自己言已出而行不成的话感到羞耻，所谓"君子耻其言而过其行"（《论语·宪问》）。不仅一个人在言行上应该知耻，在立身做人、进身为仕上也应做到"知耻"，如《论语·公冶长》中孔子说："巧言、令色、足恭，左丘明耻之，丘亦耻之。匿怨而友其人，左丘明耻之，丘亦耻之。"孔子认为，"巧言令色，鲜以仁"（《论语·学而》）。"足恭"，一般注家解释为"便辟貌"，马融注曰："便辟，巧避人所忌，以求容媚者。"总之，无论是巧言、令色、足恭，还是"匿怨而友其人"（即故意隐瞒对一个人的怨恨而与之交往），都不是一种言行相符、表里如一的直道，所以左丘明与孔子皆引以为耻。孔子还认为，一个人在谋取富贵与官职时也应"知耻"，这就是"不义而富且贵，于我如浮云"，"富而可求也，虽执鞭之士，吾亦为之。如不可求，从吾所好"（《论语·述而》），还说："邦有道，贫且贱焉，耻也。邦无道，富且贵焉，耻也。"（《论语·泰伯》）孔子这一"知耻"观念，为继他之后的孟子所发挥，如孟子说："人不可以无耻，无耻之耻，无耻矣。"又说，"耻之于人大矣，为机变之巧者，无所用耻焉。不耻不若人，何若人有？"（《孟子·尽心上》）这种知耻心，在孔子与孟子看来，均是衡量一个人是否有德的基点，因为一个不"知耻"的人，是很难做到行为廉直、心地清白的，所谓鲜耻必寡廉也。

　　在有这种羞耻意识的基础上，孔子进而要求人们做到"不贪"以行"廉"，即所谓的"欲而不贪"（《论语·尧曰》）。所谓"欲而不贪"就是把自己的欲望保持在合理的范围之内而不过分，否则就是贪欲了。人一旦有贪欲，就无法做到刚正廉直了，所以孔子又有"无欲故刚"的观点。如《论语·公冶长》记载，孔子曰："吾未见刚者。"或对曰："申枨。"孔子曰："枨也欲，焉得刚。"意思说，孔子慨叹其时难逢刚德之人，有人说申枨够得上吧。孔子却认为，申枨欲望太多，哪里配得上刚呢？不仅这样，孔子还崇尚"清心"以节欲的自我约束，并在自律方面甘为典范，如孔子本人就是"饭疏食、饮水，曲肱而枕之，乐亦在其中矣"（《论语·述而》）。在这方面，孔门高弟颜回堪称表率，故孔子亦大称其贤："贤哉，回也。一箪食，一瓢饮，在陋巷，人不堪其忧，回也不改其乐。贤哉，回也。"（《论语·雍也》）孔子这种"无欲故刚"、清心以养廉的思想，同样为孟子所发挥了，如孟子力倡清心寡欲的"养心"说，指出："养心莫善于寡欲。其为人也寡欲，虽有不存焉者，寡矣；其为人也多欲，虽有存焉者，寡矣。"（《孟子·尽心下》）在这种"养心"、"寡欲"的基础上，孟子进一步提出了养"浩然之气"，"其为气也，至大至刚，以直养而无害，塞于天地之间。其为气也，配义与道；无是，馁也。是义所生者，非义袭而取之也。"孟子的养"浩然之气"，被后来许多廉直刚正之士所躬行自励。

作为先秦儒家之别派的荀子，虽在人性论上持与孟子"性善"相反的"性恶"立场，但他同样赞成孟子的王道仁政，并反对统治者一味聚敛财富的贪利行为。对此，荀子说："上好贪利，则臣下百吏乘是而后丰取刻与，以无度取于民。故械数者，治之流也，非治之原也。君子者，治之原也。官人守数，君子养原，原清则流清，原浊则流浊；故上好礼义，尚贤使能，无贪利之心，则下亦将綦辞让，致忠信，而谨于臣子矣。"（《荀子·君道》）荀子也看到了贪利对人之"高志"的染污，他说："卑湿重迟贪利，则抗之以高志。"（《荀子·修身》）

先秦道家学派在政治上强调统治者应该"法天道自然无为"，以实现一种"无为而无不治"的治国理想。"无为而治"是老子治国思想最核心、最有价值的学说。

老子在政治上遵循一种"法自然"的"天道无为"观，其本身就有一种要求统治者"无欲"、"不争"的思想，如"天之道，不争而善胜"（《老子·七十三章》）和"圣人之道，为而不争"（《老子·八十一章》）以及"我无欲而民自朴"（《老子·五十七章》）等。同时，老子"尚俭去奢"的治国立场还是其"反者,道之动;弱者,道之用"(《老子·四十章》)之天道发展观的必然结果。因为,以老子这种"反者,道之动"的必然法则来看,任何强大与富裕的事物都要向其反面转化而不可长久。在《道德经》中,老子明确地表述了这一思想,他说"持而盈之,不如其已;揣而锐之,不可长保。金玉满堂,莫之能守;富贵而骄,自遗其咎"(《老子·九章》)。又说:"曲则全,枉则直,洼则盈,敝则新,少则得,多则惑。"(《老子·二十二章》)老子从这种"无为"、"不争"的朴治主义治国论,不仅主张个人应"少私寡欲",而且他还奉劝当权统治者也应该实行一种"尚俭去奢"的廉政方略。在《道德经》六十七章中,老子说:"我有三宝,持而保之。一曰慈,二曰俭,三曰不敢为天下先。"可见,"俭",或曰"去奢"本是老子治国"三宝"之一。在二十九章中,老子还非常鲜明地阐释了这种"去奢"的廉政观,他说:

将欲取天下而为之,吾见其不得已。天下神器,不可为也,不可执也。为者败之,执者失之。是以圣人无为,故无败;无执,故无失。夫物或行或随,或歔或吹;或强或羸;或载或隳。是以圣人去甚,去奢,去泰。

老子这种"尚俭去奢"思想正是针对当时一些统治者贪欲无度而不惜横征暴敛终致身死国灭之现象的深刻反思。在《道德经》中,老子曾对那些贪欲无厌的统治者警告说:"祸莫大于不知足,咎莫大于欲得。"而且,在其他一些章节中,老子还进一步揭示了这种"人主多欲,祸乱之源"的社会根基,这就是居上统治者的贪欲奢靡之风会招致在下黎民百姓的反抗,从而激化社会矛盾,引起政局不稳,社会动荡。对这种社会矛盾的酝酿与激化过程,老子首先提醒说:"民之饥,以其上食税之多,是以饥。"继而是警告:"民之轻死,以其上求生之厚,是必轻死。"最后是哀叹:"民不畏死,奈何以死惧之?"因此,为防范这种因社会矛盾激化所导致的国家颠覆,老子借此向这些世俗统治者们提出了"尚俭去奢"的廉政之道,并引导他们明白这一"知足不辱"、"知足者富"和"知足之足,常足矣"的治国大道。所以,从这个方面来说,老子这种"尚俭去奢"

的廉政观，无疑包含了要求统治者为政清廉的御世哲学。

老子这些清净无为、尚俭去奢的廉政主张，也被道家另一人物庄子所继承，如庄子曾将那些贪得无厌的诸侯称之为"窃国大盗"。针对当时社会因诸侯贪婪而引发的不断兼并战争，庄子劝告统治者应该做到"无欲而天下足"。在《庄子·天地》篇，庄子说道："古之虚天下者，无欲而天下足，无为而万物化，渊静而百姓定。"

先秦时，墨家是与儒家并世而立的"显学"。在墨子"兼爱"学说的"非乐"、"节用"和"节葬"思想中同样包含了丰富的廉政构想。

在"非乐"方面，墨子并不反对音乐本身的社会教化功能，但认为统治者为了满足自己对音乐的享受而制作众多的乐器，势必会令大批百姓脱离劳动，影响生产。在墨子看来，这无异是"厚作敛于万民"。在《非乐》中，墨子说："姑尝厚措敛乎万民，以为大钟、鸣鼓、琴瑟、竽笙之声。以求兴天下之利，除天下之害，而无补也。"故墨子直陈："为乐，非也。"虽然，墨子并未像儒家反驳的那样，对音乐的真正作用缺乏恰如其分的理解，其"非乐"主旨仍然具有时代的积极意义，即对当时现实统治者有着倡廉的政治警示。

在节用方面，墨子强调"俭节则昌，淫佚则亡"，这也与其政治上的清廉意识是密切关联的。而墨子主张的"节葬"，实际上也是其"节用"观的一个侧面。针对儒家厚葬所导致的奢侈浪费，墨子直陈统治者这种厚葬久丧之风是愚蠢之举，必将带来"国家必贫，人民必寡，刑政必乱"的恶果。这些也理当纳入墨子关于廉政建设的重要内容。

基于对廉政的设想，墨子还特别推崇那种为"义"而拒禄远爵的廉洁举动。如据《墨子·耕柱》记载：墨子曾与高石子游卫，卫君格外赏识高石子，欲授以厚禄高爵。高石子有顾虑，且畏惧人言其"狂"。因此以告墨子，墨子说："去之苟道，受狂何伤！古者周公旦非关叔，辞三公，公处于商盖，人皆谓之狂。后世称其德，扬其名，至今不息。且翟闻之，为义非避毁就誉，去之苟道，受狂何伤。"高石子说："昔者夫子有言：'天下无道，仁士不处厚焉。'今卫君无道，而贪其禄爵，则是我为苟陷人长也。"这时，墨子则十分赞赏高石子这种"倍禄而乡义"行为，并明确指出："君子之道也，贫则见廉，富则见义，生则见爱，死则见哀。四行者不可虚设，反之身者也。"可见，墨子尤为推崇当世的廉洁之士。

较之于儒、道、墨三家来说，先秦法家对于反腐倡廉的呼声又更为高涨。现存法家代表作《管子》一书，就有将清廉与政治联系起来的论述。如《管子·牧民》即说："国有四维，一维绝则倾，二维绝则危，三维绝则覆，四维绝则灭。"那么，国之"四维"何指呢？接着说："何为四维，一曰礼，二曰义，三曰廉，四曰耻。礼不逾节，义不自进，廉不蔽恶，耻不从枉。"这种将廉与礼、义、耻并列为治国之纲领，说明了廉对国家之存亡的重要性。在《权修》篇，管子更强调了养"廉"的作用："欲民之有廉，则小廉不可不修也。小廉不修于国，而求百姓之行大廉，不可得也。"这里的"小廉"主要是针对统治者而言，即要求统治者应注重生活细节上的廉行洁品，这样才能对百姓起到示范性的效果。

法家代表人物中，无论是商鞅还是韩非，均十分重视从法律上严惩贪墨以倡廉。如商鞅指出："夫废法度而好私议，则奸臣鬻权以约禄。"言下之意是，如果撇开法律而私下议政的话，则奸臣们就会弄权索贿。在韩非的《八奸》中，明确把那种统治者聚财以纵欲的挥霍无度行为称之为"养殃"。韩非说："何谓养殃？"曰："人主乐美公室台池，好饰子女狗马以娱其心，此人主之殃也。为人臣者尽民力以美公室台池，重赋敛以饰子女狗马，以娱其主而乱其心，从其所欲，而树私利其间。此之谓养殃。"不仅如此，韩非还明确指出了臣子贪求私利的不廉行为对臣子本身与国家政权的危害。在《奸劫弑臣》篇，韩非说："百官之吏，亦知为奸利之不可得安也，必曰：'我不以清廉方正奉法，乃以贪污之心枉法以取私利，是犹上高陵之巅，堕峻溪之下而求生，必不几矣。'"意思是说，如果臣下为官贪贿的话，就如同身处陡峭的高峰而坠入险溪一样，其求生的可能性很少。在《八经》篇中，韩非又说："民以法难犯上，而上以法挠兹仁，故下明爱施而务赇纹之政，是以法令隳。尊私行以贰主威,行赇纹以疑法,听之则乱治,不听则谤主,故君轻乎位而法乱乎官,此之谓无常之国。"统治者的贪欲必将导致卖官鬻爵之风盛行,"今世近习之请行则官爵可买,官爵可买则商工不卑也矣"。虽然,韩非强调"清廉"行政,其政治目的固然是为了取悦于人主国君的长治久安,但其崇尚清廉的执政立场,仍然有着超越时代的积极意义。

二、汉代的选廉制度

汉代之吏治在中国历史上可以说是比较成功的。据学者研究,"国外学者运用现代科学手段对汉代国家管理进行定量分析后,甚至认为其吏治的良好程度,超过了同时代的罗马帝国"[①]。汉代吏治何以取得如此成效呢?一方面跟汉代统治者深明廉吏与政兴的治国之道有关,如汉文帝刘恒诏曰:"廉吏,民之表也",孝景帝刘启说:"夫吏者,民之师也",《东汉诏令》曾经流传的经典名言也说:"吏不廉平,则治道衰",所以汉代统治者致力于"明主治吏不治民"的践行,另一方面也与汉代选拔人才时实行一种特有的政治举措——选廉制度有关。

察举,一直是两汉社会的选官形式。确切地讲,是在西汉文帝与武帝之间渐次形成的。据《汉书·文帝纪》载,文帝二年诏"举贤良方正能直言直谏者",十五年,又诏"诸侯王、公卿、郡守举贤良能直言极谏者。上亲策之,傅纳以言"。至此,察举之制正式形成。汉代察举制选官法,一般分四个步骤:第一,先由皇帝不定期下诏令,根据所需人才,制定荐举科目;第二,自丞相、列侯、公卿至地方郡国,按所定科目察举人才;第三,各地把所推荐的人才送集京都,由皇帝亲自对他们进行策问;第四,据对策的高下,一次授官。该四个步骤成为汉代察举制的基本特征。在其众多的察举科

---

① 黄留珠:《汉代的选廉制度》,《唐都学刊》1998年第1期。

目中,明确以"廉"作为选用标准的就有两种:"察廉"与"孝廉"。这两科皆为岁举,即按一年一举的科目标准察举人才。

"察廉"科,即察举廉吏的意思,故而又称"廉吏"科,这无疑是相对于"赃吏"而言的。据学者考证,官吏有"廉"、"脏"之分,大约始于汉代。在此之前,秦朝似乎无此字眼,而仅有"良吏"、"恶吏"之别。如云梦秦简《语书》关于"良吏"标准的条款是"廉洁敦悫",对"恶吏"则规定有"不廉洁"的条款。可见秦朝对官吏职业道德规定中已经含有了"廉"的内涵。到了汉代,这一要求逐步得到强化,如汉文帝时,即有了把"廉吏"提升到"民之表"(《汉书·文帝纪》)的高度。同时,还产生了把"廉"作为选拔人才的标准并付诸实践,这便形成了后世所知的选廉制度。据《汉书》记载,西汉时有名的"察廉"实例如下:

  赵广汉为平准令,察廉为阳翟令。(《汉书·赵广汉传》)
  朱博以太常掾察廉,补安陵丞。(《汉书·朱博传》)
  萧望之察廉为大行治礼丞。(《汉书·萧望之传》)
  薛宣以大司农斗食属察廉,补不其丞。(《汉书·薛宣传》)
  光禄勋于永除王嘉为掾,察廉为南陵丞,复察廉为长陵尉。(《汉书·光禄勋传》)

同时,在流传至今的史籍中还保留不少关于"察廉"的诏令:

  汉宣帝黄龙元年诏:举廉吏,诚欲得其真也。吏六百石位大夫,有罪先请,秩禄上通,足以效其贤材,自今以来毋得举。(《汉书·宣帝纪》)
  汉平帝元始元年诏:令宗室,其为吏,举廉;佐吏,补四百石。(《汉书·平帝纪》)
  汉桓帝即位之初诏:孝廉、廉吏皆当典城牧民,禁奸举善,兴化之本,恒必由之。(《后汉书·桓帝纪》)

从这些实例与诏令可知，汉代的"察廉"是一种长官按年岁选拔廉洁优秀属吏予以升迁的制度。

"孝廉"科，据史载始于汉武帝元光元年（公元前134年），据说是汉武帝采纳了董仲舒的建议而施行的。《董仲舒传》记载，董仲舒云："臣愚以为使列侯郡守二千石，各择其吏民之贤者，岁贡各二人。故州郡举茂材孝廉，皆自仲舒发之。"加之汉代号称"以孝治天下"，后来"孝廉"逐渐成为察举制中经常使用的科目，要求地方郡国每年推荐两名，并将这种做法逐渐制度化。史载，两汉举"孝廉"以东汉居多：

桓典以《尚书》教授颍川，门徒数百人，举孝廉为郎。（《后汉书·桓典传》）

周磐少游京师……居贫养母，俭薄不充。尝诵《诗》至《汝坟》之卒章，慨然而叹，乃解韦带，就孝廉之举。（《后汉书·周磐传》）

庞参初仕郡，未知名，河南尹庞奋见而奇之，举为孝廉，拜左校令。（《后汉书·庞参传》）

许荆少为郡吏……太守王兢举孝廉。（《后汉书·许荆传》）

汉代孝廉的基本特征有二：一如前所述，是由地方郡国察举；二是无论出仕与否，均面向所有吏民。据研究统计，两汉举孝廉人数，西汉约206人每年，东汉永元新规定前约189人每年，新规定后约228人每年。其平均值约占总人口的0.0004%，两汉共举孝廉约74000余人。①

由于汉代盛行察举制，其朝亦"廉吏"辈出，如赵禹的"廉平"，郅都的"公廉"、"伉直"，尹齐的"廉武"。在司马迁的《史记》中，也涌现了不少执法不畏权贵、敢于杀伐而自身廉洁不贪的"酷吏"，用太史公的话，"其廉者足以为仪表"。其察举的典型廉吏莫过于汉武帝时的公孙弘。

---

① 黄留珠：《汉代仕进制度》第9章，西北大学出版社1985年版。

公孙弘少时家贫,曾"牧豕海上"。到四十岁才得以学习《春秋》等史书。汉武帝即位后,下诏"招贤良文学之士"。此时,公孙弘已六十岁了,被淄川国推荐为贤良之士。他应诏入京,被征为博士。武帝派其出使匈奴,因奏事"不合意"被斥,遂告病还乡。后元光五年,武帝再次征召贤良文学之士,公孙弘又一次被淄川国荐举进京,在入选一百多名儒生中,经过策问,公孙弘对策最好,被擢为第一,当即拜为博士,待诏金马门。后奉命出使西南夷,返京后,武帝"察其行慎厚,辩论有余,习文法吏事,缘饰以儒术",甚为满意。一年内,一升左内史,再升御史大夫。元朔中,摄丞相事。由于无爵而居相位,不合汉吏常规,于是武帝特诏云:"朕嘉先圣之道,开广门路,宣召四方之士,盖古者任贤而序位,量能以授官,劳大者厥禄厚,德盛者获爵尊,故武功以显重,而文德以行褒,其以高成之平津乡户六百五十封丞相为平津侯。"此后,即有先封丞相再加爵的成例。公孙弘虽居相位,然而生活极其简朴,平时粗茶淡饭。还用自己的俸禄盖了一座茶馆,以招徕天下贤士共商国是,并屡次向武帝举贤荐能。晚年患病时,还上书武帝,劝其应"招徕四方之士,任贤序位,量能授官,将以厉百姓劝贤才"。武帝常常赞赏公孙弘以国家为重且为官清廉的品德。

与此同时,汉武帝还有意识地对当时选拔的类似公孙弘一样的廉吏进行表彰,以在全国树立廉洁奉公的正气。如汉武帝时的廉吏张汤,因秉公执法,结果遭恶臣陷害。史书载:"汤死,家产直不过五百金,皆所得奉赐,无他业。昆弟诸子欲厚葬汤,汤母曰:'汤为天子大臣,被污恶言而死,何厚葬乎?'载以牛车,有棺无椁。天子闻之,曰:'非此母不能生此子。'乃尽案诛三长史。丞相青翟自杀。出田信。上惜汤,稍迁其子安世。"(《史记·酷吏列传第六十二》)汉武帝因张汤为官廉直,遭害后替其平反洗冤,竟然迫使受牵连的宰相自杀。同时,还对张汤后人予以升迁表彰。可见武帝对廉吏爱护有加。与张汤一样,武帝对其他廉吏也一视同仁。如尹齐以"事张汤,汤数称以为廉武。帝使督盗贼,斩伐不避贵戚",后"病死,家直不满五十金",武帝对其深为叹惜。另一廉臣赵禹也因"为人廉裾,为吏以来,舍无食客"而被朝廷重用。

与武帝一样，汉宣帝也熟谙"吏不廉平则治道衰"（《汉书·宣帝纪》）之理，很注意用物质赏赐和精神鼓励两种方式来加强对廉吏的扶助。如廉吏尹翁归去世，宣帝下诏"扶风翁归廉平乡正，治民异等，早夭不遂，不得终其功业，朕甚怜之。其赐翁归子黄金百斤，以奉其祭祠"。（《汉书·尹翁归传》）同时，宣帝对另一廉臣朱邑因廉洁奉公而遭凶险身死的大无畏品行大加表彰说："大司农邑，廉洁守节，退食自公，亡疆外之交，束脩之馈，可谓淑人君子。遭离凶灾，朕甚怜之。其赐邑子黄金百斤，以奉其祭祀。"（《汉书·循吏传·朱邑传》）特别有意思的是，汉宣帝为鼓励廉吏廉行，还在中国历史上率先实行了"高薪养廉"的做法，提出在待遇上应酌情提高低级官员的俸禄标准，据《汉书·宣帝纪》载："吏不廉平则治道衰，今小吏皆勤事，而俸禄薄，欲其毋侵渔百姓，难矣。其益吏百石以下奉十五。"意思是说，对那些勤政敬业的廉吏应适当提高俸禄以防范他们侵渔百姓。

除了对廉吏大加赏赐之外，汉代统治者还对一些涉嫌贪贿的赃吏进行严惩。据《汉书·刘屈氂传》载："故丞相（公孙）贺倚旧故乘高势而为邪，兴美田以利子弟宾客，不顾元元，无益边谷，货赂上流"，后被汉武帝毫不留情地予以诛杀。敢于如此对腐败权臣宰相进行诛杀，足见武帝惩贪之肃！另一汉武帝重臣主父偃也曾因专靠揭发他人隐私以索贿，其数多达千斤以上，后来也因赵王揭发而被汉武帝灭族，由此足见汉武帝治贪之酷。

总览两汉朝政，由于实行选廉制度，实施对廉吏的褒奖与赃吏的严惩双管齐下。这说明，汉代统治者十分清楚清廉是为政之本，只有要求官员为政清廉，才能清心寡欲，秉公行政；也只有重用清官，才会政通人和，国泰民安。然而，到了东汉末期，由于主昏政缪，国事日非，使得外戚宦官擅权舞弊，终至选官腐败，政失民乱。本来汉初选廉制是旨在从民间选拔一批德高品优的廉孝之士，可汉末却沦为"以名取人"，如果士人"高行奇知"而"声名显闻"，则长官就负有察举的义务。由于长官察举需考虑士人名望，士人也因此刻意培养这种名望，使得汉末沽名钓誉之假名士日贵于时。在这方面，西汉末年王莽尤为注重选拔那些誉冠朝野的奇能异术之徒做官，据《汉书·王莽传下》记载：

（王莽）又博募有奇技术可以攻匈奴者，将待以不次之位。言便宜者以万数，或言能渡水不用舟楫，连马接骑，济百万师；或言不持斗粮，服食药物，三军不饥；或言能飞，一日千里，可窥匈奴。

对这些奇能异术之徒，王莽明知其荒唐，但仍然博其虚名而授官，一一拜为"理事"，并赐以车马。更有甚者，王莽竟然开创了以哭丧之悲哀程度为拜官标准的奇闻异事。史载，王莽专政末年，有一次曾率群臣至南郊，"陈其符命本末，因搏心大哭，气尽，伏而叩头。又作告天策，自陈功劳千余言。诸生小民会旦夕哭，为设飧粥，甚悲哀及能颂策文者除以为郎，至五千余人"。到东汉后期，以各种奇能异行而博得官职的现象尤其泛滥，如有市井小人自愿为已故皇帝尽孝且甘愿为其守灵而得官者。史载，熹平六年（117年）四月，"市贾民为宣陵（东汉桓帝陵寝）孝子者数十人，皆除太子舍人。"（《后汉书·灵帝纪》）对汉末这种荒唐的选吏做法，大臣蔡邕曾上书汉灵帝力陈其弊说：

伏见前一切以宣陵孝子为太子舍人。臣闻孝文皇帝制丧服三十六日，虽继体之君，父子至亲，公卿列臣，受恩之重，皆屈情从制，不敢逾越，今虚伪小人，本非骨肉，既无幸私之恩，又无禄仕之实，恻隐思慕，情何缘生？而群聚山林，假名称孝，行不隐心，义无所依，至有奸轨之人，通容其中……太子官属，宜搜选令德，岂有但取丘墓凶丑之人？其为不祥，莫与大焉！（《后汉书·蔡邕传》）

遗憾的是，蔡邕此番金玉良言并未为汉灵帝采纳，终致汉末高行奇知的假名之徒充陈朝野，"士君子皆耻与为同列焉"。如此选官，也从另一个方

面彰显了汉末政治的腐败之极。对此,东晋葛洪在《抱朴子·外篇·审举》中曾有这样一番评价:

> 灵、献之世,阉官用事,群奸秉权,危害忠良,台阁选用失于上,州郡贡举轻于下。夫选用失于上,则牧、守非其人矣;贡举轻于下,则秀、孝不得贤矣。故时人语:"举秀才,不知书。举孝廉,父别居。寒素清白浊如泥,高第良将怯如鸡。"于时悬爵而卖之,犹列肆也;争津者买之,犹市人也。……其货多者其官贵,其财少者其职卑。

至此,汉末这种彻底变味的选官制已完全背离了汉初统治者的本意。当这种因选官腐败而导致的政治危机已达到不可调和状态时,一种伴随着新王朝兴起的选官制度的革新就成为历史的必然趋势了。

三、两汉后的廉政观

两汉以后,尽管以选廉为特色的察举选官制度已悄然退出了历史舞台,但是注重廉吏的选拔和重视廉政建设,却仍然成为两汉之后历代贤明统治者的执政共识。其后各代廉政的历史考察,大致可划分为三个时期:隋唐、宋元和明清。

隋唐时期是中国封建社会发展的成熟代表,其显著标志就是封建立法的完善。梁启超曾说,中国的成文法发展到唐代已达到"始极浩瀚"①的程度。中国保存至今最早的成文法就属于唐朝。随着隋唐成文法的日渐成熟,有关中国封建社会廉政建设的反贪立法程序也步入了其发展与定型的完善阶段。如隋文帝时规定主典官私偷官粮一升以上者,一律处死刑,并罚其家属贬为

---

① 梁启超:《饮冰室合集·文集三十六》,中华书局民国二十五年版,第22页。

官奴。武则天《改元广宅诏》则正式以法律形式规定官吏枉法贪贿、监守自盗如同"十恶"之罪，不在赦免罪行之列。唐肃宗登基时《即位赦》亦规定："官吏犯枉法赃，终生勿齿。"隋唐时反贪立法主要体现在《开皇律》和《唐律疏议》中。

隋文帝杨坚是中国历史上少见的注重节俭的开国皇帝。史载隋文帝是"居处服玩，务存节俭"，并同样以此来要求皇后与妃嫔。而且，他对皇子也要求甚严。有一次，他见太子杨勇将其铠甲装饰一新，就很不高兴，对其大加训诫了一番。他认为，太子应该做百官的表率，自古以来没有哪位君王因为好奢靡而能永保帝位。隋文帝第三子在任并州总管时，曾经因为好奢靡、广置宫室而被他革职禁用。

在倡俭的同时，隋文帝还注意通过立法的完善来禁贪惩腐。开皇元年，他即任命大臣高颖、郑译、杨素"更定新律"，对北朝齐、周以来的律令作了一次大改革。开皇三年，又命苏威、牛弘进行第二次改革，订出刑律十二篇，即著名的《开皇律》。《开皇律》上承汉律源流，下开唐律先河，在中国法制史上占有重要地位。

隋文帝对官吏的贪贿行为极为痛恨，常派人私下侦查百官的行动，一旦发现官员不轨立即予以惩处。据《隋书·刑法志》记载，隋文帝"患令史脏污，因私使人以钱帛遗之，得犯立斩。"意思是说，隋文帝暗中派人给官吏行贿，如有官吏收受钱财的，立即处死，这可算是中国历史上首创以钓鱼执法来惩贪的先例。

除了严惩贪吏之外，隋文帝还采取了不少廉政措施来保障其吏治清明。开皇十八年，隋文帝即令"京官五品以上，总管、刺史，以志行修谨、清平干济二科举人"（《隋书·高祖本纪下》）。在选贤任廉同时，他还注重褒奖廉吏，如岐州刺史梁彦光"廉慎之誉，闻于天下"，隋文帝曾下令表彰，并赐以财物。另有平乡县令刘旷操守廉洁，上行下效，其辖区内无作奸犯科者，以至于监狱中长满了野草。隋文帝听闻其政声，遂将其擢升为营州刺史。因此，总览隋朝文帝主政时，朝野上下无不弥漫着一股廉正之风。

继隋而起的唐朝堪称中国封建时期的空前盛世，其盛世辉煌的一个重要原因在于政治严明，政治严明又得益于唐朝政府完善了一整套立法以反贪的铁腕制度。唐朝立法繁多，且形成了一套较完善的法律体系。这套法律体系不仅确立了国家的刑罚原则，而且还规范着各级政府的行为，同时也是惩治官员贪赃枉法的依据。尤其可贵的是，唐朝的法律并非具文空律，而是"具有相当的严肃性，即使皇帝违反法律规定，虽个人好恶处置贪官污吏，也往往会受到臣僚的竭力反对。这在一定程度上，至少在形式上，限制了帝王滥用权力"①。据后世研究者统计，唐代律令主要有：

（1）《武德律》，以隋朝《开皇律》为蓝本，唐高祖武德七年颁布；

（2）《贞观律》，根据《武德律》修订，唐太宗贞观十一年颁布；

（3）《永徽律》，根据《贞观律》修订，唐高宗永徽三年颁布；

（4）《开元律》，根据《永徽律》修订，唐玄宗开元二十五年颁布。

历史上有名的《唐律疏议》，则属于《永徽律》的律文注解全书。这两部律书可谓代表了自汉朝以来中国封建法律立法的集大成。尤其《唐律疏议》是以国家大法的形式，把有关惩治贪污犯罪的规定作为法律固定下来，划分了官吏罪与非罪、轻罪与重罪的界限，为惩贪反腐提供了基本的法律依据。

在《唐律疏议》中居于法律总纲性质的《名例律》中，首次以法律条文规定了六种非法占有公私财物的犯罪——即"六脏"："在律，'正脏'唯有六色：强盗、窃盗、枉法、不枉法、受所监临及坐脏。自外诸条，皆约此六脏为罪。"强盗，就是用武力抢夺他人财物的行为；窃盗，就是以偷盗行为而获得财物，其中窃取自己所经管的官财，则属于"监守自盗"；枉法，就是受财枉法，指官吏接受贿赂，替行贿人作出歪曲法律的处断；不枉法，就是受财不枉法，指官吏接受贿赂，但是没有为行贿人作出歪曲法律的处断；受所监临，指主管官吏接受下属吏民财物的行为；坐脏，指官吏或一般人不是由于收受贿赂或窃盗的原因，而是为公或为私收取不应收的财物。

---

① 张涛、项永琴：《中华伦理范畴：廉》，中国社会科学出版社2006年版，第111页。

"六脏"的目的旨在惩治贪贿,以保障吏治清廉。

唐朝不仅重视立法的反贪作用,还在具体的法律实务中,也能够做到执法严明以整肃贪官。如唐高宗时曾有李氏宗亲魏州刺史李孝协"坐受赃赐死"(《旧唐书·李孝协传》),永徽二年七月,华州刺史萧龄之前任广州都督时受贿事发,被高宗下诏"配流岭南"(王溥《唐会令》卷三十九)。武则天、中宗和睿宗时,虽政局多变,但对赃吏的惩处依然严酷。玄宗时期,对于官吏犯赃同样严惩不贷,许多人被处以死刑或流刑。如开元八年,岚州刺史萧执犯赃被除名,配隶营府(王钦若:《策府元龟》卷二百零七)。两年后,洛阳主簿王钧"坐赃杖杀"。开元二十年,幽州节度使赵含章,"坐赃巨万,杖于朝堂,流襄州,道死"(《资治通鉴》卷二百一十三)。唐宪宗元和六年五月,"前行营粮使于皋谟、董溪,坐赃数千缗,敕贷其死,皋谟流春州,溪流封州,行至潭州,并追遣中和赐死"。十一月,"弓箭库史刘希光受钱二万缗,求为方镇,事觉,赐死"(《资治通鉴》卷二百三十八)。

因此,总览李唐一朝,由于注重立法反贪、加之执法严明,不仅有效杜绝了各级官吏在现实生活中可能经受不住的各种受贿机会,而且还尽力诫勉官员们自觉抵制各种物质利益的诱惑,力求做到廉洁行政。这些均对唐朝经济发展和社会安定起到了很好的保护与促进作用,还两度出现了国泰民安的盛世辉煌局面。如唐太宗的"贞观之治"与玄宗的"开元盛世",均可看作是李唐政治最为清明、贪污腐败也最为收敛的廉政时期。从一定程度上说,这都是得益于当朝贤明君主的倡廉政治。

唐朝之后的五代时期,不仅是一个军阀割据称雄的乱世,还是一个贪赃枉法、贿赂公行的浊世。如著名史学家钱穆先生曾认为,中国历史上最黑暗腐败的时代就是五代。对此,钱先生著名弟子牟宗三先生也基本赞同,在《政道与治道》一书中,牟先生这样写道:"到了唐末五代,这也是中国历史中最黑暗的一个时期。五代不过五十多年,却有梁唐晋汉周五个朝代。每个做皇帝的,原先都想万世一系地往下传,而每个朝代却多不过十几年,可见五代这段时期是个很差劲的时代,更重要的是,这个时代的人丧尽了廉耻。"①正是源于五代时士大夫廉耻心的普遍丧失,各国政治昏暗,朝野腐败丛生,其皇朝更替之速亦如击鼓传花。

有鉴于五代的历史教训,宋代统治者在建立统一政权后,立即以重典治国,"太祖、太宗颇用重典,以绳奸慝"(《宋史·刑法志一》),"绳赃吏重法,以塞浊乱之源"(《宋史·太宗本纪三》)。尤为可贵的是,宋代大多数皇帝在节俭与廉洁方面,皆能做到为臣之表。如宋太祖赵匡胤即位以后,仍然保持着以前的俭朴习惯:"常衣浣濯之衣,乘舆服用皆尚质素,寝殿设青布缘苇帘,宫闱帘幕无文采之饰。"(《续资治通鉴长编》卷七乾德四年五月甲戌)宋太宗亦秉承了太祖遗风,他说:"朕观五代以来帝王,始则勤俭,终乃忘其艰难,覆亡之速,皆自贻也。"(《续资治通鉴长编》卷十二雍熙元年五月辛亥)宋仁宗在生活上也很节俭:"朕日膳不欲珍美,衣服多以缣缯,屡经浣濯,宫人或以为笑。"(《续资治通鉴长编》卷三十九明道二年十二月丙申)为防止民间以奢侈相尚,仁宗还下诏"禁民间织锦刺绣为服饰"(《宋史·仁宗本纪二》)。南宋时高宗、孝宗皆尚节俭,孝宗曾说:"鹭爵,非古制也。夫理财有道,均节出入足矣,安用轻官爵以益财货!朕甚不取。"(《续资治通鉴长编》卷一百四十五淳熙三年十月庚寅)宋代帝王的节俭也为他们的臣属们提供了榜样,如太祖时宰相范质甚至连自己吃饭的器皿都不完全,却将所得俸禄的一部分用于接济鳏寡孤独,太祖甚赞之:"居第之外不殖资产,真宰相也!"太宗也称颂说:"寻规矩,重名器,持廉洁,无出质之右者。"(《续资治通鉴》卷四乾德二年九月)

具体到兴廉黜贪方面,宋代统治者也借鉴了前朝严法肃贪的历史经验。"王者禁人为非,莫先于法令"(《宋大诏令集》卷二百),为了革除五代时贪官横行的积弊,宋太祖即位时就开始了立法惩贪的步伐。这些立法在沿袭唐律的基础上,又吸收了唐末五代的一些刑规,形成了较为详尽的惩贪立

---

① 牟宗三:《政道与治道》,广西师范大学出版社2006年版,第5页。

法。如在《宋刑统》的《职制律·枉法赃不枉法赃》里即有这样的规定："诸监临主司受财而枉法者，一尺杖一百，一匹加一等，十五匹绞。不枉法者，一尺杖九十，二匹加一等，三十匹加役流。无禄者各减一等，枉法者二十匹绞，不枉法者四十匹加役流。"（《宋刑统》卷十一）另在《杂律·坐赃》中规定："诸坐赃致罪者，一尺笞二十，一匹加一等，十匹徒一年，十匹加一等，罪止徒三年。"（《宋刑统》卷二十六）由此足见这些法律的严厉，无怪乎宋人时评说："今朝廷之法所尤重者，独贪吏耳。"（杨士奇：《历代名匠奏文》卷三十三）

　　宋代惩贪不仅仅停留在法律形式层面，还更重落实。太祖、太宗二帝即严惩贪官，据赵翼《廿二史札记·宋初严惩贪吏》所言："宋以忠厚开国，凡罪罚悉从轻减，独于治赃吏最严。"又按《宋史》太祖、太宗本纪与《续资治通鉴长编》记载，有宋一代被严惩杖杀的贪官达数十人之多，如建隆二年四月，商河县令李瑶坐赃杖死；五月，供奉官李继昭坐盗卖官船弃市；八月，大名府永济主簿郭颙坐赃弃市等。宋代在惩治污吏时不惜恢复古时腰斩、断腕等酷刑，旨在杀一儆百，严防官吏贪腐。明末顾炎武在《日知录》中曾说："宋初，郡县吏承五季之习，黩货厉民，故尤严贪墨之罪。"这也表明了宋初统治者在惩贪方面是十分严厉的。不仅如此，宋代法律对贪官还有一条十分严厉的规定：即不赦免、不用荫、不叙用等。如太祖开宝元年和开宝四年曾两次大赦天下，却同时规定："十恶、故劫杀、官吏贪赃者不原。"（《宋史·太祖本纪二》）太宗也于太平兴国三年下诏说："太平兴国元年十月乙卯以来诸职官以脏致罪者，虽会赦不得叙，永为定制。"（《宋史·太宗本纪一》）大凡通晓宋史的人都懂得，宋代开国皇帝曾立过"不杀士大夫"的祖训，然而这一祖训唯独对于那些"犯赃"的士大夫却不适用，如宋高宗说："在祖宗朝，革去五代苛法，专以仁恕为本，未尝真决一士大夫，惟犯赃者不贷。"（李心传：《建炎以来系年要录》卷一百七十一）同时，为奖励民众举报贪吏，宋朝还建立了一套悬赏制度。如建隆三年，太祖采纳知制诰高锡建议，规定"诸行贿获荐者许告讦，奴婢邻亲能告者赏"。（《宋史·太宗本纪一》）乾德年间《常定格》也包含"悬赏募告"的立法，"这些规定扩大了对官吏的社会监督层面，社会各阶层都可以举报贪墨，从而使监察机构的活动有了一定的社会基础"。[①]宋代惩贪所推行的这些严厉规定，在某种程度上使得那些欲犯赃者有所收敛，也确实收到了良好的禁贪效果。遗憾的是，北宋自真宗以后，严惩贪墨官吏的执行力度逐渐松动，官吏犯赃弃市的做法也基本不用，遂致宋徽宗当朝时贪风滋盛，腐败丛生，出现了"廉吏十一，贪吏十九"的反常政治格局。南宋以后，"不屑官吏之非法横取，盖已不甚深求"（《廿二史札记》卷二十四），这些皆已背离了宋初开国统治者以赃论罪、遇赦不得叙用的治吏选吏成制。

作为异族统治的元朝，其统治手腕在中国历史上堪称"另类"。据有关史料记载，元朝官吏的俸禄很少，有时甚至不发俸禄。在史家看来，这样的统治无异于"明白放令吃人肚皮，椎剥百姓"。正因为如此，元朝官吏贪污成性，暴吏横行。据有关史载，仅大德七年（1320年）一次就查出贪官污吏达18473人（《元史·成宗本纪》），而元代官吏的总数也不过26000人（《元典章》卷七《内外诸官员数目》）。由此可知，元代的吏治黑暗程度是前无古人了。这种吏治的腐败也直接威胁到了元朝统治者的政权，加剧了民族矛盾，以至于整个元代社会，战争一直连绵不息。为了缓和这种民族矛盾与社会危机，元代最高统治者不得不对下层人民进行安抚，一方面派出官吏赈济灾民，另一方面通过制裁贪官污吏，以转移百姓对最高统治者的怒火。廉访使的设立即属其例。廉访使在元世祖时只设有四道，末年则增到二十二道（《元史·百官志二·肃政廉访司》）。其职权也从一般的按察、劝农，到"民事、钱谷、官吏奸弊，一切委之"。元剧《窦娥冤》中窦天章就是这样一个廉访使官，剧中通过民女窦娥之口，呼吁他这一类的廉访使能"从今后把金牌势剑从头摆，将烂官污吏都杀坏，与天子分忧，万民除害。"这也反映了元代下层百姓的共同心声。

---

① 淮建利：《北宋初年惩贪措施述论》，《郑州大学学报》2002年第1期。

尽管元代以吏治腐败占据主流，但也有过一段短暂的政治清明时期，这就是元世祖忽必烈在位的三十五年统治时期。这段昙花一现的政治清明，无疑离不开忽必烈勇于整顿吏治的一系列廉政措施。其大致举措如下：

首先，在官吏任用上，元世祖注重选拔廉能之士。如在中统年间，忽必烈就指出必须以廉洁之人为官，并规定了官吏升迁的五条标准：户口增、田野辟、词讼简、盗贼息、赋役均。五条都具备者为上选，符合三项成绩者为中选，不符合五件中的任一条者黜而不用。在元律《至元新格》中又重申：诸官员在任期间功罪如何，并送吏部审查，到选用之日，于应得资品上视其功罪任用。如果隐匿罪过，增饰功劳，监察御史可以纠弹官员；若犯脏罪黜降或因廉能升迁，事迹昭著者应行文照会各处，以便在任官员共知劝诫。

与此同时，元世祖还对那些不能廉洁自守的官吏进行约束与惩治。如至元元年，元世祖规定："诸官员颁降俸禄之后，不得循习受纳馈献。"又在至元三十年规定："今后求仕官吏已未授除其间，不得于省院台部等诸衙门当该官吏处私第谒诧酬谢及邀请宴会。如违，当该官吏并求仕人员一体究治。"至元十九年九月又诏曰："禁诸人不得阻挠课程。敕：'官吏受贿及仓库官侵盗，台察官知而不纠者，验其轻重罪之。中外官吏赃罪，轻者决杖，重者处死。言官缄默，与受赃者一体论罪。'仍诏谕天下。"（《元史·世祖本纪九》）元世祖如此严厉的规定，其目的仍希望文武百官能够恪尽职守、廉明执政。但由于元世祖晚年宠信一些如阿合马、桑哥之类的小人，终致吏治腐败。因此，就整个元朝的吏治气象而言，虽曾有过短暂的清明廉政阶段，其吏治总体形势是昏暗腐败的。这在相当程度上，又决定了元代王朝的短命运数。

明代开国皇帝朱元璋登基以后，立即吸取元朝因吏治黑暗而迅速崩溃的教训，其本人很注意以身作则、勤政俭朴，以努力在朝野上下倡导清廉风气。在总结前代帝王兴亡时，朱元璋说："丧乱之源，由于骄逸。大抵居高位者易骄，处逸乐者易侈。骄则善言不入而过不闻，侈则善道不立而行不顾。如此者,未有不亡"①,"居上能俭,可以导俗,居上而侈,必至厉民。独不见茅茨、卑宫,尧、禹以崇圣德;阿房、西苑,秦隋以失人心。"(《明太祖实录》卷一百零六)因此,在他登基后的洪武二年,朱元璋即告谕群臣说:"从前我在民间时,见州县官吏多不恤民,往往贪财好色,饮酒废事,凡民疾苦,视之漠然,心里恨透了,如今要严立法禁,凡遇官吏贪污蠹害百姓的,绝不宽恕。"(《明太祖实录》卷三十八)又如朱元璋认为,元朝灭亡原因在于"元氏昏乱,威福下移,法度不行,人心涣散,遂致天下骚动"。有鉴于此,朱元璋也认为:"建国之初,先正纲纪,纲纪先礼。元氏主荒臣专,今宜鉴之",于是,他在明朝建国之始即推行"重典之治","从严密法网和法外用刑两个方面"②予以实施。

为了实施其重典惩贪的主张,朱元璋于洪武七年颁行新《大明律》三十卷,又创制《御制大诰》《御制大诰续编》《御制大诰三编》先后于洪武十八、十九年颁行全国,又在洪武三十年颁行《大明律》,让子孙固守,不得更改。这些律令成为明代惩治贪官污吏的依据。其创立"剥皮实草"之刑,规定贪污六十两银子以上者"枭首示众,仍剥皮实草",并将之挂于官府公座两旁,使官吏一见即触目惊心。明代对贪官用刑之酷烈,实至为残忍。赵翼在《廿二史札记·明祖晚年去严刑》中评论说:"明祖惩元季纵驰,特用重典驭下,稍有触犯,刀锯随之。"又说:"帝初即位,惩元政驰纵。用法太严,奉行者重足而立。……凡守令贪酷者,许民赴京陈诉,赃至六十两以上者枭首示众,仍剥皮实草。府州县卫之左,特立一庙,以祀土地,为剥皮之场,名曰皮场庙。官府公座旁,各悬一剥皮实草之袋,使之触目惊心。"即便是功臣宗亲也一视同仁,绝不手软。如历史上有名的"空印案"、"郭桓案"就是朱元璋治贪的两大范例。

"空印案"发生在洪武九年(公元1376年)间,《明史·郑士利传》记载此案较详,郑士利系因其兄郑士元而被牵涉进此案。郑士元当时是湖广

---

① 《宝训》(卷四),见张德信、毛佩琦主编《洪武御制全书》,黄山出版社1995年版。
② 杨一凡:《明初重典考》,湖南人民出版社1984年版,第3页。

按察使佥事，引起这个案子的缘由是："考校天下钱谷册书，空印事觉，凡主印者论死，佐贰以下杖一百，戍远方。士元亦坐是系狱。"郑士元不是主印者，待其杖后出狱，郑士利才敢上书言空印之冤。因朱元璋说过假公言私者罪，故只有等其兄案了结之后才敢说。他认为皇上不知空印是惯例，不能因空印而杀无罪者。他解释所以有空印文书的缘由，他说："文移必完印乃可，今考校书策，乃合两缝印，非一印一纸比。纵得之，亦不能行，况不可得乎？钱谷之数，府必合省，省必合部，数难悬决，至部乃定。省府去部远者六七千里，近亦三四千里，册成而后用印，往返非期年不可。以故先印而后书。此权宜之务，所从来久，何足深罪？且国家立法，必先明示天下而后罪犯法者，以其故犯也。自立国至今，未尝有空印之律。有司相承，不知其罪。今一旦诛之，何以使受诛者无词？朝廷求贤士，置庶位，得之甚难。位至郡守，皆数十年所成就。通达廉明之士，非如草菅然，可刈而复生也。陛下奈何以不足罪之罪，而坏足用之材乎？臣窃为陛下惜之。"郑士利这一番话，讲得有理有据，错在朱元璋这一边，他滥杀无罪之人了。郑士利与方克勤是同乡，都是宁海人，方克勤是洪武八年（公元1375年）春入觐，朱元璋亲自宴劳遣还，过了五月间，因属吏程贡不职被笞，查问此事的御史为了包庇程贡，反揭方克勤私用仓中炭苇事，坐谪江浦。次年，空印事起，方克勤再次被逮，九月死于狱中。因空印而冤死的有好几百人。等郑士利这份奏疏到了朱元璋那里，史载："帝览书，大怒，下丞相御史杂问，究使者。士利笑曰：'顾吾书足用否耳。吾业为国家言事，自分必死，谁为我谋？'狱具，与士元皆输作江浦，而空印者竟多不免。"看来皇帝犯了错误，要他认错也难，但是非后人自能评定。凡钦定案子大多有错，朱元璋不让别人说话，他死后自有人论其是非。前代是如此，后朝何尝例外，是非自有客观公论，说清楚它，不过是时间问题。尽管如此，空印案还是对当时社会的贪污腐败行为产生了警示作用，说明朱元璋对待吏治问题非常严厉，这对于吏治的各种弊端当然不无一定的震慑作用。叶伯巨与郑士利是同乡，他俩的上书，都在同一时期，也许都与空印案有关，尽管他们讲得都有理，但撼动不了朱元璋借此整顿吏治的决心。

郭桓案发生在九年之后洪武十八年。户部侍郎郭桓与江浙豪富之间相勾结，贪赃枉法，鱼肉人民，被御史余敏、丁廷举揭发，发现他盗窃官粮七百余万石；又发现北平二司官吏李彧、赵全德等人与之勾结，互为奸利。朱元璋为惩一儆百，借此典型事件敕法司严加拷讯，详加追究，供词牵连至省官吏、各部门以及地方官；自六部侍郎以下，系狱拟罪，定以死罪者达数万人之多。

朱元璋在如此铁血惩贪的同时，也深知那些官僚们暗中骂他为"暴君"。他在《大诰》续篇第七十四条《罪除滥设》中讲："呜呼！艰哉！刑此等之徒，人以为君暴，宽此等之徒，法坏而网弛，人以为君昏。"看来，他很清楚自己是宁冒暴君之恶名，不为昏君也。朱元璋如此惩治贪吏旨在使为官者有所戒惧，在他们伸手拿赃款时，先要想一想将来可能会付出的成本和代价，就在这一篇的末尾，朱元璋说："其为君者，不亦艰哉！朕除此无籍之徒，诸处不良之徒，见朕是诰，当戒之哉！勿蹈前非，永保吉昌，设否此诰，身亡家破矣。戒之哉！戒之哉！"如此讲，也可谓苦口婆心，足见其暴酷的一面，实在也是不得已而为之，决不能因为反正无法根治，而放纵听任贪官污吏为所欲为，侵渔老百姓，整个社会将为之付出更沉重的代价。

除了以酷刑整肃贪官之外，明太祖朱元璋还设立了一连串防贪措施，其大致如下：

（1）严明官吏职守。《御制大诰三编·农吏第十七》规定："今后诸衙门官，凡有公事，能书者，务必唤首领官于前，或亲口声说，首领官著笔，或亲笔自稿，照行移格式为之，然后官吏誊真，署押发放……凡百公事，若吏无赃私，一切字样差讹，与稿不同，乃吏誊真之罪。设若与稿相同，主意乖违，罪坐官长，吏并不干。"

（2）严禁官吏下乡扰民，不许有司唤下级、里甲人等到衙门听事。《御制大诰续编·民拿下乡官吏第十八》规定：官吏中"贪婪之徒，往往不为死罪，违背下乡，动扰于民。今后敢有如此，许民间高年有德者者，率精壮拿赴京来。"《御制大诰续编·有司不许听事第十一》："凡诸司衙门，如十二布政司，不许教府、州、县官吏听事，府不许教州官吏听事，州不许教县官吏听事，县不许教民间里甲听事……敢有如此，许民赴京面奏。"

（3）设重法防范官吏贪赃害民。《御制大诰·官民犯罪第二十九》规定："贿赂出入，致令冤者不伸，枉者不理，虽笞亦坐以死。"《御制大诰·官吏长押卖囚第十九》规定：敢有"卖放囚徒者，本身处以极刑，籍没家产，人口迁于化外"。《御制大诰初编·冒解罪人第四十》规定："所在有司官吏，上司着令勾解罪人，往往卖放正身，将同姓名良善解发。今后若此，该吏处以重刑。"

（4）禁止"官民勾结"。《御制大诰续编·闲民同恶第六十二》规定："今后敢有一切闲民，信从有司……私下擅称名色，与不才官吏同恶相济，虐害吾民者，族诛。若被告发者，就将犯人家财给予首告人，有司凌迟处死"等。

（5）对官吏犯贪赃罪者，层层追查，有司负连带责任。《御制大诰·问脏缘由第二十七》规定："如六部有犯赃罪，必究赃自何而至。若布政司贿于部，则拘布政司至，问斯赃尔自何得，必指于府。府亦拘至，问赃何来，必指于州。州亦拘至，必指于县。县亦拘至，必指于民。至此之际，害民之奸，岂可隐乎！其令斯出，诸法司必如朕命，奸臣何逃之有哉。"①

有史家指出，郭桓案也许是朱元璋编制《大诰》告诫全国官吏队伍的一个直接动因，编大诰的目的是欲以即时案件布告天下，通过案例对官吏与百姓进行一次广泛的普法教育。他是想拿血淋淋的杀戮来教育人，即使如此，也难以如他所愿"斯令一出，世世守行之"（《大诰》御序）。至明成祖以后，各种问题又再现，到仁、宣之后，在宪宗、孝宗到武宗时，各种危机又露头了。嘉靖万历年间，海瑞在任上时，呼唤采取当年朱元璋把贪官剥皮实草的极端残暴的措施以处置当时的腐败和贪污状况。这个呼唤的背后，实际上反映了那时对已经很严重的贪腐局面已无可奈何。然而，毕竟这时已不可

---

① 参见王春瑜主编《中国反贪史》（下），第853—855页。

能产生第二个朱元璋了，尽管明王朝还能苟延残喘一段时期，但其王朝的崩溃结局已逐渐摆上历史议程。崇祯十七年（公元1644年）明王朝的崩溃，固然有它的外部因素，而内部的腐败应该是根本原因，无怪乎明代崇祯帝自杀殉国前痛呼"朕非亡国之君，臣皆亡国之臣也"。因为腐败可以促使整个官僚机构处于瘫痪状态，使人心涣散，令众人不把整个王朝的崩溃当回事。不管明初惩处贪腐的初衷和最终效果如何，朱元璋亲自参与编著的《大诰》四编还是值得一读的，从中不难窥探出朱元璋为了整治吏治的那番无奈的苦心孤诣。不仅如此，明代统治者还对同属廉吏的品行做过具体的细分，如明代《从政录》中说："世之廉者有三：有见理明而不妄取者，有尚名节而不苟取者，有畏法律保禄位而不敢取者。见理明而不妄取，无所为而然，上也；尚名节而不苟取，狷介之士，其次也；畏法律保禄位而不敢取，则勉强而然，斯又为次。"

清朝是继元朝之后又一个入主中原的外族统治者，不过，与元朝蒙古人不同的是，清朝在整顿吏治上要比元朝统治者高明得多。如顺治尤为强调"以惩贪为弊吏之本"（《石渠余记》卷二纪吏治），康熙认为"治国莫要于惩贪"①（《康熙起居注册》）；雍正甚至在严惩贪官的同时，还从财赋、俸禄制度等方面入手，实施"耗羡归公"与养廉银制度，以此期望达到杜贪防腐目的；乾隆基本上继承了前辈这些良好的吏治政策，认为"侵贪之弊，尤不可不急为整饬"②。由于清朝前期康、雍、乾三帝不断强化国家层面的反贪力度，使得其封建王朝的国家机器也发挥了有效作用，出现历史上有名的"康乾盛世"。

康熙，堪称中国历史上的英明君主。在他的治国策略中，有一套完整的倡廉惩贪思想值得后人借鉴。这套倡廉惩贪的吏治观主要包括以下两个方面：

（1）康熙一直崇尚勤俭节约。在康熙自著的《勤俭论》一文中，他

---

① 又转引自夏家骏《乾隆惩贪述评》，见左步青编《康雍乾三帝评议》，紫禁城出版社1986年版，第396页。
② 张涛、项永琴：《中华伦理范畴：廉》，中国社会科学出版社2006年版，第257页。

说："崇宫室，丰饮食，美衣服，此人心也，其几易溺；敬天地，孝祖宗，拯民生，此道心也，其几易怠。溺则侈，侈则嗜欲日荒；怠则逸，逸则理道日远。发于一心，见于天下，而盛衰治乱之徒判矣。"据此，康熙认为："为官者俭，则可以养廉"，"俭以成廉，侈已成贪"（《康熙政要·论俭约》）。

（2）康熙努力告诫臣下应该为政清廉。康熙认为，吏治是否严明，官员是否清廉，关系到国家政治的清明，政权的兴衰，人心的向背。因此，他告诫臣下居官要清廉："朕惟致治雍熙，在于大小臣工，悉尚廉洁，使民生得遂。"又说："官以清廉为本"，"人臣服官，首重廉耻之节"，"廉耻之道已亏，岂能修举职业，克副任使？"（《康熙政要》）由此出发，康熙还规劝臣下应勉力做一名清官，他又说："尔等为官，以清廉为第一。为清官甚乐，不但一时百姓感仰，即离任之后百姓追思，建祠尸祝，岂非盛事。"（《清圣祖实录》卷二百一十）不仅如此，康熙还经常到各地巡视，以察举并提拔清官。如两江总督于成龙、傅拉塔、河道总督小于成龙等，均因居官清廉而从低级官吏被委以重任的。康熙本人也因为善于赏识和提拔清官廉吏而被誉为一代圣祖。

雍正在沿袭了康熙这些尚廉惩贪做法的同时，也尤为注重整顿吏治，认为"国家首重吏治"（《清世祖实录》卷三）。其在整顿吏治方面，主要有这样一些措施：

（1）励精图治，惩贪倡廉。康熙末年，统治集团内部争权夺利，官僚结党营私，吏治已趋于腐败。雍正认为，此种风气若不加整顿，必将危及大清王朝的统治，"盖贪黩之风不息，则上亏国课，下剥民膏，其为吏治人心之害者甚大，不止关系钱粮而已"（《清世祖实录》卷七）。在他登基一个月之后，雍正即敕令户部全面清查钱粮亏空："各省督抚将所属钱粮严行稽查，凡有亏空，无论已经参出及未经参出者，三年之内务期如数补足，毋得苛派民间，毋得借端遮饰。如限满不完，定行从重治罪。三年补完之后，如再有亏空者，绝不宽贷"（《世宗宪皇帝上谕内阁》卷二）。为了在全国范围内清查钱粮亏空，雍正还在朝廷设立了一个专门的机构——会考府，并指派最信任的十三弟怡亲王充任主管，还慎重告诫他说："尔若不能查清，朕必另遣大臣；若大臣再不能查清，朕必亲自查出。"雍正这种决心对各级官吏震动极大，全国规模的清查钱粮亏空事件迅速展开。其时历十年之久方才告一段落。其经历时间之长，规模之大，惩处之严，实属历史罕见。这场运动波及的贪官污吏自然不计其数。史载，仅雍正元年被革职的就有湖广布政使，湖南、广西按察使，江苏巡抚、布政使等。雍正三年，仅一年之内，湖南州县官六十五人中更换了三十余人；其他如山西、湖北、河南、福建等省情况与此大致类似。在严厉打击贪官的同时，雍正还极力提拔廉洁奉公的清官，并要求官吏"以循良为楷模，以贪墨为鉴戒"（《清世宗实录》卷七），提出"操守清廉乃居官之大本"（《清世宗实录》卷五十七）。如雍正重用田文镜之类的地方官，正是因为他们是"务为清廉仁爱之官，勿作苟且贪污之事"（《清史列传·田文镜》）的清官。因此，总览雍正一朝，那些操守廉洁、秉公执政的官员往往都能得到提拔和重用。

（2）实施养廉银制度。雍正在全国范围内大规模地清查钱粮亏空之后，为了防止地方官滥征耗羡，曾大力倡导养廉银制度，即州县由地方官征用的耗羡一律解送到布政使仓库，一部分移作地方公用，一部分支给地方官吏作为养廉之资。这种养廉制度，为雍正的吏治整顿提供了经济保证，也起到了积极作用。耗羡专用于养廉，改变了"从前上司各官无养廉之资，势不得不受属官之馈送，而属员之吏难以供应，故地方陋规不能悉行裁革"（《清世宗实录》卷六十九）的状况，这一做法在雍正时已收到明显效果。

由上述两点可知，雍正一朝的吏治相对清廉。清末史学家章学诚评论说："我宪皇帝澄清吏治，裁革陋规，整饬官方，惩治贪墨，实为千载一时。彼时居官，大法小廉，殆成风俗，贪冒之徒，莫不望风革面，时势然也。"（《文史通义·内篇》卷五十）

乾隆不仅继承了雍正的惩贪惯例，认为"贪墨之吏，蠹国祸民，为害甚大"（《清高宗实录》卷五百六十七），而且还加大了对贪官的惩治力度，"朕之严于待墨吏，乃所以安民也"（《清高宗实录》卷三百五十一）。据学者研究，乾隆惩贪有四大特点：

一曰多。乾隆一朝，不仅惩贪的次数多，惩办的贪官多，处死的人数多，而且处死督抚一级大官数也比康、雍二朝多。

二曰坐。即一经发觉贪官，就实行连坐之罚。对贪官的连坐之罚，顺治、康熙、雍正率皆施行过。然而，乾隆之连坐，其目的则在力革官官相护之痼习，重在惩处徇庇和通同作弊。

三曰广。即反贪污的内容和惩处的面广。举凡侵贪、亏空、科索、贿赂、欺冒、挪移、盗库等等，无不属于惩处之列，其惩罚的手段亦颇严厉。

四曰杂。即不唯惩办那些头角峥嵘的大小贪官本身及其不法子弟，还痛惩了那些为虎作伥的蓄吏杂佐、家人长随和幕友宾客。①

然而，颇为遗憾的是，与此同时，乾隆一朝的奢侈之风也日渐抬头，官员腐化日深，贪污也慢慢滋生为官场普遍现象。尤其是在乾隆后期的大贪官和珅把持朝政时期，不仅朝野上下的贪腐之风愈演愈烈，而且乾隆本人的奢靡心态也日益膨胀。如乾隆本人即举行过前后六次劳民伤财的南巡，自己五十岁生日时还大办千叟宴。后又于嘉庆元年在皇极殿开千叟会，邀请入宴的老人达数千人之多，耗费了大量的国库民财。这诸多奢靡迹象业已表明，大清王朝气数之颓废已成既定的历史事实了。

四、国外廉洁观概述

廉洁，不仅是中国传统政治的核心价值观，同时也是世界各国执政者的永恒话题。这里既有其不同文明教义的共性价值要求，也源自各国统治者的普遍理论共识。与此相应的是，世界各国围绕廉政建设的反腐败斗争也与我们中国几乎同样久远。兹援引透明国际组织（Transparency International）在 2007 年 9 月发布的全球腐败印象指数（Corruption Perception Index，CPI）

---

① 夏家骏：《乾隆惩贪述评》，载左步青编《康雍乾三帝平议》，第 388—393 页。

来看，在全球受到评估的180个国家和地区中，真正可称得上反腐败成功（CPI得分超过8分）的国家和地区不过15个，而腐败严重（CPI得分在2.5—5分之间）或极端腐败（CPI得分低于2.5分）的国家和地区却有132个。[1]由此可见，根治政坛腐败的廉政建设是任重而道远的，它当然不是个别或部分国家的事情，而是当今一大全球性的问题。

与我们国内当前普及的无神论教育背景不同的是，当今国外大部分国家都是由沐浴在不同宗教文化背景下的民族所构成。其宗教文化主体不外乎基督教、伊斯兰教和佛教。在这些不同宗派的教义中，却有一共同的规定：那就是都要求人们戒贪。在基督教所列的"七宗罪"——好色、贪食、贪婪、懒惰、暴怒、嫉妒、骄傲，其中的"贪"为其根本。"七宗罪"皆因失控的欲望（"贪"）而产生，均属于魔鬼撒旦。在基督教《圣经》"十诫"中，有关戒贪的戒律就有两条——第八诫的"不可偷盗"和第十诫的"不可贪恋别人的房屋，也不可贪恋别人的妻子、仆俾、牛驴，并其他所有"。同样，在伊斯兰教经典《古兰经》中也有奉劝人们"能戒除自身的贪吝者，确实成功"（《古兰经》第64章16节）的戒律。为了让人们通过修身以防贪，伊斯兰教还设有"斋戒节"。按照《古兰经》的启示，斋戒是古已有之的功修制度。斋戒的目的是"以便你们敬畏"，以达到克制个人的欲望和情绪，不断清除精神上的污垢，以纯洁和坚忍的心灵侍奉真主的使命。在伊斯兰教看来，人类的精神大敌是恶魔，纵欲的人就是向恶魔敞开大门，导致人性扭曲，品德败坏，伤害身体，积累罪恶。佛教也同样认为，"贪、嗔、痴"为残害身心，使人沉沦于六道轮回的"恶"根，故又称为三不善根。关于贪欲与人生的烦恼，佛教《法句经》言曰："贪欲生忧，贪欲生畏；无所贪欲，何忧何畏？"所以佛教又有"戒贪得自在"的至理名言。

步入现今民主政治时代，世界各国仍然把戒贪反腐的廉政建设当做其施政的永恒任务。根据相关研究资料显示，当前，世界上大约有130多个

---

[1] 任建明、杜治洲：《腐败与反腐败——理论、模型和方法》，清华大学出版社2009年版，第1页。

国家和地区开展了大规模的反腐倡廉运动，同时，为促进世界经济一体化以净化国际商业环境的需要，一些国际性、区域性的反腐公约也不断出台。这些均表明当前世界已步入了反腐倡廉的全球化时代。其中立法反贪是各国共同的措施。如1978年美国国会即通过了由总统签署的《政府道德法》。该法律规定：立法、行政、司法三部门官员必须公开公共财政收入，并提交公共财政收入报告。另外，官员的配偶和未独立生活子女的财产也必须报告。而且规定，这种报告要向公众公开发布，公众对这种报告有权要求查阅。对报告的审查，主要由各部门道德监督官员进行。如果报告人有违反道德的行为，部门道德官员将对报告人提出忠告，严重者必须辞职或调职。《政府道德法》是美国现代公共道德管理演变过程中的一个里程碑。1989年，国会通过的《道德改革法》，进一步加强了对政府官员的道德约束。1992年联邦政府道德署颁布的《行政部门雇员道德行为准则》，在礼品、利益冲突、职权行使、兼职、职外活动等多方面均做出了详细规定，集中体现了从政的道德要求和行为规范。同时，为了使道德建设具备可操作性，联邦政府还设立了相应的道德建设指导机关——道德署。联邦政府各部门都有道德官员办公室，地方各州、市也设立了道德署或道德委员会。道德署的主要职责就是制定、修订公务员道德准则；开展道德教育和培训，让公务员明白什么可为、什么不可为；接受道德咨询，公务员遇到疑惑可随时通过电话、邮件或传真向道德署咨询，避免因不了解道德界限而违法。严格的官员道德准则和健全的政府道德机构，既增强了公务员的廉洁自律意识，又起到了预防违法乱纪的作用。

日本《刑法》则规定，下列受贿行为应受法律制裁：（1）事前受贿：公务员在就职前预先收受贿赂，而就职后再为行为人谋财者；（2）事后受贿：公务员在职期间为行为人受贿，而退职后再收受贿赂者；（3）第三者受贿：让其他公务员为行贿者办事而自己索取贿赂者。日本《公务员法》还规定：公务员在工作中不能和在公务上有利害关系的人吃饭，不能受其馈赠；在会见外部来人或听取其陈情时，会见的时间地点必须受到限制；公务员必须专心本职工作，无特别准许不得兼任其他公职，即使获准兼职也不得领取薪金；公务员脱离公职后，两年内不得到离职前五年期间与工作岗位关系密切的私营企业任职。

1986年菲律宾内阁会议决定，内阁成员因公务出国，须严格控制开支，部长不得住豪华宾馆，不得订头等舱机票。澳大利亚《公务员条例》也规定：公务人员在履行职务时取得薪金以外的任何报酬都必须上缴政府；禁止上级向下级借钱。

俄罗斯（前苏联）经历了一场政变转型之后，全社会在经由市场经济向民主国家转型的过渡期间已呈现了一股腐败高发态势，并因此引发了严重的社会危机。有鉴于此，近年来俄罗斯也开始了大张旗鼓地整肃腐败行动。2008年3月，梅德韦杰夫出任俄罗斯总统10天后便忧心忡忡地指出：我们不能再等了，腐败已变成一个制度性问题，我们应该用制度性的对策来解决这个问题。同年12月，俄罗斯出台了《反腐败法》，其中规定国家公务员及其配偶、子女必须向税务机关提交收入和财产信息。与此同时，在不涉及国家机密的基础上，申报资料将在媒体上公开。2009年4月，俄总统梅德韦杰夫和总理普京亲自率领俄政府的各位副总理、部长集体在俄罗斯政府网上"晒家庭收入"，梅德韦杰夫总统又命令公布政府各部门官员的收入纳税清单。由此，官员财产申报和公开制度在俄罗斯确立起来。[①]国外廉政建设，除上述各国这种以立法反贪的途径之外，还非常注重道德层面的廉政文化建设。

在德国，每个公务员在上岗前都需要签订"廉政合约"，并在国旗下宣誓，要以"传统的普鲁士官员的道德标准"要求自己，做到廉洁奉公、公私分明。这里提到的"传统的普鲁士官员的道德标准"，涉及18世纪普鲁士国王弗里德里希二世实施的官僚选拔改革制，其特点是以有意识地通过训练军队的方法来培养官员的职业道德，这样可以把一些军队中的良好作风渗透到政府官僚的行政过程中，久而久之，这种军队作风就演变为普鲁士官员的道德标准，其内容包括服从、尽职、守时、节俭、准确等。

---

① 姜跃：《国外廉政建设的经验与启示》，《中共天津省委党校学报》2011年第1期。

当然，历史上的普鲁士精神不纯粹是这些被植入的军事作风，它还包括路德宗教改革中的敬业和服从精神。总而言之，诸如守时、敬业、勤勉、忠诚、节俭、清廉等优秀品质遂构成了"传统普鲁士官员道德标准"的全部内涵。在当前的日常公务行为中，为了预防和减少贪污受贿，德国对公务员接受礼品作出比较严格的规定。政府公职人员必须将15欧元以上的礼品与酬劳上报，收受现金绝不允许。

北欧国家一般都有着良好的社会环境，重视道德教育。北欧民众大多培养了自觉遵纪守法的良好理念，强调诚实守信，以权谋私被视为令人唾弃的行为，这种以廉洁为荣、贪污为耻的道德传统和社会氛围，对公务员的廉洁自律有着极大的感染力。同时，北欧国家普遍认同"文化是制度之母"，十分重视廉政文化的培养。这种注重廉政文化的制度建设对公务员的廉洁自律、对全社会形成崇廉、尚廉的良好风气均有极大的影响力。这是北欧不用重典依然廉政的重要原因。其中，尤以丹麦的廉洁文化建设堪称典范。

根据前年透明国际发布的"2010年全球清廉指数排行榜"，在这份包括180个国家和地区的榜单上，丹麦、新西兰和新加坡以9.3分并列第一，成为全球最清廉的国家。为了让国人深入了解丹麦的廉政经验，《国际先驱导报》记者还特意采访了丹麦驻华大使裴德盛（Friis Arne Petersen）。裴德盛就此发表了四点看法："第一，丹麦多年来一直是世界上反腐败最成功的国家之一，因为我们的文化和发达的社会。第二，丹麦政府将很多精力和重点放在了系统的腐败斗争中，而且丹麦是一个小国，相比其他那些人口众多的国家，丹麦更容易实现反腐败的进展。同时丹麦也很幸运地在过去50年时间里享有高度的经济发展，我们有着很高的GDP。第三，也许是最重要的，反腐败是一个内置的概念，这体现在我国的大部分领域：文化、传统、法律制度、生长环境、家庭教育、学校、工作场所等。因为有良好的教育、可以依赖的政府、好的私营部门，因此我们不需要做像贪污腐败这种危险、复杂的事情。第四，透明、民主体制和公平对待、较少的等级制度和较多的社会参与也是典型的丹麦价值观。"另外，裴德盛还提到了宗教因素，他说："我们很幸运地生活在北欧,或许宗教(基督教)也是让我们远离腐败的原因,因为教义教导我们要诚实可靠。丹麦在1849年成为了民主国家,确切地说更加完整地成为民主国家是在1901年。从那以后我们建立了完善并强大的法律制度来抵制腐败。"接着,裴德盛又说道:"在如今的丹麦社会,人们会想'我当然不会贪污'。一旦有人要行贿,人们会感到很惊讶,没有人愿意参与到贪污中去,因为这不是我们办事的方法。再加上上述这些因素与丹麦的福利模式结合在一起,目的在于为公民公平地提供社会产品和相对平均的收入,这样民众就会产生一种普遍的意识——腐败和欺骗是不能接受的。根据基尼系数,丹麦是世界上贫富分化最小的国家,当然我们也有很富有的人,但是中产阶级占大多数。在丹麦,公司在裁员和雇员上都比较随意,但是员工一旦被解雇,社会将会照顾他们,并保证他们继续享有高水平的生活。当然,高福利的另一面就是高税收。丹麦是世界上税收最高的国家之一,我们用税收拉近贫富差距和收入不平等。这就是丹麦社会的突出特点。在这种平等的社会中,贪污腐败很难滋生。"

  在亚洲国家与地区中,类似北欧这样注重廉洁行政的典范首推新加坡。东南亚国家本来就是腐败的高发地带,新加坡却是一个例外。在近年来,由透明国际发布的国家廉洁指数排行榜中,新加坡一直稳居前五名,连续执政的人民行动党政府被公认为高效廉洁的政府。奇怪的是,新加坡政府却将其高效廉洁的成功经验归因于源自中国儒家的价值观,并宣称其成功经验之一就是"以德倡廉,使人不想贪。"所谓"以德倡廉",就是通过道德教育倡导廉洁风气,树立廉洁意识,从而在思想上抵制、铲除贪污的念头,最终达到使人不想贪的效果。众所周知,在新加坡长期占统治地位的道德文化乃是一种曾在传统中国沿袭了两千多年的儒家文化。人民行动党执政几十年来,就是以倡导儒家价值观而闻名于世。人民行动党领袖李光耀将新时期的儒家道德归结为"八德":忠、孝、仁、爱、礼、义、廉、耻,在大力倡导儒家"八德"同时,李光耀还赋予它们各自新的时代意义。比如"忠"并非是传统意义上的忠君,而是转化为忠于国家、有国民意识。具体内容包括:一是归属感，即每个新加坡人都应意识到自己是新加坡人，归属于新加坡；二是国家利益至上，即新加坡公民应忠于国家、热爱国家，当国家利益与个人利益发生冲突时，要以国家利益为先；三是群体意识，要求公民意识到，新加坡的成就是集体协作得来的，个人和群体不可分割。由于"忠"意味着忠于国家、公家、群体，这些内涵是与利用公共权力谋取一己之私利的腐败水火不容的，因而对于维护廉洁、防止腐败有积极意义。[①]

除了以德倡廉之外，新加坡全国上下还雷厉风行地崇尚节俭。例如，按新加坡的法律，普通民众在餐馆吃饭，如有浪费行为的话，将要加倍付费。还有，新加坡一些政府办公大楼竟然是租用的，有时候甚至用来接见外宾的轿车都是租借的。因为，在厉行廉洁的新加坡政府官员看来，"租"比"建"，"租"比"买"要划算得多。[②]尽管新加坡的富裕举世皆知，但新加坡人这种精打细算、富而不奢的节俭美德，既是其民族的宝贵财富，又是维系其政府高效廉洁的素质保障。

---

① 吕元礼：《新加坡为什么能》，江西人民出版社2007年版，第200—203页。
② 韩毓麟：《半月谈》2002年第6期。

第三章

践行篇：倡廉与肃贪

古今中外的廉政历史可谓源远流长，其彪炳史册的廉吏与洁士不可胜计，同时，始终与这种历史上的清官廉吏如影随形的另一类贪官赃吏也一直在人类历史长河里前赴后继。饶有意思的是，历史上甚至还不乏某些身兼廉吏与赃吏于一身的人。如清代顾炎武《日记录》评论唐代元和中兴的名相杜黄裳时曾如是说："杜黄裳，元和之名相，而以富厚蒙讥。"贵为"名相"，为何还会"蒙讥"呢？据《旧唐书·杜黄裳传》记载杜黄裳之功绩说："邠州节度使韩全义曾居讨伐之任，无功，黄裳奏罢之。刘辟作乱，议者以剑南险固，不宜生事；唯黄裳坚请讨除，宪宗从之。又奏请不以中官为监军，只委高崇文为使。黄裳自经营伐蜀，以至成功，指授崇文，无不悬合。崇文素惮刘澭，黄裳使人谓崇文曰：'若不奋命，当以刘澭代之。'由是得崇文之死力。既平辟，宰臣入贺，帝目黄裳曰：'此卿之功也。'后与宪宗语及方镇除授，黄裳奏曰：'陛下宜熟思贞元故事，稍以法度整肃诸侯，则天下何忧不治！'宪宗然其言。由是用兵诛蜀、夏之后，不容藩臣蹇傲，克复两河，威令复振，盖黄裳启其衷也。"历史上类似杜黄裳这样的中兴"名相"，自然应该是德、才兼备的"贤相"，可史书又笔锋一转，说杜黄裳时"达于权变，然检身律物，寡廉洁之誉"。他为何又是"寡廉洁之誉"呢？原来，尽管杜黄裳身前荣耀，死后不久即遭御史劾奏其生前曾收受高崇文钱四万五千缗。无怪乎史家评论杜黄裳时有惜笔之憾："（杜黄裳）然为宰相，除授不分流品，或官以赂迁，时论惜之。"

其实，早在杜黄裳之前，汉代武帝时的酷吏杜周也是此类假洁真浊的伪廉代表人物。太史公《史记·酷吏列传第六十二》载，（杜周）"其治大放张汤而善伺候。上所欲挤者，因而陷之；上所欲释者，久系待问而微见其冤状。"其意是说，杜周在恪尽职守上发挥了前任廉吏张汤的优点，可是，鉴于张汤因秉公执法而身死于恶臣谗言，杜周也学乖了，变得比较善于曲成皇帝的旨意。如果是皇帝要排挤的人，杜周就能编出证据来陷害他；如果是皇帝想要释放的人，杜周则能够任意羁押其人而不让其有冤屈感。而且，杜周还具有双重人格，其本人虽贫，却家境殷实。史书记载：（杜）周中废，后为执金吾，逐盗，捕治桑弘羊、卫皇后昆弟子刻深，天子以为尽力无私，迁为御史大夫。家两子，夹河为守。其治暴酷皆甚于王温舒等矣。杜周初征为廷史，有一马，且不全；及身久任事，至三公列，子孙尊官，家訾累数巨万矣。（《史记·酷吏列传第六十二》）结合前述两汉关于"廉"、"赃"二吏的划分标准，尽管杜周在行事上虽不乏前任廉吏张汤之遗风，但其"家訾累数巨万"的殷富境遇，显然又与汉代关于"廉"吏的标准不符。因为汉代的"廉"，除了高洁、清白之外，还更多地侧重于"不苟取"。所以，杜周如果不是因为"善伺候"以媚上的话，其下场无疑也会跟汉代其他"赃吏"无别。因为，在汉代真正受到表彰的往往仍是那些居官死后家无余财，甚至无以为葬的清官廉吏。

历览古今中外大历史，举凡那些廉洁高效、勤政为民的政权皆能赢得民心，最终实现政清人和的良序社会；而那些贪污成风、贿赂公行的腐败社会则往往会矛盾激化、世衰道微，终至政权颠覆、国家灭亡。因此，执政者的廉洁与否，不仅影响一国民心之向背，在很大程度上还决定了一国政权之兴亡的政治命运。从这个意义上说，历代王朝的兴衰也可以看作是一部腐败与反腐败的廉政斗争史。以中国历史为例，凡是那些政治稳定且执掌时间久远的朝代往往与其统治者重视廉政治国有关，如两汉维持了426年，唐朝维持了285年，两宋维持了319年，明代维持了276年，清代维持了267年。相反，那些短命的王朝，如秦、晋、隋、元的统治时间均不足百年就纷纷人亡政息了，其根本原因皆在于政治腐败。按照历史唯物主义观点，民众是推动历史发展的决定力量，即民众既可以扶持一个王朝的兴起，也可以推翻一个政权的统治。故《荀子·王制》说："君者，舟也；庶人者，水也。水则载舟，水则覆舟。"唐太宗李世民也说："君，舟也；人（本为"民"，避唐太宗讳），水也。水能载舟，亦能覆舟。"以这种君民的"舟水"关系来衡量，统治者施政重点应该体察民情、关注民生。引用宋代王安石的话，这就是"百姓所以养国家也，未闻以国家养百姓也"（《再上龚舍人书》）。由此可知，民众才是国家的主人，廉洁贤明的理想政治应是"藏富于民"，而不是"与民争利"。如《论语·颜渊》篇记载了这样一则有关"藏富于民"的对话：

哀公问于有若曰："年饥，用不足，如之何？"有若对曰："盍彻乎？"曰："二，吾犹不足，如之何其彻也？"对曰："百姓足，君孰与不足？百姓不足，君孰与足？"

在鲁国发生饥荒的年头，鲁哀公问政于孔子弟子有若。有若说，应该在这饥年对百姓只征收十分之一的税就可缓解问题了。鲁哀公却说，我即使向百姓征收十分之二的税收都维持不了国库开支，十分之一又怎么行呢？有若回答说，只要老百姓富足了，国君哪有不富足的呢？相反，要是百姓不富足的话，国君的富足又有何益呢？这就是儒家文献中最早关于"藏富于民"的论述。在儒家内部，最能深入发展这种"藏富于民"思想的，是战国后期的荀子（即荀况）。荀况继承了早期儒家"不与民争利"的主张，进一步阐发了治国必先富民的意义。他批评统治者好利聚敛是"府库已实而百姓贫"，并分析了财富分配与国家兴亡的关系："王者富民，霸者富士，仅存之国富大夫，亡国富筐箧、实府库。"（《荀子·王制》）他从治国必先富民的理论出发，要求统治者"以政裕民"（《富国》），即采取节用薄敛和倡导发展生产等措施，使民富裕。他说："家五亩宅，百亩田，务其业而勿夺其时，所以富之也。"（《大略》）他认为人民富裕，有利于生产发展，"裕民则民富，民富则田肥以易"；而生产愈发展，国家也就愈富，从而"上下俱富"（《富国》）。由此可知，儒家关于"藏富于民"的用意，是希望统治者能够"以民为本"。由于朝廷都是通过任命官吏来直接管理民众的，所以，这些朝廷命官的个人道德如何，往往关乎国家政局之治乱，所谓"致治安民，端在得人"也。因为，一旦官吏贪腐，则势必盘剥百姓，从而引起官民对立，危及政权。对此，春秋时宋国大夫臧哀伯曾指出："国家之败，由官邪也。官之失德，宠赂章也。"（《左传·桓公二年》）因此，历代统治者在选拔官员时非常注重对官员道德品质的考量，其目的旨在防范赃吏侵渔百姓。历代贤明的君主大多能洞悉选任廉吏的重要性，如康熙认为："从来民生不遂，由于吏治不清"，"致治安民，端在得人"。在康熙看来，选用廉吏治民，这叫做"端本澄源"，他说：

　　朝廷致治，惟在端本澄源。臣子服官，首宜奉公杜弊。大臣为小臣之表率，京官乃外吏之观型，大法则小廉，源清则流洁。此从来不易之理。如大臣果能精白乃心，恪守法纪，勤修职业，公而忘私，小臣自有所顾畏，不敢妄行。在外督抚各官，自应慎守功令，洁己爱民。（康熙：《应行应革事遍谕诸臣》）

任用廉吏不仅可"洁己爱民"、敦风化俗，还能有效杜绝"与民争利"现象。儒家一向贵德贱利、重义轻利，认为一国贪利盛行，则民风必坏，政教必失，所以孔子"罕言利"（《论语·子罕》），又说"君子喻于义，小人喻于利"（《论语·里仁》），孟子也说："上下交征利则国危。"（《孟子·梁惠王上》）在一个社会，只要贪利风行，则势必官场贪腐丛生，民怨载道，出现小贪怨大贪、大贪怨巨贪的怨世，这就是孔子所预言的"放于利而行，多怨"（《论语·里仁》）。因此，在本章中，我们将重点考究倡廉肃贪与一国政教得失的内在关系。

一、廉故得民，贪则失民

古今中外的统治者为什么在积极倡廉的同时，还要不遗余力地厉行肃贪呢？要明白其中的原委，我们还得从维系统治者政权稳定的根本问题——官（君）民关系谈起。

官（君）民关系问题，一直是历代统治者特别关注的执政焦点。按中国传统政治观来衡量，民心向背问题，不仅关涉一个政权的合法性，还决定着政权长治久安的稳定程度。而民心向背的关键又取决于统治者是否勤政爱民、为政清廉，这就是宋代包拯所说的："廉者，民之表也；贪者，民之贼也。"（包拯《乞不用赃吏疏》）清代思想家顾炎武在《日知录》中揭示官员失德贪利与欺君误国关系时，说："人臣之欺君误国，必自其贪于货贿也。"显然，在顾炎武看来，倾国朝野，只要由清官廉吏当政，则国泰民安；一旦贪官污吏专权，势必祸国殃民。

历史上，最早关注民心向背与国政兴衰话题的，当是春秋时齐国政治家管仲。在《管子·牧民》篇，管仲直言："民之所欲，天必从之"，"政之所行，在顺民心；政之所废，在逆民心"。在管仲看来，执政者应该以"百姓为天"，并认为从政的目的就在于使国家富裕，人民安居乐业，所以，一切政策的实施，皆以民心向背为依归。与管仲"重民"观一样，儒家孟子一派也主张"民为贵"，孟子认为，合法取得天下的统治方式有两种：即"霸道"与"王道"。"霸道"就是像秦国那样效仿法家以武力征伐来统一天下的做法。在孟子看来，这种以武力统一天下的方式是不会取得最后成功的，因为要使天下统一，必须首先赢得民心；只有赢得民心，方可谓"得民";也只有"得民",始能真正地称之为"得天下"。不然,尽管采取武力方式可以暂时征服人民,却不能征服人心。这是因为,其人心之归服,不是出于内心的心悦诚服,而是由于力不足抗而不得不屈服,一旦有机可乘,其必将竭力叛之,"以力服人者,非心服也,力不赡也"。对于当时盛行的"霸道"现实,孟子直斥其为"虐政",并对其有如是之哀叹:"王者之不作,未有疏于此事者也,民之憔悴于虐政,未有甚于此时者也。"(《孟子·公孙丑上》)不仅如此,孟子还对这种惨无人道的武力兼并战争大加鞭挞:"争地以战,杀人盈野;争城以战,杀人盈城,此所谓争土地而食人肉,罪不容于死。"(《离娄上》)在竭力反对"霸道"、"虐政"的同时,孟子还极力倡导"王道"、"仁政","国君好仁,天下无敌焉"(《尽心下》),若实行"王道",则"民归之,犹水之就下,沛然谁能御之?"(《梁惠王上》)"以不忍人之心,行不忍人之政……天下可运于掌"(《公孙丑上》)。这里的"以不忍人之心,行不忍人之政",就是孟子真正崇尚的"王道"之"仁政"。与法家"霸道"政治的武力征伐方式不同,以"仁政"为主要内容的"王道"政治则是以德服人,"以德服人者,中心悦而诚服也"(《公孙丑上》),这样方可谓真正地拥有了天下。这种靠行"仁政"来以德服人的统一天下的途径,就是孟子所谓的"王道"。所以,孟子眼中的官民关系真正就是"民为贵,社稷次之,君为轻"(《尽心上》)。

与儒家一样,中国道家学派在治国立场上也很注重民本观。

在治国方略上,老子崇尚着一种"道法自然"的"无为而治",即要求统治者做到"我无为而民自化,我好静而民自正,我无事而民自富,我无欲而民自朴"(《道德经》五十七章)。老子这一思想,一方面突出了君王这种至高至贵的地位是万民所不能及的,"故道大,天大,地大,王亦大。域中有四大,而王居其一焉"(《道德经》二十五章);在另一方面,他又强调说,君王这种高贵地位并非空中楼阁,而要以下民为本基。这是因为,依老子"反者,道之动;弱者,道之用"(《道德经》四十章)的发展观,这种高与下、贵与贱关系乃是相反又相成的。所以，在《道德经》第三十九章老子即已明确提出了这种"贵以贱为本，高以下为基"的观点。河上公对此注曰："'贵以贱为本'，言必欲尊贵，当以薄贱为本。若禹稷躬稼，舜陶河滨，周公下白屋也。""'高以下为基'，言必欲尊贵，当以下为本基。犹筑墙造功，因卑成高，下不坚固，后必倾危。"唐玄宗李隆基在其《御注道德经》里明确将老子这一主张概括为"贱为贵本"的执政观。

基于这种"贱为贵本"的观念，老子进而告诫君王与下民相处时，应当效仿"水之性"一样善居"下流"，"处众人之所恶"（《道德经》八章），这样才能够成就一番"善利万物""海纳百川"的政治伟业。他说：

> 江海之所以能为百谷王者，以其善下之，故能为百谷王。是以圣人欲上民，必以言下之；欲先民，必以身后之。是以圣人处上而民不重，处前而民不害。是以天下乐推而不厌。（《道德经》六十六章）

这是说，浩瀚无垠的江海之所以能成其大，在于其甘居"下流"地位，故能"海纳百川"。因而作为社会最高统治者的君王，也应当效仿江海这一"虚怀若谷"的特性，使自己始终保持一种谦恭卑下的情怀，总是把老百姓的意见和利益摆在首位，并让其统治下的百姓不受丝毫的压迫而免于伤害，这样老百姓才会乐于拥戴而不厌弃他们这些统治者。可见老子这一"贱为贵本"主张的政治目的亦在于维系一种君王与下层百姓之间的和谐关系。就此而论，老子这种"贱为贵本"主张不仅具有一种安定国家的政治效用，在治国理念上还彰显了一种"以民为本"的政治关怀。这就是老子"贱为贵本"政治主张所蕴涵的民本主义精神的价值取向。老子这一基本精神在《道德经》其他章节中同样可以窥探出来。例如：

> 民之饥，以其上食税之多，是以饥。民之难治，以其上之有为，是以难治。民之轻死，以其上求生之厚，是以轻死。（《道德经》七十五章）

又如：

圣人常无心，以百姓心为心。善者，吾善之；不善者，吾亦善之；德善。信者，吾信之；不信者，吾亦信之；德信。圣人在天下，歙歙焉，为天下浑其心，百姓皆注其耳目，圣人皆孩之。（《道德经》四十九章）

从这一民本主义的基本精神出发，老子不但大肆痛斥厚赋以敛财的掠民时弊，要求统治者做到"尚俭去奢"，告诫他们应该"去甚，去奢，去泰"（《道德经》二十九章），而且还强烈反对穷兵黩武的扰民、损民之虐政，要求统治者做到"息武去兵"。因为，在老子看来，"夫兵者，不祥之器，物或恶之，故有道者不处"（《道德经》三十一章）。所以，他对那些穷兵黩武的统治者施以警告说："以道佐人主者，不以兵强天下。其事好还。师之所处，荆棘生焉。大军之后，必有凶年。"（《道德经》三十章）

总之，如果把"贱为贵本"看成是老子民本观之基石，那么，"尚俭去奢"就是老子廉政思想的理论起点了。

历史上最著名的君民关系论莫过于"舟水"之喻。正因为君民关系对于政权稳定如此重要，所以，历代统治者无不注重改善并努力营造出一种良好的君民关系。但是，营造良好君民关系的核心，首先应该要求统治者本人努力躬行为政清廉，勤俭治国。否则，只知一味贪贿，与民争利，必将大失民心，失民心者失天下。用宋代廉吏包拯的话，这就是"廉者，民之表也；贪者，民之贼也。"意思是说，廉洁的官员是民众的榜样，贪官则是民众的祸害。这正反两方面官员在中外历史上虽然不可胜计，但是，一则流芳千古，一则遗臭万年。

春秋时鲁国大臣季文子就是一位令同世景仰的大清官。季文子二十多岁时就升任鲁国大臣，他不仅善于勤政，还善于外交辞令，又能带兵打仗。鲁国历史上有名的废井田以开初税亩的政策，就是在季文子主政时实施的。该政策曾使鲁国经济飞速发展。季文子在鲁国曾先后辅助过鲁宣公、鲁成公、鲁襄公三代君主。据《史记·鲁世家》记载，季文子执政鲁国时，"家无衣帛之妾，厩无食粟之马，府无金玉"，其为政清廉如此，竟然遭到时人的不解与嘲讽。据《国语·鲁语上·季文子论妾马》记载说："季文子相宣、成，无衣帛之妾，无食粟之马。仲孙它谏曰：'子为鲁上卿，相二君矣，妾不衣帛，马不食粟，人其以子为爱，且不华国乎？'文子曰：'吾亦愿之。然吾观国人，其父兄之食粗而衣恶者犹多，吾是以不敢。人之父兄衣粗食恶，而我美妾与马，无乃非相人者乎，且吾闻以德荣为国华，不闻以妾与马。'"这段记载说，鲁国另一大臣孟献子之子仲孙它就很瞧不起季文子这种做法，曾当面质问季文子说："你身为鲁国之正卿大夫，可是你的妻子不穿丝绸衣服，你的马匹不用粟米饲养。难道你不怕国中百姓笑你吝啬吗？难道你不顾及与诸侯交往时会影响鲁国的声誉吗？"季文子回答说："我当然也愿意穿绸衣、骑良马，可是，我看到国内老百姓吃粗粮穿破衣的还很多，我不能让全国父老姐妹粗饭破衣，而我家里的妻子儿女却过分讲究衣着饮食。我只听说人们具有高尚品德才是国家最大的荣誉，没听说过炫耀自己的美妾良马会给国家争光。"据说，其父孟献子听闻此事后，怒而将仲孙它幽禁了七天。受到管教的仲孙，改过前非，亦仿而效法季文子的清廉作风。消息在鲁国不胫而走，在季文子的倡导下，鲁国朝野出现了简朴的风气，并为后世所传颂。又据《左传·襄公·五年》关于季文子临终记载，说："季文子卒，大夫入殓，公在位。宰庀家器为葬备，无衣帛之妾，无食粟之马，无藏金玉。无重器备，君子是以知季文子之忠于公室也。相三君，而无私积，可谓忠乎？"由此可知，季文子在中国历史上不愧是一名光明磊落的大清官。

北宋时包拯素以廉洁著称，且执法严明，不畏权贵；不图名利，克己奉公。在他60大寿时，宋仁宗爱其廉洁，打算替他做寿以示嘉奖，包拯只好遵命。却吩咐包贵在门口拘礼，定要送礼者须写明理由，并去禀告他。

来送礼的第一家是皇上，来人是六宫司礼太监，包贵无奈，拿出红纸叫他写理由。太监写道：

德高望重一品卿，
日夜操劳似魏征。
今日皇上把礼送，
拒之门外礼不通。

包拯看后，在下面添了四句：

铁面无私丹心忠，
做官最怕叨念功。
操劳本是分内事，
拒礼为开廉洁风。

太监看罢回条，只好捧着礼品回宫。

包拯好友张奎前来送礼，他说："别人的礼可以不收，我的礼得收下。"说罢，在红纸上写了四句：

同窗同师同乡人，
同科同榜同殿臣。
无话不谈肝胆照，
怎能拘礼南衙门。

包拯接过红纸在下面写了几句：

你我本是知音人，
肝胆相照心相印。
寿日薄酒促膝谈，
胜似送礼染俗臣。

张奎看了回条,也只好把礼带了回去。

接着又来了一个手捧一盆月月红的送礼人,自称"赵钱孙李"。包贵答道:"哪有这样的名字?"那人说:"相爷做寿,众百姓推荐我来送盆月月红,给相爷做寿礼。"包贵一听是百姓的心意,本想收下,但有言在先,只好叫他说出理由来,那人想了一下便说:

> 花开花落无间断,
> 春来春去不相关。
> 但愿相爷长健生,
> 勤为百姓除赃官。

包贵代写在纸上,禀告包拯。包拯出来,双手接过月月红说:

> 赵钱孙李张王陈,
> 好花一盆黎民情。
> 一日三餐抚心问,
> 丹心要学月月红。

包拯谢过送礼人,并叫来者向乡亲问好、致谢。这月月红包含着为官清廉的包拯和百姓之间的深情厚谊。①

在新中国历史上,周恩来总理一直保持着清廉朴素的作风。如周总理住的地方,有花园,有假山,有鱼池,但花园里只有树木草皮,没有什么花儿,鱼池里也没什么鱼。有一次,彭伟光就问总理:"为什么鱼池里不养些鱼,花园里不种些花?"总理严肃地说:"你这个人倒挺会享受呀!我这个地方有鱼池,可以养鱼,那么,我可以这么做,其他人可不可以这

---

① 过世杰:《人生之宝——中外名人廉洁风华》,新疆青少年出版社2005年版,第31—32页。

么做？"小彭说："其他人不会这么做。"总理说："你这个人呵，太不懂事了。你懂得'上行下效'吗？如果我当总理养鱼、种花，那么，下面的部长也可以这样做；各个省的省长、省委书记，可以这么做；那么，地委、县委书记也可以照样做。这样，我们就会和人民群众隔开来，人民群众就不会相信我们。"

周总理家里的家具也很简单，卧室、客厅里几乎没有什么陈设。彭伟光也问过总理说："您经常外出，国外有那么多首脑来访问，赠送您那么多礼品，为什么您一件陈设也没有呢？"总理反问道："他们为什么送礼品给我呢？""因为您是总理呀！"总理马上接过话说："对了，正因为我是总理，他们就送我，我就收了作为自己的东西，这变成什么呢？人家是送给我们国家的，不是送给我周恩来的。"周总理把所有的礼物都上交归公，绝不据为己有。[①]正因为周总理如此的廉洁奉公，所以也赢得了全国乃至世界人民的无比爱戴。

与上述为政以廉的典范人物相反，中国历史上的昏君赃吏也有过大行其道的时候，不过，他们的最终下场也是举世皆知而遗臭万年。最有名的莫过于商纣王，他是商朝的末代君王。虽然贵为一国之君，他却不专心国事，而是沉醉于奢侈享受。他动辄大兴土木，在邯郸以南、朝歌以北这一范围内修建了许多离宫别馆，又作"酒池"，树"肉林"，常率后宫佳丽和众贵族"为长夜之饮"。"上之所好，下必有甚焉"，在他的影响下，大小官员皆沉湎于酒乐，甚至一部分平民也整日醉酒度日。为了满足他个人奢侈享受的需要，他还残酷压榨平民和奴隶，肆意发动侵略战争，激化阶级矛盾，削弱了国力。同时，他还听不进大臣的意见，大肆迫害贤良，比如比干净言直谏，反被他剖膛杀死，于是，箕子装疯保命，微子则逃奔敌国。到公元前十一世纪，周武王顺应民心以兴兵伐纣时，不仅得到了许多部族的支持，甚至在两军对垒的时候，商纣王许多军队竟然阵前倒戈，引领周军攻打纣王。

---

① 过世杰：《人生之宝——中外名人廉洁风华》，新疆青少年出版社2005年版，第31—32页。

商纣王最终走投无路，引火自焚而死。因此，商纣王就成了历史上有名的因贪婪失民而身死国灭的典型悲剧人物。

二、廉为政本，洁以淳民

"廉者，政之本也"（《晏子春秋·内篇杂下》）。在中国古代，清廉既是为政者自身的一项基本官德素质，也是古代吏治——官吏作风与政绩考核的核心，因此，清代康熙曾说："吏治之道，惟清廉为重。"（《清史稿·圣祖本纪》）清末中兴大臣曾国藩的"八本堂"有"一本"就是"居官以不要钱为本"。

在儒家孟子看来，所谓"廉"就是不取身外之物、不贪不义之财，所以他才说："可以取，可以无取，取伤廉。"因此，对于为政者来说，只有保持清廉不贪，才能做到行直无私，无私就能做到公平。否则，一旦私心萌动，可能就会利令智昏而徇私枉法了。古人言"公生明，廉生威"，此可堪称亘古为政的"不易"之道。不仅如此，如果为政者正直清廉，为民之表率，则百姓效仿，民风自然淳朴；反之，如果为政者皆贪腐成风、以权谋私，势必上行下效，以致举国贪贿之风蔓延，民风必变，政教必失。故《礼记·缁衣》说："下之事上也，不从其所令，从其所行。上好是物，下必有甚焉者矣。故上之所好恶，不可不慎也，是民之表也。"这句话是说为上者的所好所恶，直接左右着老百姓一举一动，如为上者好贪，则下民必投其所好而行贿；如为上者好廉，则下民必戒奢以洁身。

关于这一点，明代开国君主朱元璋认识得尤为深刻，据明代余继登《典故纪闻》中谈到朱元璋个人生活起居情况时，曾录有这样一番朱元璋告诫身边侍臣的话，他说："人君不能无好尚，要当慎之。盖好功则贪名者进，好财则言利者进，好术则游谈者进，好谀则巧利者进。夫偏于所好者，鲜有不累其心，故好功不如好德，好财不如好廉，好术不如好信，好谀不如好直。

么做？"小彭说："其他人不会这么做。"总理说："你这个人呵，太不懂事了。你懂得'上行下效'吗？如果我当总理养鱼、种花，那么，下面的部长也可以这样做；各个省的省长、省委书记，可以这么做；那么，地委、县委书记也可以照样做。这样，我们就会和人民群众隔开来，人民群众就不会相信我们。"

周总理家里的家具也很简单，卧室、客厅里几乎没有什么陈设。彭伟光也问过总理说："您经常外出，国外有那么多首脑来访问，赠送您那么多礼品，为什么您一件陈设也没有呢？"总理反问道："他们为什么送礼品给我呢？""因为您是总理呀！"总理马上接过话说："对了，正因为我是总理，他们就送我，我就收了作为自己的东西，这变成什么呢？人家是送给我们国家的，不是送给我周恩来的。"周总理把所有的礼物都上交归公，绝不据为己有。[②]正因为周总理如此的廉洁奉公，所以也赢得了全国乃至世界人民的无比爱戴。

与上述为政以廉的典范人物相反，中国历史上的昏君赃吏也有过大行其道的时候，不过，他们的最终下场也是举世皆知而遗臭万年。最有名的莫过于商纣王，他是商朝的末代君王。虽然贵为一国之君，他却不专心国事，而是沉醉于奢侈享受。他动辄大兴土木，在邯郸以南、朝歌以北这一范围内修建了许多离宫别馆，又作"酒池"，树"肉林"，常率后宫佳丽和众贵族"为长夜之饮"。"上之所好，下必有甚焉"，在他的影响下，大小官员皆沉湎于酒乐，甚至一部分平民也整日醉酒度日。为了满足他个人奢侈享受的需要，他还残酷压榨平民和奴隶，肆意发动侵略战争，激化阶级矛盾，削弱了国力。同时，他还听不进大臣的意见，大肆迫害贤良，比如比干净言直谏，反被他剖膛杀死，于是，箕子装疯保命，微子则逃奔敌国。到公元前十一世纪，周武王顺应民心以兴兵伐纣时，不仅得到了许多部族的支持，甚至在两军对垒的时候，商纣王许多军队竟然阵前倒戈，引领周军攻打纣王。

---

① 过世杰：《人生之宝——中外名人廉洁风华》，新疆青少年出版社2005年版，第31—32页。

商纣王最终走投无路，引火自焚而死。因此，商纣王就成了历史上有名的因贪婪失民而身死国灭的典型悲剧人物。

二、廉为政本，洁以淳民

"廉者，政之本也"（《晏子春秋·内篇杂下》）。在中国古代，清廉既是为政者自身的一项基本官德素质，也是古代吏治——官吏作风与政绩考核的核心，因此，清代康熙曾说："吏治之道，惟清廉为重。"（《清史稿·圣祖本纪》）清末中兴大臣曾国藩的"八本堂"有"一本"就是"居官以不要钱为本"。

在儒家孟子看来，所谓"廉"就是不取身外之物、不贪不义之财，所以他才说："可以取，可以无取，取伤廉。"因此，对于为政者来说，只有保持清廉不贪，才能做到行直无私，无私就能做到公平。否则，一旦私心萌动，可能就会利令智昏而徇私枉法了。古人言"公生明，廉生威"，此可堪称亘古为政的"不易"之道。不仅如此，如果为政者正直清廉，为民之表率，则百姓效仿，民风自然淳朴；反之，如果为政者皆贪腐成风、以权谋私，势必上行下效，以致举国贪贿之风蔓延，民风必变，政教必失。故《礼记·缁衣》说："下之事上也，不从其所令，从其所行。上好是物，下必有甚焉者矣。故上之所好恶，不可不慎也，是民之表也。"这句话是说为上者的所好所恶，直接左右着老百姓一举一动，如为上者好贪，则下民必投其所好而行贿；如为上者好廉，则下民必戒奢以洁身。

关于这一点，明代开国君主朱元璋认识得尤为深刻，据明代余继登《典故纪闻》中谈到朱元璋个人生活起居情况时，曾录有这样一番朱元璋告诫身边侍臣的话，他说："人君不能无好尚，要当慎之。盖好功则贪名者进，好财则言利者进，好术则游谈者进，好谀则巧利者进。夫偏于所好者，鲜有不累其心，故好功不如好德，好财不如好廉，好术不如好信，好谀不如好直。

夫好得其正，未有不治；好失其正，未有不乱，所以不可不慎也。"①明太祖朱元璋这番话，可谓彻悟了《礼记·缁衣》篇"上好是物，下必有甚焉者矣"的真精神。

反之，汉武帝对这番真精神的领悟则可能略有疏失。汉武帝在统治之初由于继续推行文景两帝的廉平政治，遂致汉朝国力蒸蒸日上。可到了执政晚期又因居功自大而荒淫无度，加剧了汉王朝迅速地极盛而衰。史载，汉武帝后期临朝事，"自见功大威行，遂从嗜欲，用度不足，乃行一切之变，使犯法者赎罪，入谷者补吏，是以天下奢侈，官乱民贫，盗贼并起，亡命者众"（《汉书·武帝纪》）。

《道德经》第五十八章论及君民关系时说："其政闷闷，其民淳淳；其政察察，其民缺缺。"这里的"闷闷"，指的是淡泊名利的无为政治，为上者淡泊名利，则民风淳朴；"察察"，指苛税繁多的有为政治，则民必机诈狡黠，即"缺缺"也。所以老子又说："是以圣人方而不割，廉而不刿，直而不肆，光而不耀。"言下之意，就是告诫明智的统治者在处世时应该适可而止，做到方正、廉洁、光明正大，但又不过度伤及他人他物。说白了，就是要为政清廉，由此，可知清廉对于统治者之执政与淳民的双重意义。所以，自古至今，廉洁是对为官者提出的基本道德要求，是检验其居官行为的一大准绳。

我国历史上被民间称颂的清官可谓人才辈出，揆诸史乘，比比皆是。一大批清正廉洁、洁身自好、以身作则、刚直不阿，且敢于向贪腐恶势力开火的正直官员层出不穷。正是有了历史上这一批批前赴后继的廉吏，才点燃了后世正义之士对于人类廉洁政治的美好企盼。下面，将试以历史上的典型廉吏聊作深入的个案评析。

（1）于成龙：廉洁从政

---

① 余继登：《典故纪闻》，中华书局1981年版，第68页。

于成龙（1617年—1684年），字北溟，号于山，清山西永宁州（今离石县）人。于成龙明崇祯十二年（1639年）举副员，清顺治十八年（1661年）出仕，历任知县、知州、知府、道员、按察使、布政使、巡抚和总督、加兵部尚书、大学士等职。在二十余年宦海生涯中，三次被举"卓异"，以卓著的政绩和廉洁刻苦的一生，深得百姓爱戴和康熙帝赞誉，遂以"天下廉吏第一"而蜚声朝野。

于成龙任罗城县令时已经45岁了，当时他家里的生活还算富裕，家人极力阻止他去罗城上任，因为罗城地处偏远山区，十分贫困，各种疾病流行，北方人难服水土，一旦去那儿，很少有能活着回来的。但于成龙以"古人义不辞难"自勉，变卖部分家产，凑了盘缠一百两，还是上任去了。临行，他将祖传田产文券交付长子于廷翼，并叮嘱道："我做官不管你，你治家莫想我。"于成龙到罗城后，才发现罗城的实际情况比事前想象的更为严重：整个罗城县城只剩居民六家，县衙门没有门垣，院中长满了杂草，中堂仅三间草房，内宅是茅屋三间，没有墙壁，破陋不堪，白天可听得见虎狼的叫声，百姓皆鸠形鹄面，无心生产。于成龙于是推土石为几条，在房中支了一口锅做饭，开始扶病理事，着手安定社会秩序，恢复地方经济。

更难能可贵的是，于成龙不仅以地方官的身份治理罗城，还尽量以他自身的人格力量感化百姓，与百姓建立起家人父子般的亲密关系。在罗城上任之后，办完公事，他常常买点劣酒和百姓一起喝，有时整天也不戴帽子不穿鞋，来往于田间地头，因此，百姓觉得他非常平易近人，都恭敬、亲热地称他为"阿爷"，时常到衙门里环集问安，家中有什么事，也总爱和他商议。

除朝廷给的俸禄之外，于成龙对外财分文不取。在罗城当了几年县令，罗城的百姓渐渐地富裕起来，而于成龙清苦依旧，罗城百姓见状，心中不忍，常常到衙门看望他并给他送点日用的东西，他一概不受。有一次几十户百姓联合起来，凑了些钱物给他送去，跪下来求他收下。百姓们说："我们知道阿爷清苦，我们老百姓们也给您帮助一点点柴米油盐。"于成龙笑着表示感谢，并说："我只一个人在这里为官，哪里用得着这么多东西呢？可拿去供养你们的父母子弟，也和我接受了一样啊！"众人见他不收，都哭泣着不肯离去，于成龙也哭泣不已，但还是没有收下。

于成龙不仅受到百姓的爱戴，也受到上司的器重。康熙五年，广西秋试，于成龙任外廉官。当时，众廉官皆美服盛饰，带着面貌清秀的随从，而于成龙"布袍数浣，破被如铁，一苍头从"。众廉官互相周旋寒暄，对于成龙则"指目揶揄"。广西巡抚知道于成龙廉洁奉公，政绩卓越，便指着敝衣垢褛的于成龙说："必罗城令也！"当即委以重任。于成龙处理诸务，果然精审曲当，抚台大喜。第二年，于成龙受到抚台荐举，升任四川合州知州。罗城百姓听到于成龙离去的消息，"遮道呼号，'公今去，我侪无天矣！'追送数百里，哭而还"。

康熙十七年，于成龙因政绩卓著，迁福建按察使，主管福建司法事务。福建自宋代以来，便是市舶重地，当官发财甚易。于成龙先后任两司长官，已是封疆大吏，但他仍然不改初衷，两袖清风，一尘不染。"外番贡舶或有所献，公悉屏斥。或呈样香，一嗅即还之。贡使皆啮指作礼，谓译使云天朝洪福，我侪实未见此清也"。"随征满汉大臣朝使者，时或来过，径入卧内，或绕署闲行，曲房阿阁，无不历览，几案间唯蛛罗鼠迹，一竹筒贮朝服，二釜备炊爨，文卷书册数十束，此外都无一物。"

至此，于成龙不仅以他的廉洁，也以他的政绩卓著蜚声朝野。康熙十九年，于成龙迁直隶巡抚。直隶在皇帝辇毂之下，满汉军民杂处，豪强兼并，八旗庄头呼噪公堂，有司敢怒而不敢言，只能仰天叹息。俗称"京兆难当"。于成龙却以他的廉洁、果断、刚正不阿将直隶治理得井井有条。他"编保甲，严连坐，以清盗源。锄豪强，严隐占，以苏穷困。令下各属奉行唯谨，公仍不时单骑行旅肆中，密切廉访，诸有违抗，立置之法，无所假贷，自是人人惴惴，无敢有干公法令者，而盗以息，民以安。"他还罢免当地州县私加馈遗上官旧习，免除宣化1800顷水冲沙压地的钱粮，主持治赈救灾，疏劾贪墨官吏……不久，于成龙的政绩传遍京师。康熙二十年，于成龙依例进京入觐。召对时，康熙皇帝褒奖他"清官第一"，并询问黄州剿抚情状。于成龙十分谦恭，对曰：

"臣唯宣上威德，未有他能。"当年冬天，于成龙被提升为江南、江西总督。

两江是赋税重地，人文渊薮，日常政务繁剧，于成龙常常通宵达旦处理政务。他性好饮酒，至是常常累月不得一醉。他常利用公事之余，微服出访，了解民间疾苦，属吏操行。一些平日鱼肉百姓的地方官遇见白发伟躯者便胆战心惊，以为是于成龙私访，亦不得不有所收敛。

于成龙做官从不带家属随任，这时因年事已高，才带小儿子在身边侍奉。他每日粗茶淡饭，江南人给他起外号为"于青菜"，以示亲切、景仰。江南风俗好奢侈艳丽，至此上行下效，民俗大变，人们摒弃绸缎，以穿布衣为荣，"士大夫家减舆从，毁丹垩，婚嫁不用音乐，豪狡率家远避……政化大变。"康熙二十三年，于成龙卒于官，终年68岁。临终前，将军、都统及属吏入视，见于成龙生活清苦，私人财物只有一袭长袍，几罐盐豉。于成龙去世的消息传出，百姓罢市聚哭，家家绘像奠祭。康熙皇帝闻知于成龙临终前的状况，十分感慨，赐予和他的操守相符的封号"清端"，赠太子太保，以示褒奖。（参见《清史稿·列传六十四》）

（2）柳宗元：一生为民

柳宗元，字子厚，唐河东人。唐代宗大历八年（773年）出生于长安。与柳宗元齐名的古文大师韩愈曾对柳宗元有极高的评价："子厚少精明，无不通达，逮其父时，虽少年，已自成人。能去进士第，崭然见头角，众谓柳氏有力矣。"可以说，柳宗元从少年时代起就博学聪颖。"议论证据古今，出入经史百子，踔厉风发，率常屈其座人，名声大振。"他才高八斗，是唐代古文运动的倡导者之一。

贞元十九年（803年），柳宗元由蓝田（今陕西）尉拜监察御史。顺宗即位后，改吏部员外郎。当时，王叔文集团发起革新运动，对朝政进行一系列改革，作为革新派代表之一的柳宗元一时得到了重用。后来改革失败，他与王叔文等俱遭贬谪。世人称柳宗元才高而不得志，开始柳宗元被贬为邵州（今湖南邵阳市）刺史，不久后再被贬任永州（今湖南零陵县）司马。

元和十年（815年），柳宗元调任柳州（今广西）刺史。至元和十四年（819年），柳宗元已贬谪十年，终因政治上不得志，贫病交加，积忧成疾，于十一月八日卒于住所，年仅47岁。柳宗元死后无积蓄，难以安葬，实为人生一大悲剧。时任观察使河东裴行立出资为柳宗元下葬，埋于先人之墓侧。其有子女二人，尚年幼，无依靠，由柳宗元舅弟卢遵抚养，百姓闻之唏嘘，称宗元为廉吏也。柳宗元死后，其好友刘禹锡三次著文为之祭祀。祭文悲壮激昂，声泪俱下。韩愈铭其墓，谓宗元的"文学辞章""必传于后，如今无疑！"此言一语中的，古今中外，历史上有多少王侯将相，身死而名灭，如宗元官不高，死后而名益彰者，能有几人？柳宗元的清廉为官、高风亮节与他的宏才博学、道德文章流芳百世，名垂千秋，永为后人所传颂。宗元死后，柳州百姓不忘其恩德，奉他为罗池之神。

百姓不忘柳宗元之恩德，自然是由于柳宗元为官清廉与勤政爱民。殊知，柳宗元为人做官的可贵之处是自民众中来而又回到民众中去，时时处处关心民间疾苦，两袖清风，所以，每到一处任职，都受到当地百姓的尊敬和爱戴。至今在永州、柳州一带，柳宗元的动人事迹仍被广泛传颂，富有传奇色彩。

永州地处湖广边陲，峦嶂起伏，与世隔绝，柳宗元任司马，是个小官，可以说是有职无权。加上此前政治改革上的失败，沉重的思想与政治包袱压得他不堪重负。然而，柳宗元并未因此消沉、丧志，他反而更加振作起来。到永州后，看到当地百姓生活痛苦，虽救助无力，只有寄情于诗文，以反映民间之疾苦，写下了著名的《永州八记》。

柳宗元听说永州郊外出产一种黑质白章的毒蛇，毒性极强，草木一触皆死，咬人畜更无生机，但毒汁可治麻风等恶疾，因此太医用皇帝的命令征集这种毒蛇，每年征收两次，用来抵做赋税。听说老百姓为免租税甘心去捕蛇，许多人被咬死，有的全家都死绝了。这使得柳宗元那颗一向同情民间疾苦的心大为不安，于是，他决定到民间调查此事。他来到永州郊外的一个村庄，但见到的却到处是断壁残垣、野草丛生的破败村落。他好不容易找到一户村民,是一个以捕蛇为业的蒋姓中年男子。柳宗元问他:"捕蛇抵当官租合算吗?"蒋氏叹了一口气说:"那也是没办法才为此呀!我祖父、父亲都被毒蛇咬死,我干此营生已有十二年,也好几次险遭丧命。"说到这里,蒋氏神情黯淡。柳宗元同情地说:"那么,你就别再捕蛇,还是恢复向官府纳租吧。"谁知此言一出,蒋氏"扑通"一声跪倒在地,眼泪汪汪地说:"您老是同情我让我活命吗?那您可千万别让我这样做呀。"柳宗元赶忙扶起蒋氏,问:"为什么呢?"蒋氏把他领到门口,指着那些无人居住的空房子说:"您只要看看村子的破败景象就不难明白了。"蒋氏伸出手指,算了一笔账:"同我祖父一起住的人家,现已十家不剩一家了;同我父亲一起住的人家,现已十家不剩二三家了;同我一起住的人家,现已十家不剩四五家了。不是全家死绝,就是举家外逃了!"柳宗元吃惊地问:"这是什么原因?"蒋氏朝门外张望了一下,轻声说:"不是毒蛇,而是官府赋税逼得村民非死即逃啊。"

柳宗元从未想到官府赋税居然比毒蛇更害人。这回,他对孔子说的"苛政猛于虎"总算有了切身的体会。他这时又想为民请命、呼吁朝廷体恤民情了,但他立即又记起老友的叮嘱:如果揭露朝廷赋税的危害胜过毒蛇,那还有他柳宗元的好吗?但他只要一闭上眼睛,蒋氏和许许多多百姓哀哀无告、痛苦莫名的惨景就涌现眼前。豁出去吧,百姓陷于水深火热之中,我岂能顾个人得失?于是他写了那篇名垂千古的《捕蛇者说》为民请命,以希望统治者能够体恤百姓,让他们少受些苦难。

元和十年(815年),柳宗元由永州司马调任柳州刺史。在任期间,他常常深入民间,访问民众疾苦,得到柳州百姓的信任和支持。柳州有一个不好的风俗,穷苦人家多以子女向富裕人家抵押借钱,如到期不赎,其子女即没入富家终身为奴。柳宗元怜悯这些无钱赎回自家骨肉的穷苦人家,不惜以自己的俸钱资助他们赎回子女,使得这些人能骨肉团聚。几年下来,被柳宗元资助过的人数竟达数千之多。

柳州还有一个恶俗,那就是由巫师宰牲畜以禳病,先杀鸡,病不愈,再杀羊，仍不愈，再宰牛，又不愈，巫师说："病人当死。"于是蒙病人之面坐视其死。柳宗元到任后，破除迷信，力禁此恶俗，驱除骗钱巫师，教育百姓，人生了病只有求医问药，才能根治。经过几年的努力，延续很久的陋俗被彻底铲除，当地百姓拍手称快，柳宗元在民众心中的形象更加高大了。

柳宗元在柳州任上，夜以继日，不辞辛劳，为治理柳州废寝忘食，付出了自己的毕生精力。他勤政为民，为官清廉，鞠躬尽瘁，死而后已。在他任职期间，南方的士人从数千里外慕名而来，拜柳宗元为师，他耐心一一指教，这些人都受益匪浅，对柳宗元十分感激。当时的柳州经过柳宗元治理之后，人民重视农桑，铲除旧俗，物赖以阜，俗赖以淳，社会十分安定，柳州人民十分怀念柳宗元这个历史上的清官廉吏，立庙尊其为罗池之神，以香火世代奉之。①

（3）狄仁杰：清正爱民

狄仁杰（629年—700年），字怀英，并州太原（今山西太原市）人。其祖、父均为唐朝官员。他以明经入仕，任并州都督府法曹，转大理臣，改任侍御史，历任宁州、豫州刺史等职。武则天即位初年，他任地官侍郎同凤阁鸾台平章事（则天朝宰相）。后为来俊臣诬害下狱，贬彭泽令，转任魏州刺史、幽州都督。神功元年复相。后出任河北道行军副元帅、河北道安抚大使等职。狄仁杰堪称中国历史上德才兼备的政治家。狄仁杰之德在于爱民如子、嫉恶如仇、不为权势、立朝为公；狄仁杰之才在于善断疑案、善于施政、善荐人才、善谏君过。他处世行事自有一股以正压邪的凛然气概，被称为"唐室砥柱"。狄仁杰爱民如子、关心百姓的事迹不胜枚举，仅从以下事例便可知其品行与政绩。

唐垂拱四年（688年），琅琊王李冲在博州、越王李贞在豫州起兵反武则天，因力量悬殊而失败。为尽快恢复豫州秩序，武则天委任狄仁杰为豫州刺

---

① 《中华廉政文化丛书》之《廉吏》，中国方正出版社2004年版，第171-174页。

史。当时豫州有许多人被卷入此事，获罪者达六七百家，有数千人将被抄家灭族。狄仁杰到任后，司刑屡次催他处置。狄仁杰不忍他们冤死刀下，就向武则天密奏，极言赦免这些人的效果。武则天同意他的奏请，改判这几千人发配到丰州。当这些衣衫褴褛、疲惫不堪的囚犯经过宁州时，父老们一拥而上，告诉说是狄公解救了他们。囚犯们于是跪拜在狄仁杰的德政碑前，痛哭流涕，整整三日才依依不舍地告别德政碑，继续北上。到了丰州，囚犯们又为狄仁杰立了德政碑，以颂德谢恩。今天，那一方方德政碑早已因风侵雨蚀而消失殆尽，但狄仁杰的精神和事迹却口碑相传，历久弥新。

狄仁杰对百姓是恩爱有加，对权贵却嫉恶如仇。左司郎中王本立，依仗皇帝的宠爱，在朝中横行霸道，仗势欺人，大臣们都不敢得罪他，只有狄仁杰敢上奏弹劾王立本的罪行，要求予以处罚。但唐高宗却下诏宽恕王立本。狄仁杰不甘如此结局，再次上奏说："陛下为什么宽恕他而违反国家的法律呢？只有惩治罪人，才得以儆诫群臣。如果陛下一定要宽恕王立本，那么就先把臣流放到荒野之地，以警告朝廷的忠贞之士。"由于狄仁杰的清正之名誉满天下，高宗不得不深思这位诤臣的恳切忠言，终于采纳了狄仁杰的意见，将王立本予以处罚。满朝大臣都佩服他的勇气和胆略，对他肃然起敬。

狄仁杰之才在于善断疑案、善于施政，在波谲云诡的官场中坚守道德，光明磊落又击败奸臣，从而在更高的层次上实现自己的抱负，报效国家。他的事迹也因此远播海外，闻名世界。荷兰的汉学家甚至以此为题材，编了一本《大唐狄仁杰断案传奇》。

武则天执政的时代是中国历史上非常特殊的一个时期。雄才大略的女皇帝一方面重视人才、勤政恤民，启用了一大批出身寒门的有识之士，延续几百年的门阀制度和官僚体系顿时崩解，唐代吏治也为之一变；另一方面，武则天又重用来俊臣、周兴等酷吏和武承嗣、武三思等外戚，许多忠于唐室的正直大臣惨遭迫害，宫廷政治混乱不堪，吏治不清，民怨四起。在这种政局中要实现自己的抱负、施展自己的才华来报效国家就非常困难。狄仁杰也曾惨遭陷害，几欲丧生。那是周如意元年（692年），来俊臣诬陷狄仁杰、裴行本、任知古等七位大臣谋反。由于武则天当时视来俊臣为心腹，竟然深信其言，同意将七人逮捕入狱。狱中，来俊臣要狄仁杰承认他与其他人共同谋反。狄仁杰大呼："天哪！我狄仁杰能做这种事吗？"说完以头撞柱，顿时血流满面。来俊臣只好作罢。狄仁杰寻机写一密信，暗藏于脏衣，求狱卒交给家人去浆洗。他的儿子见了密信，就上奏武则天申诉。这时，来俊臣以令王德寿为狄仁杰所作谢死表上报。武则天召见狄仁杰，问他为何自认造反。狄仁杰回答说："如不承认，我就已经死于拷打之下了。"武则天出示谢死表，狄仁杰大呼冤枉，表示自己未曾造反，也根本没写过谢死表。武则天毕竟是个明白人，至此已深知狄仁杰冤枉，就下令释放狄仁杰等七人。来俊臣、武承嗣等人却不甘心，多次联名上奏请杀狄仁杰。武则天断然否决，但狄仁杰也未能官复原职，只做了彭泽令。直到四年后，由于契丹入侵，才重新得以启用，并深得武则天的信任。狄仁杰是以他高尚的品德和杰出的才能获得武则天信任的。当狄仁杰重新被启用担任地官侍郎参与国家管理时，武则天曾对他说："你在豫州政绩很好，百姓也爱戴你，但也有人说你坏话，你想不想知道是谁在说？"狄仁杰回奏说："陛下，臣不愿知道。陛下认为我有过失，我愿改正。陛下知道我没有过失，是我的幸运。至于说我坏话的人，请陛下不必相告，这样大家以后还能和睦相处。"

狄仁杰的刚直不阿、爱护百姓、知人善任使武则天对他非常信任和器重，称他为"国老"，并要他推荐相才。狄仁杰力荐张柬之有宰相之才，使时为荆州长史的张柬之几年中从州县小令直升为大周宰相。此后，又陆续推荐了桓彦范、敬晖、姚崇、窦怀贞等几十人进入朝廷担任各种要职。这些人后来都成为一代名臣，在中兴唐室方面功勋卓著。人们用"大周江山、遍地桃李，可桃李都出自狄公门下"的评语来赞扬狄仁杰推荐人才、知人善任的功绩。

周久视元年（700年）九月，狄仁杰因病逝世，终年70岁。武则天听到这一消息后禁不住老泪纵横，哭着说："南宫（政府所在地）已成空城了。"为了表示哀悼，特地辍朝三天，并追赠狄仁杰文昌右相，谥"文惠"。之后，每逢大事未能决断，武则天总是叹息："朝廷从此再没有狄公那样的人才了，老天爷夺走我们的国老未免太早了。"

狄仁杰是中国古代廉吏的典范。他自少年时就胸怀大志，身有长才，被阎立本誉为"沧海遗珠"。在几十年的仕途中，他以"圣人无常心，以百姓心为心"作为从政处事的准则。为此他与权贵相斗，将不可一世的皇亲国戚依法惩处；他为百姓伸冤，将无数求告无门的苦主细民救出苦海；他向皇帝力奏，将许多误国害民的苛政劣规废弃不用……当年有许多称颂他的德政碑耸立在他任职过的地方，这些德政碑在岁月的消磨中已难以寻觅。但狄仁杰的一生为民、勤政廉正的丰功伟绩却在后人心中树起了一座永远的丰碑。①

（4）张伯行：淳化民风

张伯行，字孝先，河南仪封（今兰考县东）人。清朝康熙年间著名清官。"一丝一粒，我之名节；一厘一毫，民之脂膏。宽一分，民受赐不止一分；取一文，我为人不值一文。"这段名言的作者就是被康熙皇帝誉为"天下清官第一"的张伯行。

在福建巡抚任上，张伯行兢兢业业，明察秋毫，抑恶扬善，造福百姓，使得全省风气大变，官清民乐。

张伯行在福建巡抚任上为老百姓做了很多好事，最主要的就是买粮抚民。福建地方人多地少，每年的粮食要从他省购买，但前几任官员从不过问此事，致使奸商乘机囤积居奇，贱买贵卖，牟取暴利。百姓深受其害，叫苦不迭。张伯行经过调查，弄清原委之后，当即决定由政府从江西等地买来粮食，再平价卖给百姓。这样一方面使百姓免受奸商盘剥，另一方面也可以赚些钱用在下一年买粮济民上。此外，他还以身作则，捐献衣物钱财，赈济一些受灾的百姓。在他任职期间，百姓没有因灾荒和饥饿而背井离乡的。

到康熙四十八年，张伯行奉旨调任江苏巡抚，福建的百姓痛哭相送，

---

① 《中华廉政文化丛书》之《廉吏》，中国方正出版社2004年版，第130-133页

如失青天。赴任后，张伯行立即发布檄文《禁止馈送檄》，严禁下属馈送钱物，以整顿当时日益盛行的贪腐之风。文中写道："黍一铢，尽民脂膏。宽一分，民即受一分之赐；要一文，身即受一文之污。虽曰交际之常，于礼不废。试思仪文之具，此物何来？本都院既冰蘖（音同"聂"）盟心，各司道亦激扬同志，务期苞苴（音同"居"）永杜，庶几风化日隆。"对于百姓所得，张伯行一律视为民脂民膏，力求赋税宽简。平常公务也杜绝礼品，不受一分一毫。有的州县官吏为了考科成绩，以利升迁，就不顾百姓困苦，任意加重赋税，百姓不堪忍受，张伯行果断地废除了许多苛捐杂税。

因为和总督的矛盾很深，备受压制，在康熙四十九年，即1710年，张伯行以病为由请求退休。康熙爱惜人才，故不准他退休："伯行操守清洁，立志不移，朕所深悉。江苏重地，正资料理，不得以衰病求罢。"伯行只好忍辱负重，继续任职，为民为国尽力。

康熙五十年，江苏乡试发生了作弊案，副主考赵晋内外勾结串通，大肆舞弊，发榜时，苏州士子大哗。康熙皇帝命令张伯行、噶礼同户部尚书张鹏翮、安徽巡抚梁世勋会审此案。由于牵涉到噶礼受贿银五十万两，案子错综复杂，审理一个多月竟然没有任何结果。

张伯行愤而上奏弹劾噶礼。噶礼就买通官吏，得到张伯行弹劾奏稿。然后又捏造事实反过来诬告张伯行。主审官畏惧噶礼的权势，逢迎巴结，案情无法审结。康熙无奈之下只得下令：张伯行与噶礼解任，再命主审官审理。扬州百姓听到消息后罢市抗议，哭声震撼了扬州城。第二天，扬州百姓拥到会馆，因为平时就知道张伯行清廉不贪，肯定不会接受礼物，便用水果蔬菜相送。张伯行依然婉言谢绝，百姓们哭道："公在任，止饮江南一杯水；今将去，无却子民一点心（不要推脱百姓的一点心意）！"不得已，张伯行才收下一把青菜。受审结束后，在回来听候结果的路上又路过扬州，百姓们为防青天有什么不测，竟有数万人聚集江岸护送。

案子结果下来，竟然是噶礼免议，张伯行革职治罪。康熙皇帝痛斥大臣们是非颠倒，然后亲降圣旨：张伯行留任，噶礼革职。消息传出，江苏官民欢呼雀跃，纷纷写下红幅贴在门旁："天子圣明，还我天下第一清官。"上万人进京来到畅春园，跪谢皇恩，上书表示愿每人都减一岁，以便让圣上活到万万岁。福建百姓也奔走相告，在供奉的张伯行像前焚香祈祷。可见张伯行受人民爱戴之深。

康熙五十四年，有人以"妄自矜"的莫须有罪名弹劾张伯行，但康熙皇帝还是认为他无罪可治，留任南书房行走（一种和皇帝关系很密切的官职），后来，在康熙五十九年又任户部右侍郎。康熙六十一年，张伯行奉旨赴千叟宴，康熙皇帝称赞他是"真能以百姓为心者"。

雍正皇帝即位后，对张伯行也很敬重，军国大事都听从他的建议。雍正元年，即1723年九月，升张伯行为礼部尚书，两年后，1725年的二月十六日，一代清官张伯行不幸病逝，享年75岁。皇帝赐谥号"清恪"，意思是为官清廉，恪尽职守，很精确地概括了张伯行的一生。

不仅廉吏如此，历史上的一些明君贤主也能力行倡廉之风，从而取得了政通人和的社会治理效果。清朝的康熙皇帝堪为典范。

清初，官场上一时盛行送礼受贿之风，这股风越刮越严重，普天下老百姓怨声载道，人人憎恨。刚刚登基不久的康熙皇帝，为了保持大清统治，安定民心，下决心要压一压这股不正之风。

有一天，一位大臣捧着一块极为稀有而昂贵的如意宝玉，要奉献给康熙，以表忠心。康熙非常气愤，当即怒斥道："我看很不如意，拿回去吧！"那位大臣只好狼狈退下。

过去皇帝寿辰，送报献礼者络绎不绝，而康熙50大寿前夕，一改旧规陋习，坚决禁止献礼。他告诫群臣："如果你们按照规矩进献，别的督抚也会跟着学。我素来喜欢文学，你们送点诗文，倒可以留下来看看。"

又有一次，新疆和田的一位官员应诏入宫，他准备了许多珠宝、玉器要送给君王。康熙得知后，立即下令：要那位官员将珠宝、玉器一律弃之途中，不准带入京城。

康熙经常教导群臣："治天下以惩贪奖廉为要。"当时以江南提督伍新命为首的一些官员,在南京鼓楼顶上立下一块"戒牌",刻上了康熙的这句名言,以此约束群臣。

康熙倡廉肃贪取得了一些成效,他处处以身作则,上行下效,文武百官大多数也慑于法纪,一时清正廉洁蔚然成风。因此,老百姓安定搞生产,生活也有了保障。康熙的一些治国安邦之举,被后世称为"康熙之治。"①

三、廉则政兴,国旺家宁

历代统治者之所以注重廉政建设,其目的无外乎为了"得民",所谓"得民心者,得天下也。"只有治国"得民心",国家政治才会稳定,社会才能兴旺发达。也正是在这个意义上,才能深刻理解春秋时晏婴所说的"廉者,政之本也"(《晏子春秋·内篇杂下》)。因此,纵览历史上任何一个太平盛世的兴起,皆有一个共同的施政亮点——政治清廉。如历史上的"文景之治"、"贞观之治"、"开元盛世"和"康乾盛世"等,无一不是由于政治清廉而带来的政通人和。

由于经历了秦末长期战乱,刚刚立国后的西汉王朝民生凋敝,百废待兴,据史书记载,汉初是"民亡盖臧,自天子不能具醇驷,而将相或乘牛车"(《汉书·食货志上》)。到了汉文帝刘恒在位时,即采取了黄老学派的"无为而治,与民休息"的国策。于是,文帝自上而下地在全国倡导勤俭廉洁,反对官吏贪墨。汉文帝本人身体力行,在"廉"政方面敢做民之表率。史载孝文皇帝时,"贵廉洁,贱贪污,贾人赘婿及吏坐赃者皆禁锢不得为吏,赏善罚恶,不阿亲戚,罪白者服其诛,疑者以与民,亡默罪之法,故令行禁止,海内大化。"(《汉书·贡禹传》)文帝本人生活也非常俭朴,其一举一事皆本着"以示敦朴,为天下先"的目的。如为了节

---

① 过世杰:《人生之宝——中外名人廉洁风华》,新疆青少年出版社2005年版,第141页。

约皇室开支，汉文帝带头缩减自己的衣服、车驾、犬马，精简官僚机构，开仓赈济灾民。从他登基到驾崩，从未劳民以扩建宫室苑囿，没增加过犬马车驾。凡是不利于民生的，他即下令予以撤销。文帝还亲自带头穿质地粗劣的布衣。为了节省布料，就连他最宠爱的慎夫人也不许穿拖地长裙。在修葺皇陵时，也规定一律要用瓦器，禁止用金、银、铜、锡等贵金属做首饰。

汉景帝同样保持了文帝的俭朴作风，并在全国大力倡导廉政，痛斥吏治腐败。如中元元年七月诏曰："吏受所监临，以饮食免，重；受财物，贱买贵卖，论轻；廷尉与丞相更议著令。"到中元五年九月又诏曰："法令度量，所以禁暴止邪也。狱，人之大命，死者不可复生。吏或不奉法令，以货贿为市，朋党比周，以苛为察，以刻为明，令亡罪者失职，朕甚怜之。有罪者不伏罪，奸法为暴，甚无谓也。诸狱疑，若虽文致于法而于人心不厌者，辄谳之。"后元二年四月又诏曰："今岁或不登，民食颇寡，其咎安在？或诈伪为吏，吏以货贿为市，渔夺百姓，侵牟万民。县丞、长吏也，奸法与盗盗，甚亡谓也。其令二千石各修其职；不事官职耗乱者，丞相以闻，请其罪。"汉景帝三令五申地向天下昭告其反腐惩贪的决心，从另外一个方面暗示了在当时物质匮乏、经济凋敝的世道，官吏中贪污受贿的风气也是很严重的。为此，景帝自己也意识到了"其唯廉士，寡欲易足"。由此可见汉初惩贪倡廉的难度。

在文、景二帝大力倡廉之下，汉初廉吏也不乏其人。如文景时，"循吏如河南守吴公、蜀守文翁之属，皆谨身帅先，居以廉平，不至于严，而民从化"。（《汉书·循吏传》）还有，文帝时李广历任七郡太守，前后达四十年，其所得赏赐皆分以部属，终身不言货产财物。景帝时郑当时为太子舍人，性廉，不置产业，死时家无余财。

西汉初期正是在文、景二帝勤俭尚廉的励精图治之下，终于开创了历史上"文景之治"的宏图大业，彻底改变了自秦末以来百姓颠沛流离、民生凋敝的衰世局面，既为继后的汉武帝展开对匈奴的大反击奠定了坚实的经济基础，当然，也为西汉王朝的兴旺发达赢得了良好的历史开端。因此，文、景二帝正是以这种雄辩的历史事实向后人展示"廉则政兴"的道理。

类似这种"廉则政兴"的历史命运不仅可由帝王自己来操控，有时，个别贤明廉洁的大臣同样可以实现政治中兴。如孔子当年不能用世时，曾说过"如有用我者，我其为东周乎？"（《论语·阳货》）三国时蜀国宰相诸葛亮即属这类贤明廉洁的中兴大臣。在蜀汉先主刘备死时，曾在白帝城遗命托孤大臣诸葛亮，希望他能终身辅佐后主刘禅。据说，诸葛亮非常敬佩春秋时楚国的孙叔敖，欣赏他"相楚，栈车牝马，粝饼菜羹，枯鱼之膳，冬羔裘，夏葛衣"（《韩非子·外储说左下》）的廉朴风范，要求蜀国的官吏尊奉孙叔敖为廉政楷模。诸葛亮认为，官吏的"以私为公"行为是国家的"五危"之一，他说："夫将专持生杀之威，必生可杀，必杀可生，忿怒不详，赏罚不明，教令不常，以私为公，此国之五危也。"（《诸葛亮集·文集》卷三）此外，诸葛亮还反对为官奢侈，贪图享乐，认为如果统治者追求奢华，势必浪费民财，以致百姓无以安居乐业，社会必不能长治久安。因此，他大力提倡"救奢以俭"，要求各级官吏清心寡欲以约束自我。他说："上之所为，人之所瞻也。夫释己教人，是谓逆政，正己教人，是谓顺政。"（《文集》卷四）他认为，德治应首从最高统治者做起，否则，政令无法得以贯彻，倡廉也就沦为空谈了。所以他本人总是以身作则，率先垂范，能做到"蓄财无余，妾无副服"。在《自表后主》中，他说："初奉先帝，资仰于官，不自治生。今成都有桑八百株，薄田十五顷，子弟衣食，悉仰于官。不别治生，以长尺寸。若臣死之日，不使内有余帛，外有赢财，以负陛下。"其死后家产也果如其然。终其一生，诸葛亮是生活简朴、廉洁为政。在他最后出征病死在五丈原时，还曾"遗命葬定军山，因山为坟，冢足容棺，殓以时服，不需器物"。（《三国志·蜀书·诸葛亮传》）

在诸葛亮这样率先垂范力倡廉政之风的熏习下，蜀汉一些官员大多能做到不尚奢华，廉洁奉公，勤政爱民。同时，诸葛亮还注重任人唯贤，善于提拔一批德才兼备、廉洁奉公的官员担任政府要职。在当时，与诸葛亮并称"四相"、"四英"的董允、蒋琬、费祎，原来都是职位很低的官吏，经过诸葛亮考察，发现蒋琬忠诚正直，费祎"识悟过人"，可"共赞王业"、辅佐刘汉，就注意培养他们，并分别委以重任。"北伐"时，命蒋琬为丞相府长史留守成都，"足食足兵以相供给"，而费祎则能"奉使称旨，频烦至吴"，出色地完成了联吴使命。临终时，诸葛亮还向后主遗言，建议以蒋琬、费祎为自己的继承人。另如大将军姜维"据上将之重，处群臣之右，宅舍敝薄，资财无余，侧室无妾媵之亵，后庭无声乐之娱，衣服取供，舆马取备，饮食节制，不奢不约，官给费用"。时人赞其"乐学不倦，清素节约，自一时之仪表也"。（《三国志·蜀书·姜维传》）又大臣邓芝久为大将，"衣食资仰为官，不苟素俭，然终不治私产，妻子不免饥寒，死之日家无余财"。（《三国志·蜀书·邓芝传》）如此，久而久之，蜀国各级官员上行下效，勤政廉政之风蔚然兴起。尽管蜀汉后主刘禅本人堪称中国历史上著名的无能皇帝之一，但是，由于有了诸葛亮这个贤相的精心辅佐，蜀汉政权竟然也出现了"田畴辟，仓廪实，器械利，蓄积饶，朝不华，路无醉人"的繁荣景象和"吏不容奸，人怀自励"的清正廉洁政治局面。

　　蜀汉后主刘禅与诸葛亮这种君臣搭配模式，验证了这样的历史现象：即使像刘禅之类的无能弱君，若能得到类似诸葛亮这种廉洁贤相大臣的辅佐，也不难实现政清人和的盛世。相反，倘若明君用人不当，致使污吏小人当道，同样也能使一个王朝由盛而衰，甚至灭亡。如历史上唐玄宗李隆基曾经创造了"开元盛世"的盛唐佳业，可到了天宝年间，他却满足于一派歌舞升平中，不愿再过问政事，而是委政于李林甫、杨国忠等奸佞之人，一味纵情享乐，政治日趋腐化。

　　李林甫，堪称历史上有名的奸相，且尤以嫉贤妒能著称。据《资治通鉴·唐纪·天宝元年》记载：李林甫为相，凡才望功业出己右及为上所厚、势位将逼己者，必百计去之；尤忌文学之士，或阳与之善，而阴陷之。世谓李林甫"口有蜜，腹有剑"。他原为礼部侍郎，奸佞多狡诈，常与众宦官、嫔妃交情深厚，因而对皇帝一举一动了然于心。这样，他每次都能顺承皇帝的心态意旨，深得玄宗赏识。当初，玄宗想立李林甫为宰相时，曾向中书令张九龄征求意见，张九龄回答说："宰相系国安危，陛下相林甫，臣恐异日为庙社之忧。"然而，玄宗终究未能采纳张九龄的意见，而在公元734年，让李林甫担任了宰相，直到天宝十一年（752年）十月病死，李林甫把持相位19年之久。由于李林甫为人尖刻阴险，对才名高和玄宗重视的大臣，均设法予以排斥；同时，为巩固相位，他还极力杜塞言路，补阙杜璘上书言事，被他贬为下邽令。他对朝臣说："君等独不见立仗马（作为仪仗的马）乎，终日无声而饫三品刍豆，一鸣则黜之矣。"朝臣纷纷受其威胁，从此谏诤路绝。不仅如此，李林甫还宠信一部分唯利是图的贪吝小人充任要职。如他任命的财政大臣王鉷曾是太原望族后裔官员的一个私生子。从736年开始，此人在御史台和户部任职，从事一系列的财政工作，以善于搜刮民脂民膏和严厉推行"和籴"制而闻名。他控制了财政方面的许多专门司署，征收的大量税额超过了李林甫精心规定的岁入定额，他把这些收入转到玄宗的私囊，从而也更进一步助长了玄宗骄奢的生活。

在李林甫死后的753年，另一奸臣杨国忠凭借贵妃杨玉环的关系，通过笼络宦官高力士，也被唐玄宗任命为宰相。与李林甫相比，杨国忠在生活上的奢靡程度要高一筹。每逢玄宗和杨贵妃游幸华清池时，杨氏诸姐妹总是在杨国忠家汇集，竞相比赛装饰车马，他们用黄金、翡翠作装饰，用珍珠、美玉点缀。为了笼络人心，发展自己势力，杨国忠还特地授意文部选官不论贤良与否，概以年头的多少为准，按照资历有空位子就接官。而且，杨国忠还经常欺下瞒上，对人民疾苦漠不关心。如天宝十二年（753年），关中地区连续发生水灾和严重饥荒。玄宗担心会伤害庄稼，杨国忠便叫人专拿好庄稼给玄宗看，并说："雨水虽多并未伤害庄稼。"玄宗信以为真。以后，扶风太守奏报当地出现水灾，杨国忠便叫御史审问他，从此再没有人敢汇报实情。

大唐帝国正是在李林甫、杨国忠这帮奸相佞臣的掌控之下，官吏贪渎，政治腐败，民怨沸腾，终于使安禄山发动了以借口讨伐杨国忠为名的"安史之乱"。天宝十四年（755年）爆发的"安史之乱"，恰是大唐帝国由盛而衰的历史转折点。

从上述史料可知，国家政治的兴衰取决于统治者的廉洁与否。一个即使像刘禅那样的弱君，只要他善用如诸葛亮这样的廉明贤相，也能顺利地实现政兴人和；相反，如果统治者奢侈腐化，即使是像唐玄宗这样的明君圣主，一旦滥用了李林甫、杨国忠之类的佞臣，也不免政息人亡。这正好说明了"致治安民，端在得人"的施政之道。所以，中国从古至今，选拔人才时一直比较注重人品与德行。如清康熙曾说："观人先心术，次才学。心术不好，便有才学何用？"又说："国家用人，当以德器为本，才艺为末。"（《御制文二集》）其实，康熙这种"当以德器为本，才艺为末"的用才之道，北宋司马光早已总结出来了，如他在《资治通鉴》第一卷"评智伯之亡"时说道："才德全尽，谓之圣人；才德兼无，谓之愚人。德胜才，谓之君子；才胜德，谓之小人。凡取人之术，苟不得圣人、君子而与人，与其得小人，不若得愚人。"在司马光看来，人之才、德两者是本与末、统治与被统治的关系，即"才者，德之资也；德者，才之帅也"。司马光总结的这个"取人之术"，曾一直主导了中国古代上千年的选官之道。至于这番"取人之术，苟不得圣人、君子而与人，与其得小人，不若得愚人"的道理，司马光又揭示说："自古昔以来，国之乱臣，家之败子，才有余而德不足，以至于颠覆者多矣。"现结合史料来看，唐玄宗后期宠信李林甫、杨国忠之类的宰相，也只能是属于司马光所说的"才有余而德不足"的小人罢了。一个国家，一旦小人得，纵使有唐玄宗之类的明君，也终究逃脱不了政衰人亡的历史命运。反之，一旦能任用诸葛亮之类的贤人君子当政，即使遇到了像刘禅这样的弱智皇帝，也不难实现政治中兴。

司马光这番话对于后人的警示，说白了，就是孔子所告诫的"远佞人（即小人）"。为什么先贤们一直告诫人们要"远佞人"？因为小人有才而无德，为达个人目的不择手段，其破坏力和杀伤力不可想象。像李林甫、杨国忠之类的佞臣竟然能够让一个强大的大唐王朝砰然坍塌，小人的破坏力不可谓不强大。再如春秋时号称"五霸"之一的齐桓公，其晚年的政治厄运也恰恰由于不能彻底"远佞人"缘故。其事详载于司马迁《史记·齐太公世家》：

> 管仲病，桓公问曰："群臣谁可相者？"管仲曰："知臣莫如君。"公曰："易牙如何？"对曰："杀子以适君，非人情，不可。"公曰："开方如何？"对曰："倍亲以适君，非人情，难近。"公曰："竖刀如何？"对曰："自宫以适君，非人情，难亲。"管仲卒，而桓公不用管仲言，卒近用三子，三子专权。

史书记载"三子专权"的后果是：管仲死后，齐桓公的五位儿子（五公子）皆求嗣位。至齐桓公病时，"易牙入，与竖刀因内宠杀群吏，而立公子无诡为君。太子昭奔宋……及桓公卒，遂相攻，以故宫中空，莫敢棺。桓公尸在床上六十七日，尸虫出于户。"一代春秋霸主齐桓公竟然因小人作乱而死无葬身之地！

小人对国家政权的杀伤力如此，对企业的破坏性也同样致命。如1995年英国巴林银行的倒闭，就是一位小人所致。当时被派驻新加坡分行作期货交易员的里森年仅28岁。他在短短三年时间内，以特殊账户，掩盖自己错误的交易，造成的损失达14亿美元。真相大白后，有232年历史的英国巴林银行轰然倒下。

历经商海沧桑的李嘉诚对司马光所说"才有余而德不足"的小人所可能造成的灾难也有过亲身体会。他说，正正当当做一个商人是不容易的，因为竞争越来越大。如果个人没有原则，从一个不正当的途径去发展，只是玩弄权谋,有的时候,你可以侥幸赚一笔大钱,但是来得容易,去得也容易,同时后患无穷。他又说,在香港也有走偏路的商人,他们成功很快,但掉下去也很快。李嘉诚这番话,正是儒家经典《大学》所说的"仁者以财发身,不仁者以身发财"的养财之道。

贪官污吏除了会导致如上述政息人亡、王朝覆灭的历史惨剧外,对贪吏本人及其整个家族也会带来灾难性的厄运。同样以上述李林甫、杨国忠的例子来说。天宝十一年(752年)李林甫在忧懑中死去。其政敌杨国忠立即继任宰相。杨国忠一上台遂利用手中的权力,狂究李林甫的奸事,同时利诱李林甫的族人出具罪证。他还联络边镇重将安禄山,诬告李林甫种种不法罪行,尤其是安禄山派阿布思手下以投降唐朝的降将入朝,当面向玄宗证实李林甫与叛将阿布思勾结的内情。玄宗于是命有司审理,李林甫女婿杨其宣唯恐连累自己,急忙向玄宗妄言,揭发李林甫曾使用妖术诅咒皇上。玄宗龙颜大怒,下诏暴李林甫之罪:"淫祀厌胜,结叛房,图危宗社。"夺其官职,剖其棺木(当时李林甫的灵柩刚从临潼运回长安,尚未下葬),拿走李林甫嘴里的宝珠,剥去身上紫衣金鱼袋,更换成小棺,以庶人礼埋葬。其诸子孙及女婿皆罢职免官,全被流放岭南、黔中等蛮荒苦寒之地。[①]

无独有偶,继后的奸相杨国忠也同样未能逃脱这种历史厄运。据《新唐书·杨国忠传》记载,就在安史之乱的马嵬兵变时,杨国忠的政敌太子李亨、宦官李辅国和陈玄礼一致认为,除去杨国忠的时机已成熟,并由陈玄礼出面对将士进行煽动,说这场叛乱全是由杨国忠引起的,杀了杨国忠就可止息叛乱。这时,有20多名吐蕃使者在驿站西门外堵住杨国忠的马头,向他要饭吃。激怒了的士兵立即将他们包围起来,大喊:"杨国忠与吐蕃谋反!"一箭射中了他的马鞍。杨国忠逃进西门内,军士们蜂拥而入,将其乱刀砍死,还将其尸体肢解,用长枪把杨国忠的头挑起来悬在驿门外示众。接着,

---

① 齐涛:《中国奸臣的末路》,齐鲁书社2008年版,第165页。

军士们追杀杨国忠的家人，其子杨暄被杀死。杨贵妃及其姐姐韩国夫人、秦国夫人也均被杀死。杨国忠的妻子裴柔和幼子杨晞以及虢国夫人等，在马嵬兵变时已先行逃至陈仓（今陕西宝鸡市），被陈仓县令薛景仙带领县里的士卒衙役追捕，裴柔和虢国夫人被迫自杀，杨晞等被杀死。其次子杨昢任鸿胪卿，其妻为万春公主，后杨昢落入安禄山手中被杀。其三子杨晓逃至汉中郡，被汉中王李瑀杀死。至此，杨国忠一族皆已诛灭殆尽。

第四章

嬗变篇:"廉"范畴的现代转型

"廉洁"品德并非只能媲美于诸如伯夷、屈原、陶渊明等傲世独立的高洁之士,它并不是一种常人难以企及的美德,而是任何人皆可通过熏习、修炼而成的普通德行。因此,在接下来的篇幅中,我们将具体从修养论的角度,来谈谈现代社会之个人该如何修持"廉"德。

其实,任何一种德行并非纯然是空洞的说教,而是贵在践行,用明儒王阳明的话说,只有那种贵在践行的道德,才能称之为"知行的本体"。因为,王阳明的哲学非常讲究"知行合一"。在他看来,知、行是不能相离的,知、行只是同一件事的两个方面,是一个过程,在这个过程中,切实用力的方面叫做"行",觉悟理解的方面叫做"知",两者是不能分开的,即"行之明觉精察处即是知,知之真切笃实处即是行。若行而不能精察明觉,便是冥行,便是'学而不思则罔',所以必须说个知；知而不能真切笃实，便是妄想，便是'思而不学则殆'，所以必须说个行；原来只是一个功夫。"①一次，有个叫徐爱的弟子曾问他："如今人尽有知得父当孝，兄当弟者，却不能孝，不能弟，便是知与行分明是两件。"王阳明回答说："此已被私欲隔断，不是知行的本体了，未有知而不行者。知而不行，只是未知。"②在这里，我们可以说，王阳明所说的"知而不行"的"未知"，只是我们所讲到的"知识"的层次，而"德行"这个词，正是王阳明所说的"知行的本体"。不仅王阳明如此，中国古代思想家都非常重视关于道德上这个"知行合一"特性。按这一理论，就道德范围内来说，任何一种道德主张或学说，必有其可见之于行动的实践性特征，否则就是毫无价值的欺人之谈。孔子说："君子耻其言而过其行。"（《论语·宪问》）又说"君子欲讷于言而敏于行"（《论语·里仁》）和"古者言之不出，耻躬之不逮也"。（《论语·里仁》）又如，孔子提出了"仁"这一美德，在《论语》中谈及许多当世人是否符合"仁"时，孔子虽然有时说"未知，焉得仁"，但在孔子看来，一个人若要做到"仁"，却又是很容易的，如孔子说："仁远乎哉？我欲仁，斯仁至矣"，（《论语·述而》）又说："有能一日用其力于仁矣乎？我未见力不足者。"（《论语·里仁》）因此，为了让普通人皆能做到"仁"，孔子也提出了一套践行"仁"的方法，这就是所谓的"为仁之方"。这个"为仁之方"，就是孔子自诩"吾道一以贯之"的那个"忠恕"之道。这个"忠恕"之道包括两个方面，首先从积极方面来说，就是自己有某种要求需要满足，同时推想他人也有这种要求需要满足，这就是所谓的"忠"道。《论语》关于这层意思的表述是："夫仁者，己欲立而立人，己欲达而达人，能近取譬，可谓仁之方也已。"（《论语·雍也》）其次，从消极方面来说，即我不愿他人如何对待我，我也就不能那样对待他人，这就是所谓的"恕"道，即"己所不欲，勿施于人"。（《论语·颜渊》）忠、恕这两方面的结合，就构成了孔子所说

---

① 《王阳明全集》（上），上海古籍出版社1992年版，第208页。
② 《王阳明全集》（上），上海古籍出版社1992年版，第208页。

的"为仁之方"。在孔子看来，仁者只要坚持了忠恕之道，也就是实现了对他人的爱，所以孔子说"仁者爱人"。很明显，孔子的"忠恕"之道一方面是实行道德的方法，另一方面也是普通的"待人接物"技巧。"忠"有照己之所欲以待人的意思。换而言之，己之所欲，亦施于人，就是"忠"；己所不欲，勿施于人，就是"恕"。无论是"忠"还是"恕"，它们都是一种推己及人之道。只不过，"忠"是就推己及人之积极方面说，"恕"是就其消极方面说的。

对于孔子"忠恕"所涉及的推己及人这一点，后来的孟子体会尤切。如孟子在很多场合都说，统治者行"仁政"是很容易的，即只要做到能"以不忍人之心"来行"不忍人之政"，这就是"仁政"了。如有统治者公然宣称其不能推行"仁政"的话，在孟子看来，纯属一种"非不能，不为也"的托辞。这些还直接体现在齐宣王与孟子的对话中，如齐宣王说，寡人有疾，寡人好色，所以不能行仁政。孟子说，如果因你自己的好色，你知天下人亦皆好色，因而施行一种政治，使普天之下"内无怨女，外无旷夫"，这就是仁政了。齐宣王又说，寡人有疾，寡人好货，所以不能行仁政。孟子说，如果因你自己好货，你推知天下之人亦皆好货，因而实行一种政治，使得普天下之人，皆"居者有积仓，行者有裹粮"（《孟子·梁惠王下》），这就是仁政。孟子这番话，并不是用来敷衍齐宣王的，其所谓的"仁政"，真正也确实如此。孟子说："古之人所以大过人者无他焉，善推其所为而已矣。"（《孟子·梁惠王上》）孟子在这里的"推"即是推己及人，即是行"忠恕"。忠恕之道，是以一个人自己的欲或不欲为待人标准的。一个人对于别的事可能有不知道的，但对于他自己的欲或不欲，他不可能不知。《论语》说的"能近取譬"就是这个道理，即一个人的欲或不欲，对于他自己是最近的。譬者，因此以知彼也。

同样，作为传统美德的"廉"，它理所当然也是可以见之于日常行事的。所以，对于那些想修持"廉"德的人，也应有一套"为廉之方"，这就是：洁己、节俭、去奢与自足。

一、洁己：洁以闲耻

养廉第一步即是"洁己"，这似乎是一种毋庸置疑的修身常识。如《孟子·万章下》中提到那个"目不视恶色，耳不听恶声。非其君不事；非其民，不使。治则进，乱则退。横政之所出，横民之所止，不忍居也。思与乡人处，如以朝衣朝冠座于涂炭也"的伯夷，就是一个勤于"洁己"的廉士。不过，这种"洁己"不单单是体现在诸如伯夷之类的个体行为上，还应该体现在类似周敦颐那番"出淤泥而不染"的心境上。从这个意义讲，"洁"应包括两重含义：即"洁行"与"洁心"。作为一种道德操行的"洁己"，无疑应是"洁"心与"洁"行的"身心合一"。否则，那种心行不一的假廉伪洁之人，只能称之"伪善"。例如历史上晋武帝司马炎在告诫大臣时，总希望他们能"扬清激浊"，做到力行"洁己"。《晋书·武帝传》一再赞扬武帝常"亲率王公卿士耕藉田千亩"，还下过反贪立廉的诏书说："若长史在官公廉，虑不及私，正色直节，不饰名誉者，及身行贪秽，逸黩求容，公节不立，而私门日富者，谨察之。扬清激浊，举弹违，此朕所以垂拱总纲，责成于良二千石也。于戏戒哉！"这似乎很容易给人一种表象：晋武帝应是一个躬俭廉明的表率！可事实上，他的生活极端奢侈，又荒淫无度，诚如其大臣尚书左丞傅咸就上疏所言，是"奢汰之费，甚于天灾"。

在中国历史上，类似晋武帝这样的假廉典型也不乏其人。如明代冯梦龙《古今谭概》故事中曾提到这样一名善于伪廉的张某。宋开宝中，神泉县令张某，外廉内贪。一日，他在县衙门外张贴布告："某月某日，是知县生日，告示门内典级诸色人，不得辄有献送。"又一曹吏说："宰君明言生日，意令我辈知也；言不得献送，是谦也。"经此提醒，于是下属各持缣献之，张某竟然一无所拒，尽纳囊中。等到其老婆过生日时，他又用同样的招数，以至于全县民众无不嗤之以鼻。像神泉县令这样假廉真贪的污吏，也是大有其人。

另一方面，一个人只要做到了保养"洁"心，即使在行为上追求一点生活质量上的改善，也是无伤大雅的。如顾炎武《日知录》中说到的"王阳黄金之论，时人既怪其奢"，就是一个鲜明的例子。王阳本名王吉，曾在西汉宣帝时做过益州刺史、博士谏议大夫；其子王崇在平帝时官任大司空。班固《汉书·王吉传》说："自吉至崇，世名清廉"，但是，王吉父子皆有个嗜好，"皆好车马衣服，其自奉养极为鲜明，而亡金银锦绣之物"。所以，"天下服其廉而怪其奢，故俗传'王阳能做黄金'"。表面看来，王吉似有假廉真贪之嫌。其实，王吉的清廉并非浪得虚名。史书记载他"及迁徙去处，所载不过囊衣，不畜积余财。去位家居，亦布衣疏食"。同时，王吉对家人也要求甚严。据传，他居住长安时，"东家有大枣树垂吉庭中，吉妇取枣以啖吉。吉后知之，乃去妇。东家闻其欲伐其树，邻里共止之，因固请吉令还妇。里中为之语曰：'东家有树，王阳去妇；东家枣完，去妇复还。'其厉志如此。"因妻摘了邻家几颗酸枣就休弃，虽不免过分，但也可窥知王阳本人素怀清廉好洁的一番励志。

同样，唐朝的白居易也能终身保持这份清白廉直的好洁心。曾有一件小事，可看作是他为官一生清白洁己的真实写照。有一次，白居易去游天竺山，发现两片山石玲珑奇巧，爱不释手，便顺手拿回家去细细玩赏。后来，他离任还乡，回顾往事，为自己不贪不沾感到欣慰。可突然有一天，当他看到这两片山石时，发现自己做错了这件事。他想，倘若每个游人都像他那样，天竺山会成什么样子呢？白居易越想越后悔，越想越不能原谅自己。他认为，这是他一生中最大的污点，于是，他当即写了一首诗来表示对自己的谴责，其诗曰：

第四章 嬗变篇："廉"范畴的现代转型

> 三年为刺史，饮冰复食叶；
> 唯向天竺山，取得两片石；
> 此抵有千金，无乃伤清白。①

从上述援引的历史事例可知，在"洁己"之心、行两方面，洁心为本，洁行为末。这是因为，在中国古圣先贤的修身哲学中，人的外在行为往往是其内在心理的表现，即"诚于中，必形于外"，这个"中"即"心"。顾名思义，人的任何外在行为，都是有其内在心理依据的。这种学说，到了宋明心学一派的王阳明那里，则又发展成为一种关于"知行合一"的"知行的本体"。在王阳明看来，知、行是不能相离的，知、行只是同一件事的两个方面，只是一个过程，在这个过程中，切实用力的方面叫做"行"，觉悟理解的方面叫做"知"，两者是不能分开的。按王阳明这套"知行合一"学说，人要养廉，先得养心，即从修持"洁己"之心做起，有了一颗洁己之心，就能在行为上做到像孔子那样"随心所欲而不逾矩"了。因此，想要养廉的话，先得守住这颗"洁己"之心，用儒家《大学》的话，这就叫做"知本"。只要人的心地是洁白的，自能修持成像周敦颐《爱莲说》所形容的那种"出淤泥而不染，濯清涟而不妖"的"莲"节，同时，也容易经受住外界各种世俗的染习而不为其污，用柳下惠的话说，就是"尔为尔，我为我，虽袒裼裸裎于我侧，尔焉能浼我哉？"

反过来，一个不善于洁己明志的人，难免会懈怠其自身防腐杜贪的免疫力，不由自主地会被一些阿谀奉承的小人拉拢腐蚀，常言道："吃人家的嘴软，拿人家的手短。"一个不能洁己而好贪的干部，如果经常去吃工作对象的饭、常收工作对象的礼，就跟小孩子糖吃多了会蛀牙一样，慢慢就会不自觉地将这些人视为"朋友"，工作中难免会对其另眼相看，在原则和规矩面前，就会有失公正，最终会步入以权谋私的官场陷阱之中。用一句俗语来

---

① 《中华廉政文化丛书》之《廉吏》，中国方正出版社2004年版，第170页。

说，就是"常在河边走，哪有不湿鞋？"而那些真正洁身自好的廉士，他们虽然身处官场，却能尽力做到"常在河边走，就是不湿鞋"，如历史上的包拯、海瑞等清官就是这方面的代表人物。俗话说"苍蝇不叮无缝的蛋"，一旦你本人沦为了贪官污吏，只能首先检讨自身是否属于那种"有缝"的坏蛋。所以，从这一点来说，官员本身的严于律己是最重要的。自己不严格要求而逐利贪腐，定然会上行下效，这种贪污腐化之风很快就会蔓延开来。如汉武帝到执政后期，不仅沉湎于自身"功大威行"而居功自傲，还骄淫无度，"又夺取好女至数千人，以填后宫"。由于汉武帝贵为天子却肆意在骄奢淫逸方面敢为臣先，其下面的诸侯纷纷效仿，导致"诸侯妻妾或至数百人，豪富吏民蓄歌者至数十人，是以内多怨女，外多旷夫"（《汉书·武帝纪》）。

关于这种上行下效现象，孔子早已明察秋毫了。如季康子在向孔子诉说其辖区盗窃肆虐时，曾问计于孔子，孔子的回答可谓有点出乎意料。其事载于《论语·颜渊》：

季康子患盗，问于孔子。孔子对曰："苟子之不欲，虽赏之不窃。"

在孔子看来，只要作为统治者季康子本人不贪欲的话，你就是悬赏奖励这些百姓去偷盗，他们也不会顺从的。所以，孔子又进一步对季康子告诫了一番为政之道，就是"身正"，"政者，正也。子率以正，孰敢不正？"这个"正"，说白了，就是儒家经典《大学》中所言的"正心"，也就是我们此处探讨养廉之方的"洁己"。

那么，如何保持"洁己"以"正心"呢？为此，还应该做到以下两点：一是要防范贪欲之心，二是要树立"知耻"意识。

任何一个活在当下的个人，往往同时兼具多种心，如良心、恒心、信心、决心、上进心等，但有一种心如果处理不当的话，却会让人栽跟斗，甚至会身败名裂，这就是贪心。

人的贪心或贪欲,从根源上来说,可以归根于人类与生俱来的求生本能。从这个意义上说,贪心的正面价值也是不可忽视的,以至于有些历史学家或思想家还曾歌颂过这种作为人类整体之进取心的"贪欲",如恩格斯在《路德维希·费尔巴哈和德国古典哲学的终结》一书里引证黑格尔的"当人们说人本性是恶的这句话时,是说出了一种更伟大得多的思想"之后,又继续说"在黑格尔那里,恶是历史发展的动力借以表现出来的形式。这里有双重的意思,一方面,每一种新的进步都必然表现为对某一种神圣事物的亵渎,表现为对陈旧的、日渐衰亡的但为习惯所尊奉的秩序的叛逆;另一方面,自从阶级对立产生以来,正是人的恶劣的情欲——贪欲和权势成了历史发展的杠杆。"把贪欲看成是人类历史发展的动力,虽不免骇人听闻,但静心思之,却有意味深长的哲理。既然人的贪欲是与生俱来的,而人又同时是一种理性的动物,问题的关键是,人应该学会控制这种与生俱来的贪欲,用荀子的话说,就是"欲虽不可去,求可节也"。(《荀子·正名》)《淮南子·傲真训》也奉劝世人说,官吏若能节欲——"节欲己"的话,则"贪污之心,奚由生哉?"

古今中外,都有告诫人们不应放任自己贪欲的典故或故事流传。如我们中国流传已久的"手指与金砖"的故事。该故事说:有一位穷人,对神仙非常虔诚,感动了神仙。神仙决定帮他一把,于是在他面前显灵,朝路边的一块砖头一指,砖头变成了金砖。神仙将金砖送给穷人。那个穷人并不满意。神仙又用手一指,把一尊大石狮变成金狮,一并送给他。那个穷人仍然不满意。神仙问他:"怎样才满意呢?"那个穷人犹豫了半天才说:"我想要你的这根手指。"神仙吃了一惊,他从来没见过这等贪心之人,于是他消失了。结果,那个穷人什么也没得到。

这样"贪路无归"的故事在西方也有类似的版本,如阿拉伯童话中《渔夫和金鱼》的故事就举世皆知。这则故事说:渔夫打到一条小金鱼,它是海里的神仙,可以满足渔夫的愿望。渔夫的老婆本是个又穷又老又丑的老太婆,这老太婆在金鱼的帮助下有了华丽的房子,漂亮的衣服,精美的晚餐,成为拥有很多财富和仆人的贵妇人。可这位老太婆并不满足,她想成为海上的女霸王。金鱼默默地游进海里消失了,而老太婆又变回了以前那个又丑又老又穷的老太婆。

上述两则故事,都不约而同地证实了席勒那句名言,这就是:"贪者终至一无所得。"

总之,对于人类与生俱来的贪欲心,我们也应该辩证的对待。一方面我们不应否认,人是有欲望的,正因为有了个人的欲望,才有了人类整体积极向上的进取心;正是有了无数个人的上进心,人类社会才一步步地向前发展,而且变得越来越文明,越来越往高等进化。从这种意义说,人类的历史就是一部欲望的历史。在另一方面,人又是一种有理性的动物,理性告诉我们,人也应该节制自己的欲望,否则,过度放纵势必变成贪心,而贪心过度无疑又会毁灭人类。我们当前所处的这个世界,不正是由于人类对大自然无休止的贪婪,才造成了资源枯竭、生态面临危机吗?而对于那些迷恋权力与金钱的贪官来说,其对权力的过度贪欲,往往使自己权令智昏,就像莎翁笔下的麦克白夫人一样,走入自我毁灭的深渊。

中国古代儒家先人们早就觉察到了这种人之无限的贪欲与有限的社会资源之间的矛盾,因此提出了"礼"来对人的贪欲进行合理的约束。其"礼"的功能就是以"文"节"情(或欲)",所谓"礼,因人之情而为之节文也"。(《礼记·坊记》)正是为了防范这种纵"情"已过的"淫(即"过分")","礼"的节制才成为一种必要,所以,郭店儒简《性自命出》篇又有"礼作于情"(简18)说,《语丛二》中还有"礼生于情"(简1)的名言。战国后期儒家代表人物荀子还进一步明确地将儒家这个"礼"作用归纳为"礼以养情"说,如荀子在阐释"礼"之来源时说:

礼起于何也?曰:人生而有欲,欲而不得,则不能无求,求而无度量分界,则不能不争。争则乱,乱则穷。先王恶其乱,故制礼义以分之,以养人之欲,给人之求,使欲必不穷于物,物必不屈于欲,两者相似而长,是礼之所起也。(《荀子·礼论》)

一旦从心地上领会了"贪则失廉"、"无欲故洁"的道理，这对于一名官员来说，倘若心地是洁白的，即使他身处"污浊恶世"，也依旧能自洁其心，保持心灵一尘不染，这就是周敦颐所自好的那种"出淤泥而不染，濯清涟而不妖"的"爱莲"精神。在周敦颐看来，莲之所以能"不染"、"不妖"，原因在于它能自始至终地洁己不移，所以不受任何外境的不良习染而能"亭亭净植"。对比当前一些落马贪官在痛定思痛后的反省中，往往把自己贪腐败德的原因一味归咎于体制，这种不能从主观上反躬自问的自我检查实在有点"缘木求鱼"之嫌。用我们传统儒家的修身哲学来讲，就是不能首先做到"正心"、"正己"。反之，若能居官洁己以廉，那么，这种"君子之德"很快就会弥漫一种政风廉习，其僚属百姓必然也会不知不觉地"循其轨"、"效其例"，从而自动地营造出一个"鲜以贪墨败者"的廉政时代。如清代王士禛在《池北偶谈·葛端肃公家训》中曾经提到过葛端肃公在洁己行廉方面如何率先垂范以营造纯正廉明之政风的范例，其文说：

予（葛端肃公）在河南，只重循良有司，不奖喜事猎虚名者，更严禁贪酷之吏。常刻木榜曰：尔之俸薪，皆出于民，更残民以逞，取充囊橐，不有明罚，必有幽责；不于其身，必于其子孙。后予在吏部，佐中外考察数四，旧属官鲜以贪墨坏者，不可谓无所感孚也。

"洁己"以"正心"的第二步，是应树立正确的"知耻"意识。中国古人似乎早就明白了养"廉"必先知"耻"的道理，故孟子有言："耻之于人大矣哉"。又说："人不可以无耻，无耻之耻，无耻矣。"（《孟子·尽心上》）唐宋八大家之一欧阳修曾著《廉耻说》一文，其文开篇即曰："廉耻，士君子之大节也。罕能自守者，利欲胜之耳。"这里，欧阳修明白指出人之难于坚守"廉耻"之大节的根源在于人心利欲的作怪，即"利欲胜之耳"。古往今来的贪官污吏之所以前赴后继，一个很重要的不良心理因素即是欧阳修所揭示的"利欲胜之耳"——正是那些历史上的赃吏把对于钱财的贪婪当成是人之常情，不以为耻，反以为荣了。所以，欧阳修又言曰："不知耻者，无所不为。"（《魏公卿上尊号表》）言下之意，一个不知羞耻的人，是什么事都干得出来的。用今天的俗语，就是"人不要脸，百事可为"。一个不懂羞耻心的人，当然不知道脸皮的分量。由此可知，树立官员的"知耻心"，是养廉防贪的基础。关于这一点，明末清初著名思想家顾炎武在阐释孔子的"行己有耻"时，曾有过一番深入的发挥，在他著的《与友人论学书》与《日知录·廉耻》中，顾炎武认为：做人首先要知廉耻，"耻"就是不以自己破衣粗饭为"耻"，而是以担心别人不能受己恩惠为"耻"。"行己有耻"，就是努力培养自己的德行，以使自己能够知道什么是羞耻。顾炎武把"德"的核心看作是耻，"知耻"，就应修德养才，去除私欲，如果有才无德，则缺少立人起码的"根基"，所以只有德才兼备，以身许国才能为天下百姓谋利益。

最后，树立官员的"知耻"意识，除了前面已提到的明"礼"之外，更重要的，还应该通晓"义"。这个"义"，如前所述，它本来是儒家士君子行事的法则，即孔子所言"君子喻于义，小人喻于利。"意思是说，君子行事时，需先通晓事之当为与不当为的"义"，而小人却丝毫不顾及这种"义"之名节，往往只是依"利"而行。所以，对于那些凡事皆能"喻于义"的君子来说，他们能做到"君子爱财，取之有道，也用之有道"。用清代廉吏张伯行的话，就是"一丝一粒，我之名节；一毫一厘，民之脂膏。宽一分，民受赐不止一分；取一文，我为人不值一文。谁云交际之常，廉耻实伤，倘非不义之财，此物何来？"

二、节俭：俭以养廉

勤与俭，历来都是中国古人治国持家的生财之道。儒家经典《大学》说："生财有大道，生之者众，食之者寡，为之者疾，用之者舒，则财恒足矣。"文中的"为之疾"即是勤，"用之舒"即是俭。不过，勤俭的意义不

第四章　嬗变篇："廉"范畴的现代转型

仅局限于生财之道的经济层面，它还有另外一重关于道德方面的含义。如我们日常所说的"勤能补拙，俭以养廉"，此处的俭，其着眼点则在"养廉"，这句"俭以养廉"所关注的就是人所生活的道德方面。对此，当代哲学大师冯友兰先生曾有过这样的阐释，在《贞元六书》中他说：

> 就俭以养廉说，我们常看见许多人，平日异常奢侈，一旦钱不够用，便以饥寒交迫为辞，做不道德底事。专从道德的观点看，"饿死事小，失节事大"，"饥寒交迫"并不能作为不道德底事的借口。但事实上，经济上的压迫，常是一个使人做不道德底事的原因。不取不义之财谓之廉。人受经济压迫的时候，最容易不廉。一个人能俭，则可使其生活不易于受经济的压迫。生活不受经济底压迫者，虽不必能廉，但在他的生活中，使他可以不廉的原因，至少少了一个。所以说，俭可以养廉。朱子说："吕舍人诗云：'逢人即有求，所以百事非'。某观今人不能咬菜根，而至于违其本心者众矣，可不戒哉。"俭以养廉，正是朱子此所说之意。（《新世训·励勤俭》）

正是因为"俭可以养廉"，所以大凡历史上的倡廉之君，无不首重俭德，即所谓"俭，德之共也"、"俭为廉之本"。司马光在《训俭示康》中对这个"俭，德之共也"有过精辟的诠释，他说："共，同也，言有德者，皆由俭来也。夫俭则寡欲，君子寡欲则不役于物，可以直道而行；小人寡欲则能谨身节用，远罪丰家。故曰：'俭，德之共也。'"对于居官在位的人来说，"俭"不仅是"德之共也"，也是"廉"之本，即俭者能廉，廉者必俭。关于后一句"俭为廉之本"，清代康熙皇帝曾说："为官者俭，则可以养廉……与其寡廉，孰若寡欲？语云：'俭以成廉，侈以致贪。'此乃理势之必然也。"（《御制文二集》）康熙四十九年，御史屠沂上疏专门条奏节俭之事，康熙阅后即在奏折上批示："禁止奢僭而崇尚节俭，极当于理。"终其一生，康熙都在"躬行节俭"，这种作风还对继任的清世宗雍正产生了深刻影响。据陈康祺《郎潜纪闻》记载说，世宗皇帝当政时，廷玉当班内廷，给皇帝进膳，奉命陪食，"见上于饭颗饼屑，未尝弃置纤毫。每宴见臣工，必以珍惜物故、暴殄天物为戒"。

据说，清初各帝"躬行节俭"之风也与其开国皇帝清太祖努尔哈赤的严于律己有关。《郎潜纪闻》记载说：有一次努尔哈赤外出打猎，时值大雪初霁，他因担心草上的浮雪濡湿衣服竟以手撷衣而行。其侍卫私下议论说："上何所不有，而惜一衣耶？"太祖闻之，笑曰："吾岂无衣而惜之，吾常以衣赐汝等，与其被雪沾濡，何如鲜洁为逾。躬行节俭，汝等正当效法耳。"因此，不仅清朝初期帝王如此，其时许多廉吏也均赞成"躬行节俭"。如曾任贵州巡抚的刘荫枢在奏疏中说："廉吏必节俭。尔来居官竞尚侈靡，不特车马、衣服、饮食、器用，僭制逾等；抑且交结、奔走、馈送、夤缘，弃如泥沙，用如流水。俸不给则贷于人，玷官箴，伤国体。请敕申斥，以厉廉戒贪。"（《清史稿·刘荫枢传》）康熙二十四年的左都御史陈廷敬也在上疏中论述过廉、俭的关系，他说："臣愚谓，贪廉者，治理之大关；奢俭者，贪廉之根柢。欲教以廉，当先使俭。"（《康熙政要·疏请劝廉劫弊·敕详议定制》）

正是深喻这个"俭以养廉"的德训，在中国历史上恭俭以行廉的官员也不乏其人。如唐代宰相卢怀慎就是一位终生躬行"俭以养廉"的廉吏楷模。据《旧唐书·卢怀慎传》记载：

怀慎清俭不营产，服器无金玉文绮之饰，虽贵而妻子犹饥寒，所得禄赐，于故人亲戚无所计惜，随散辄尽。赴东都掌选，奉身之具，止一布囊。既属疾，宋璟、卢从愿候之，见敝箦单席，门不施箔，会风至雨，举席自障。日宴设食，蒸豆两器，菜数杯而已。

还有，宋代王安石在终身躬行节俭上竟然到了被世人讥为"不近人情"的地步："王荆公（王安石）性简率，不事修饰奉养，衣服垢污，饮食粗恶，一无有择，自少时则然。苏允明（苏洵）著《辨奸》，其言'衣臣虏之衣，食犬彘之所食，囚首丧面而谈诗书'，以为'不近人情'者，盖谓是也。"（朱弁《曲洧旧闻》）与王安石这样"不近人情"的廉吏类似的，则是另一位身居相位的张文节。宋史记载说，张文节升任宰相后，仍然只按其担任洛阳书记时的标准领取俸禄。亲友因此劝他说："公今受俸不少，而自俸若此，公虽自信清约，外人颇有公孙布被之讥。公宜少从众。"张文节听后叹曰："虽今日之俸，虽举家锦衣玉食，何患不能？顾人之常情，由俭入奢易，由奢入俭难。吾今日之俸岂能常存？一旦异于今日，家人习奢已久，不能顿俭，必致失所。岂若吾居位去位，身存身亡如一日乎？"（《宋史·张文节传》）

历史上另有一些英明君主如三国曹魏集团的曹操也曾大力提倡节俭。史载曹操是"雅性节俭，不好华丽"。据说，曹操本人曾以身作则，力行节俭，其"后宫衣不锦绣，侍御履不二采，帷帐屏风，坏则补纳。茵蓐取温，无有缘饰"。（《三国志·魏书·武帝纪》注引《魏书》）另据《三国志·魏书·崔琰传》引《世语》时，还记载了这样一则事例说："（曹）植妻衣绣，太祖登台见之，以违制，命还家赐死。"对此，史学家陈寅恪曾说："据此可知，尚节俭不仅是曹氏的风尚，而且还有制度规定。衣绣要处死，即使是曹植的妻子也不能赦免。曹操如此厉行节俭，与他出身寒族及当时经济的破坏虽有关系，但更重要的是要摧破豪族的奢侈之风。"[1]曹魏时，正是由于曹操这样大力提倡"以俭率人，由是天下之士莫不廉洁自励，虽贵宠之臣，舆服不敢过度"。（《三国志·魏书·毛玠传》）通过这样的上行下效，其时官吏回家省亲也往往是"垢而羸衣，常乘柴车"。在当时，倘若官吏"有著新衣、乘好车者"，舆论就会说他不廉洁，官吏若穿破衣烂衫就是廉洁了。这样，当时有些官员为了博取这种令名，故意"污辱其衣，藏其舆服"。（《三国志·魏书·和洽传》）曹魏集团这种做法，虽然有些过分流于形式，但不可否认的是，"建安时期在曹魏集团中的确形成了一股俭朴之风，这是曹操比同时期其他割据势力高明之处，也显示了他杰出的政治才

---

[1] 陈寅恪：《魏晋南北朝史讲演录》，黄山出版社1987年版，第10页。

能。曹操整顿风俗，终于使质朴务实战胜了浮华虚誉，其所倡导的良好社会风尚，有效地发挥了社会监督、澄清吏治的作用，这是曹操务实精神的重大体现，也是其政治上取得成功的重要原因之一"。①

但是，好景不长，继曹魏而起的西晋政权立刻改变了曹魏集团在朝野上下形成的俭朴之风，而代之以奢靡炫富之风。如前所述，晋武帝司马炎就是一个假廉真贪的伪善之士，他总是告诫大臣，希望他们能"扬清激浊"，力行"廉洁"，在位期间，他也曾下过反贪立廉的诏书。可事实是，晋武帝本人生活极端奢侈，又荒淫无度，诚如其大臣尚书左丞傅成就上疏所言，其"奢汰之费，甚于天灾"。也正是在晋武帝自身这种奢靡无度的示范下，其统治下的西晋朝野出现了自上而下的竞奢斗阔的炫富恶俗。历史上有名的石崇与王恺斗富的例子，就出自西晋王朝。石崇的生活极其奢华，他和王恺斗富之事堪称史书奇观。其事载《晋书·卷三十三·列传第三》：

（石崇）财产丰积，室宇宏丽。后房百数，皆曳纨绣，珥金翠。丝竹尽当时之选，庖膳穷水陆之珍。与贵戚王恺、羊琇之徒以奢靡相尚。恺以饴澳釜，崇以蜡代薪。恺作紫丝布步障四十里，崇作锦步障五十里以敌之。崇涂屋以椒，恺用赤石脂。崇、恺争豪如此。武帝每助恺，尝以珊瑚树赐之，高二尺许，枝柯扶疏，世所罕比。恺以示崇，崇便以铁如意击之，应手而碎。恺既惋惜，又以为嫉己之宝，声色方厉。崇曰："不足多恨，今还卿。"乃命左右悉取珊瑚树，有高三四尺者六七株，条干绝俗，光彩曜日，如恺比者甚众。恺惘然自失矣。

又据《世说新语》记载，石崇家的厕所修建得华美绝伦，准备了各种香水、香膏给客人洗手、抹脸，经常有十多个侍女恭立侍候，一律穿着锦绣，

---

① 张涛，项永琴：《中华伦理范畴：廉》，中国社会科学出版社2006年版，第84页。

第四章 嬗变篇："廉"范畴的现代转型

打扮得艳丽夺目，列队侍候客人上厕所。客人上过厕所，这些婢女要客人把身上穿的衣服脱下，侍候他们换上新衣才让他们出去。凡是上厕所时穿过的衣服之后就不能再穿了，以至于客人大多都不好意思如厕。官员刘寔年轻的时候很穷，出外时每到一处歇息，从不麻烦主人，砍柴挑水都自己亲自动手。后来他官大了，仍然保持着节俭的美德。有一次，他去石崇家拜访，上厕所时见厕所里有绛色蚊帐、垫子、床褥等陈设，还有婢女捧着香袋侍候，急忙退出来，笑着对石崇说："我错进了你的内室了。"石崇说："那是厕所！"刘寔说："我享受不了这个。"于是改进了别处的厕所。

西晋时，类似石崇、王恺斗富之类的闹剧愈演愈烈，当时许多正直的大臣都看不下去了。比如大臣傅咸，曾为此上了一道奏章给晋武帝说，像这种比富之类的奢侈浪费，其祸害简直甚于天灾。但晋武帝看了奏章后，根本不理睬。他跟石崇、王恺一样，一面加紧搜刮，一面穷奢极侈。由于西晋王朝一开始就这样奢侈腐败，也注定将发生大乱。其后发生的"八王之乱"就是一种历史宿命的应验。其豪奢竞富之徒的石崇也自然没有好下场，据史书记载：

> 及贾谧诛，崇以党与免官。时赵王伦专权，崇甥欧阳建与伦有隙。崇有妓曰绿珠，美而艳，善吹笛。孙秀使人求之。崇时在金谷别馆，方登凉台，临清流，妇人侍侧。使者以告。崇尽出其婢妾数十人以示之，皆蕴兰麝，被罗縠，曰："在所择。"使者曰："君侯服御丽则丽矣，然本受命指索绿珠，不识孰是？"崇勃然曰："绿珠吾所爱，不可得也。"使者曰："君侯博古通今，察远照迩，愿加三思。"崇曰："不然。"使者出而又反，崇竟不许。秀怒，乃劝伦诛崇、建。崇、建亦潜知其计，乃与黄门郎潘岳阴劝淮南王允、齐王同以图伦、秀。秀觉之，遂矫诏收崇及潘岳、欧阳建等。崇正宴于楼上，介士到门。崇谓绿珠曰："我今为尔得罪。"绿珠泣曰："当效死于官前。"因自投于楼下而死。崇曰："吾不过流徙交、广耳。"及车载诣东市，崇乃叹曰："奴辈利吾家财。"收者答曰："知财致害，何

不早散之?"崇不能答。崇母兄妻子无少长皆被害,死者十五人,崇时年五十二。"(《晋书·卷三十三·列传第三》)

  石崇之死,表面上似乎是死于政治斗争,但临终时,他却突然明白过来,坚信政敌们是觊觎钱财而蓄意害他的,"奴辈利吾家财"。那些押送他的衙役说:"既然知道财富害了你,为何不早把财产散了呢?"石崇竟无言以对。石崇因富身亡的结局,正应验了道家老子的那句名言:"金玉满堂,莫之能守;富贵而骄,自遗其咎。"(《老子·九章》)用儒家的话,石崇是死于不能"厚德"以"载物"也,这属于一种德不配位的典型凶兆。

  上述曹魏集团的节俭与司马氏集团的穷奢极欲,借用李商隐《咏史》中的一句诗来形容,就是"历览前贤国与家,成由勤俭败由奢"。其中,曹魏集团因大兴节俭而政兴的例子,也从正面诠释了老子"俭故能广"的道理。俭故能广,河上公注曰:"天子身能节俭,故民日用广矣。"在老子看来,这个"俭"还是治国之利器的"三宝"之一,他说:"我有三宝,持而宝之:一曰慈,二曰俭,三曰不敢为天下先。"

  然而,对于俭,还存在着一个具体用度上的相对性,这就是要善于把握一种在"奢"与"啬"之间的适度原则。我们普通所谓的俭,是节省的意思,所谓啬,就是过度节省的意思。例如,孔子弟子仲弓在向孔子谈及子桑伯子时,孔子说:"可也,简。"这个"简",用今天的话来说,就是过于节省的"简陋"。在孔子看来,身居官位的士大夫应做到"居敬而行简,以临其民"。(《论语·雍也》)那么,如何理解这个"居敬"呢?为此,孔子列举了上古圣贤"禹"的例子来说明。孔子说:"禹,吾无间然矣。菲饮食而致孝乎鬼神,恶衣服而致美乎黼冕,卑宫室而尽力乎沟洫。禹,吾无间然矣。"(《论语·泰伯》)这是说,禹平常身着破旧的衣服,但在举行大祭时却穿着华丽的"黼冕"。在孔子看来,这就是"居敬"。因为,作为一个官员,他首先是一种身份的象征,在对待下级或接见外宾时,如果穿着太寒碜,这是对人不恭敬的表现。例如,在国家正式宴会上款待外宾过于简陋的话，这就不是节省的"俭"，而是"啬"了。相反，如果搞过于铺张的盛宴，那又变成"奢"了。那么，如何在"奢"与"啬"之间把握好"俭"的度呢？对此，我们必须遵守"俭须中礼"的原则。冯友兰先生在阐释这一"俭须中礼"原则时，曾这样表述说："俭必需中礼，在每一种情形下，我们用钱，都有一个适当的标准。合乎这个标准，不多不少，是俭。超乎这个标准是奢，是侈；不及这个标准是啬，是吝，是悭。不及标准的俭，即所谓'俭不中礼'。不中礼的俭，严格地说，即不是俭，而是啬了。不过怎么样才算'中礼'，才算合乎标准，在有些情形下，是很不容易决定的。在这些情形下，我们用钱，宁可使其不及，不可使其太过。因为一般人在这方面的天然趋向，大概是易于偏向"太过"的方面，而我们的生活，'由俭趋奢易，由奢入俭难'。失之于不及方面，尚容易改正。失之于太过方面，若成习惯，即不容易改正了。所以孔子说：'礼，与其奢也，宁俭。'此所谓俭，是不及标准底俭。"（《新世训·励勤俭》）

孔子的"礼，与其奢也，宁俭"已向世人暗示，保持个人生活的"节俭"乃是习行儒"礼"的一大原则。同时，人们在力行节俭的时候，也应该遵循"中礼"的原则。否则，在生活用度上的太过或不及，均会沦入"奢"或"啬"的两偏。"奢"无疑会伤廉，"啬"则是另一副典型的守财奴形象了。例如，自古至今，往往有这样的污吏，他们确实也对生活要求不高，又能勤俭，但他们对钱财却有着惊人的收藏癖。俗话说"人为财死，鸟为食亡"，一位哲人也说过"死亡会将你主要的人格带到表面"，并向我们讲述了一位临死前的守财奴形象。他说：

我听说，有一个人正在垂死，他已经很老了，他已经经历过他的人生，所以不需要再担心死亡，因为太阳已经下山，所以天色渐渐变暗，那个人睁开眼睛问坐在他右边的太太说："我的大儿子在哪里？"

他太太说："他就坐在我的前面，在床的另一边，不必担心他，在这个时候，你什么事都不必烦恼，只要放松和祈祷。"

但是那个人又说:"我的二儿子在哪里?"

他太太说:"他就坐在你大儿子旁边。"然后那个老年人,他几乎已经走在死亡的边缘,却开始爬起来。

他太太说:"你在干什么?"

他说:"我在找我的第三个儿子。"

他太太和他儿子们都觉得他很爱他们,第三个儿子就坐在靠近脚的地方。

他说:"爸爸,我在这里,你可以放心,我们都在这里。"

他说:"你们都在这里,而你们叫我放心?我那个店谁来照顾?"

在临死的时候,他还在担心他的店。

"由俭趋奢易,由奢入俭难"又告诉我们,世人一旦奢侈成性了,势必积重难返。因此,要力行廉洁的话,还得从"节俭"入手。这种"俭"不仅是一种个人美德,还是为官一任者的美政,故清人魏源说:"俭,美德也;禁奢崇俭,美政也。"在这一点上,清代康熙时素有"豆腐汤"之称的廉吏汤斌堪为典范。康熙时,汤斌由内阁学士出任江苏巡抚,职重位显,独当一面,但他不谋私利、不图享受,坚持过一种粗茶淡饭的俭朴生活,还是餐餐都有一道豆腐做的菜,久而久之,苏州老百姓又给他起了一个"豆腐汤"的雅号。不仅为官生活俭朴,汤斌还在居家时对儿子要求极严。有一次,他亲自查看家用账目,发现大儿子汤溥让仆人买了一只鸡,十分恼火,就罚这个已经34岁的儿子当庭跪下,斥责道:"你以为苏州的鸡像河南那样便宜吗?要吃鸡你就回老家去。哪里有读书人不咬菜根而能自立的事情。"他要儿子牢牢记住"俭以养德"的道理。汤斌在江苏离任时,行李非常简单,只有一部《二十一史》是新购买的物品。时值暮春,气候还比较冷,在夫人马氏乘坐的车中竟有破棉絮随风飘到地上,见到的人都感动得流下了眼泪。

汤斌回京后官越做越大,但俭朴的本质却没有丝毫改变,京城的冬季天寒地冻,滴水成冰,为了抵御严寒,汤斌出门时总是在官府外披一件老羊皮袄——羊裘。时间一长,宫廷的卫士不管认不认识他,只要看

第四章 嬗变篇："廉"范畴的现代转型

到披羊皮的老人上朝堂，就知道是汤尚书来了，"羊裘尚书"的佳话也由此传开了。①

纵观古今清官廉吏，其养廉、守廉之要诀，无不始于"节俭"，借用宋代范纯仁《戒弟子》的话，就是"惟俭可以助廉"。与其同朝的司马光曾著有《训俭示康》一文，司马氏之著的本旨是以训诫儿子应该崇尚节俭的家书。该文不长，却展现了一位生活勤俭节约的名人典范，兹全录如下，以兹诸君雅鉴：

吾本寒家，世以清白相承。吾性不喜华靡，自为乳儿，长者加以金银华美之服，辄羞赧弃去之。二十忝科名，闻喜宴独不戴花。同年曰："君赐不可违也。"乃簪一花。平生衣取蔽寒，食取充腹；亦不敢服垢弊以矫俗干名，但顺吾性而已。

众人皆以奢靡为荣，吾心独以俭素为美。人皆嗤吾固陋，吾不以为病。应之曰：孔子称"与其不逊也，宁固"；又曰"以约失之者鲜矣"；又曰"士志于道，而耻恶衣恶食者，未足与议也"。古人以俭为美德，今人乃以俭相诟病。嘻，异哉！

近岁风俗尤为侈靡，走卒类士服，农夫蹑丝履。吾记天圣中，先公为群牧判官，客至，未尝不置酒，或三行、五行，多不过七行。酒沽于市，果止于梨、栗、枣、柿之类；肴止于脯、醢、菜羹，器用瓷漆。当时士大夫家皆然，人不相非也。会数而礼勤，物薄而情厚。近日士大夫家，酒非内法，果、肴非远方珍异，食非多品，器皿非满案，不敢会宾友。常数日营聚，然后敢发书。苟或不然，人争非之，以为鄙吝。故不随俗靡者盖鲜矣。嗟乎！风俗颓弊如是，居位者虽不能禁，忍助之乎！

又闻昔李文靖公为相，治居第于封丘门内，厅事前仅容旋马，或言其太隘。公笑曰："居第当传子孙，此为宰相厅事诚隘，为太祝、奉礼厅事已宽

---

① 《中华廉政文化丛书》之《廉吏》，中国方正出版社2004年版，第357-358页。

矣。"参政鲁公为谏官，真宗遣使急召之，得于酒家。既入，问其所来，以实对。上曰："卿为清望官，奈何饮于酒肆？"对曰："臣家贫，客至无器皿、肴、果，故就酒家觞之。"上以其无隐，益重之。张文节为相，自奉养如为河阳掌书记时，所亲或规之曰："公今受俸不少，而自奉若此。公虽自信清约，外人颇有公孙布被之讥。公宜少从众。"公叹曰："吾今日之俸，虽举家锦衣玉食，何患不能？顾人之常情，由俭入奢易，由奢入俭难。吾今日之俸岂能常有？身岂能常存？一旦异于今日，家人习奢已久，不能顿俭，必致失所。岂若吾居位、去位、身在、身亡，常如一日乎？"呜呼！大贤之深谋远虑，岂庸人所及哉！

御孙曰："俭，德之共也；侈，恶之大也。"共，同也；言有德者皆由俭来也。夫俭则寡欲：君子寡欲，则不役于物，可以直道而行；小人寡欲，则能谨身节用，远罪丰家。故曰："俭，德之共也。"侈则多欲：君子多欲则贪慕富贵，枉道速祸；小人多欲则多求妄用，败家丧身；是以居官必贿，居乡必盗。故曰："侈，恶之大也。"

昔正考父饘粥以糊口；孟僖子知其后必有达人。季文子相三君，妾不衣帛，马不食粟，君子以为忠。管仲镂簋朱纮山棁藻棁，孔子鄙其小器。公叔文子享卫灵公，史鰌知其及祸；及戌，果以富得罪出亡。何曾日食万钱，至孙以骄溢倾家。石崇以奢靡夸人，卒以此死东市。近世寇莱公豪侈冠一时，然以功业大，人莫之非，子孙习其家风，今多穷困。

其余以俭立名，以侈自败者多矣，不可遍数，聊举数人以训汝。汝非徒身当服行，当以训汝子孙，使知前辈之风俗云。

三、去奢：奢则伤廉

廉洁，并不是一种单一的道德品质，因此，关于养廉之方，除了上述所论的节俭之外，还有"去奢"。如前所述，尚"俭"固然是道家老子治国

"三宝"之一,同时,老子治国之道还格外注重"去奢",如在《道德经》中,老子明确提出了"圣人去甚,去奢,去泰"的观点,而且,他还进一步道出了这个"去奢"的理由,这就是"持而盈之,不如其已;揣而锐之,不可长保。金玉满堂,莫之能守;富贵而骄,自遗其咎"。(《老子·九章》)在老子看来,那种追求奢侈与爱慕浮华之人,"是谓盗夸",他说:"服文彩,带利剑,厌饮食,财货有余,是谓盗夸,非道也哉!"在此基础上,老子又告诫世人说:"大丈夫处其厚,不处其薄;处其实,不居其华。故去彼取此。"(《老子·三十八章》)这里的"去彼取此"的"彼",就是"奢",于是,老子又提出了一种"治人事天,莫若啬"(《老子·五十九章》)的治国论主张。老子这里的"啬",并不是那种守财奴式的"吝啬",而是"爱惜"的意思。用河上公的注解,就是"啬,爱惜也。治国者当爱(惜)民财,不为奢泰。"

与老子一样,儒家孔子一派也主张"去奢",他说:"奢则不孙,俭则固,与其不孙也宁固。"(《论语·述而》)儒家别派的荀子还更直白地指出了统治者聚敛财富的行为无异于一种变相的"召寇、肥敌、亡国、危身之道"。在《荀子·君道》中,他说:"修礼者王,为政者强,取民者安,聚敛者亡。故王者富民,霸者富士,仅存之国富大夫,亡国富筐箧,实府库。筐箧已富,府库已实,而百姓贫,夫是之谓上溢而下漏,入不可以守,出不可以战,则倾覆灭亡可立而待也。故我聚之以亡,敌得之以强。聚敛者,召寇、肥敌、亡国、危身之道也。故明君不蹈也。"

在中国历史上,殷朝商纣王就是一位因奢侈无度至身死国灭的亡国之君而被载入史册的。据《史记·殷本纪》记载说,商纣王本人不仅天资聪颖过人,其武力亦超群绝伦,"帝纣资辨捷疾,闻见甚敏;材力过人,手格猛兽",但他也因此恃才傲物,刚愎自用,"知足以距谏,言足以饰非;矜人臣以能,高天下以声,以为皆出己之下"。更甚者,商纣王在生活用度上也是穷奢极欲、荒淫无度,"好酒淫乐,嬖于妇人。爱妲己,妲己之言是从。于是使师涓作新淫声,北里之舞,靡靡之乐。厚赋税以实鹿台之钱,而盈钜桥之粟。益收狗马奇物，充仞宫室。益广沙丘苑台，多取野兽蜚鸟置其中。慢于鬼神。大冣乐戏于沙丘，以酒为池，悬肉为林，使男女倮相逐其间，为长夜之饮。"

正是在商纣王这种"酒池肉林"的奢靡纵欲中，殷商王朝的统治顿失民心，以至于"百姓怨望而诸侯有畔者"。直到周武王率领诸侯群雄来讨伐商纣之无道时，"纣师虽众，皆无战之心，心欲武王亟入。纣师皆倒兵以战，以开武王"。最终，商纣王败走鹿台，"蒙衣其殊玉，自燔于火而死"。

围绕武王伐纣的事件，在早期儒家学派内部曾掀起过一场热烈的争议。在严守"君君臣臣父父子子"之正名思想的孔子看来，周武王身为商纣王的臣子，他不仅没有恪尽臣道，相反却率师讨伐其君，这种兴师灭君的行为无异于"以下犯上"的篡逆，故孔子在听闻歌颂周武王之功业的音乐——《武》时，认为其乐是"尽美矣，未尽善也"，总觉得有种如鲠在喉的感觉。而到儒家孟子一派，其在儒家内部对待武王伐纣的态度已有了明显的转变，其事载于《孟子·梁惠王下》：

齐宣王问曰："汤放桀，武王伐纣，有诸？"
孟子对曰："于传有之。"
曰："臣弑其君，可乎？"
曰："贼仁者谓之'贼'，贼'义'者谓之'残'。残贼之人谓之'一夫'。闻诛一夫纣矣，未闻弑君也。"

在君臣关系上，孟子虽然因袭了孔子的"正名"观，仍旧强调所谓的"欲为君，尽君道；欲为臣，尽臣道"，但孟子同时又对孔子那种以"名"正"实"的片面主张予以了修正，他不仅要求君臣之间在名位上应做到"君君"、"臣臣"，还提出了应以"仁义"的道德内涵来充实这种事实上的君臣关系。对此，孟子又说：

第四章 嬗变篇:"廉"范畴的现代转型

唯大人能格君心之非。君仁,莫不仁;君义,莫不义;君正,莫不正。一正君而国定矣。(《孟子·离娄上》)

孟子曰:"君仁,莫不仁;君义,莫不义。"(《孟子·离娄下》)

因此,在孟子看来,一方面唯有"仁者"才能担当统治者,"是以惟仁者宜在高位。不仁而在高位,是播其恶于众也"(《孟子·离娄上》);另一方面也要求臣下应同样以"仁"事君,"君子之事君也,务引其君以当道,至于仁而已矣"(《孟子·告子下》)。因此,在处理君臣关系上,最能代表孟子政治特色的,乃是他所提出的"君臣有义"。这是由于孟子认为,"仁"在一般情况下仍是一种用于处理父子关系的道德原则,而"义"则更多的是一种处理君臣关系的道德原则,所以孟子才说:"仁之于父子也,义之于君臣也。"(《孟子尽·心下》)这实际上体现了孟子在对待"门内之治"与"门外之治"上,还是奉行严格的差别原则。然而,值得强调的是,这个被孟子用来处理"门外之治"的"君臣有义"是对君臣双方都行之有效的,而不是一种仅适用于君或臣而言的单方面义务。这种"君臣有义"无疑体现了孟子在对待君臣关系上那种人格平等的立场。关于这种人格上平等的君臣关系,《孟子》一书曾记载说:

孟子告齐宣王曰:"君之视臣如手足,则臣视君如腹心;君之视臣如犬马,则臣视君如国人;君之视臣如土芥,则臣视君如寇仇。"(《孟子·离娄下》)

由此可知,与孔子那种"君不君"不能得出"臣不臣"的"正名"说不同的是,孟子的"正名"说却是可以由"君不君"而走向"臣不臣"的。其关键在于孟子提出了一个能"格君心之非"的"义"来正君。在孟子看来,只要君主恪守"义",则臣下没有不忠的,"未有义而后其君者也"(《孟子·梁惠王上》)。这是就君对臣之"义"而言。至于臣对君的"义",孟子认为还存在着"贵戚之卿"与"异姓之卿"的区别问题。对此，孟子的看法是：

> 齐宣王问卿。孟子曰："王何卿之问也？"
> 王曰："卿不同乎？"
> 曰："不同；有贵戚之卿，有异姓之卿。"
> 王曰："请问贵戚之卿。"
> 曰："君有大过则谏；反覆之而不听，则易位。"
> 王勃然变乎色。
> 曰："王勿异也。王问臣，臣不敢不以正对。"
> 王色定，然后请问异姓之卿。
> 曰："君有过则谏，反覆之而不听，则去。"（《孟子·万章下》）

按照孟子这种"君臣有义"的平等道德观来看，商纣王在位时所行的一系列骄奢淫逸的荒政与暴政，已经足够使他失去贵为一国之君的政治合法性而沦为人尽可诛的"一夫"了。所以，武王在此时兴师伐纣，已是一种"顺乎天而应乎人"的"革命"举动。这就当然不能说是武王弑君了，而是"闻诛一夫纣矣，未闻弑君也。"

按儒家这种"君臣有义"的政治逻辑，即使贵为一国之君，一旦骄奢淫逸、挥霍无度，他就成了"不义之君"，此时，作为被统治的下民也就同样可以采取"不义"手段来"以其人之道，还治其人之身"。因此，统治者若要维系其政治的合法性，必须与民同乐，即"独乐乐，不如众乐乐"，必须去奢，而不能与民争利，否则，便会造成举国上下"惟钱是举"、"惟利是图"之"拜金主义"的滥觞，最终导致孟子所言的"上下交征利则国危"。对于朝野上下这种"拜金主义"的滥觞，晋人鲁褒曾著有流传千古的铭文《钱神论》以讽喻之。在该文中，鲁褒认为，全社会"惟钱是举"的后果势必导致对"钱"的神化——这是一种金钱拜物教的异化。在描述这种人人敬钱如神的社会时，鲁褒说："无德而尊，无势而热，排金门而入紫闼。危可使安，死可使活。贵可使贱，生可使杀。是故忿争非钱不胜，幽滞非钱不拔，怨仇非钱不解，令问非钱不发。洛中朱衣，当途之士，爱我家兄，皆无已已。执我之手，抱我终始。不计优劣，不论年纪，宾客辐辏，门常如市。谚曰：'钱无耳，可使鬼。'凡今之人，惟钱而已。故曰：'军无财，士不来；军无赏，士不往。'仕无中人，不如归田。虽有中人，而无家兄，不异无翼而欲飞，无足而欲行。"（《晋书·隐逸列传·鲁褒传》）这种"无德而尊，无势而热"，无非是在讽喻金钱对社会无处不在的丑化与腐蚀。说白了就是，"有钱能使鬼，而况于人乎？"

可能有鉴于商纣王因骄奢而国灭的教训，继而后起的西周统治者即严格力行节俭以去奢。据《史记·周本纪第四》记载说：周成王临终时，曾担心其太子钊不能胜任，于是遗命召公、毕公率诸侯扶助新君。等到"成王既崩"时，"二公（召公、毕公）率诸侯，以太子钊见于先王庙，申告以文王、武王之所以为王业之不易，务在节俭，毋多欲，以笃信临之，作《顾命》"。此处的"务在节俭，毋多欲"，就是"去奢"、"息欲"之意。由于西周有先王"去奢"之遗训，西周时有君臣间或群臣之间互勉以戒奢的时风。兹举两则以证如下：

三十二年，彗星见。景公坐柏寝，叹曰："堂堂，谁有此乎？"群臣皆泣，晏子笑，公怒。晏子曰："臣小群臣谀甚。"景公曰："彗星出东北，当齐分野，寡人以为忧。"晏子曰："君高台深池，赋敛如弗得，刑罚恐弗胜，茀星将出，彗星何惧乎？"公曰："可禳否？"晏子曰："使神可祝而来，亦可禳而去也。百姓苦怨以万数，而君令一人禳之，安能胜众口乎？"是时景公好治宫室，聚狗马，奢侈，厚赋重刑，故晏子以此谏之。（《史记·齐太公世家》）

十五年春，宋向戌来聘，且寻盟。见孟献子，尤（尤，责过也）其室，曰："子有令闻而美其室，非所望也。"对曰："我在晋，吾兄为之。毁之重劳，且不敢间。"（《左传·襄公十五年》）

因此，自西周以后，历代倡廉的统治者，无不尤重"去奢"。然而，要做到治国"去奢"，首先还得从齐家做起，正如司马光在《资治通鉴》中总结的至理名言：历览前贤国与家，成由勤俭败由奢。因此，去奢，不仅维系着一国之兴亡，还关联着一家之衰败，是传统中国人的一种必备美德。反之，奢侈之风的盛行又是导致贪污腐化与民风刁顽的催化剂。如明代清官海瑞认为，为了让百姓"一归本业，必返纯真"的话，首先就应当禁止民间制造奢侈品。其实，海瑞的这层意思，道家学派的老子早就看出来了，那就是"不贵难得之货，使民不为盗；不见可欲，使民心不乱"。（《老子·第三章》）从经济学的角度来分析，"贵难得之货"的风气，往往是人们经济地位不平等、社会利益分配不公的反映，是一种损不足以奉有余的体现。老子这个"难得之货"就是现代人所谓的稀世珍宝，任何过分迷恋稀世珍宝的社会，势必会催生出一股虚华浮躁的奢侈之风，让世人滋生贪婪之心而"为盗"。再将这种"为盗"的贪婪之心移植到官场的话，就将滋育贪污腐化的温床。所以，古今大凡明志以尚廉的清官，无不反对奢侈，提倡节俭的廉洁自律。

如前已述，包青天、海瑞在个人生活上就力戒奢侈，崇尚节俭，其生活非常素朴。海瑞平时穿粗衣，食粗粮，只有当母亲过生日时才肯买二斤肉。在他所拟的《督抚条约》中曾规定："本院凡巡历，所在县驿俱不许铺毡结彩"，"不用鼓乐"；"本院经过并住札，俱不用铺陈"；"本院到处下程，止鸡、肉、鱼、小瓶酒等件，不用鹅及金酒。物价贵地方费银不过三钱，物价贱地方费银二钱，烛柴俱在内"。

唐太宗李世明虽贵为天子，但在个人生活上仍然是一位崇尚节俭、反对奢侈的廉洁楷模。其表现主要在两个方面：一是提倡薄葬，二是厉行节俭。据史载，唐太宗担心自己死后子孙会从俗厚葬，于是在生前告诫子孙说自己死后要薄葬。为此，他曾在贞观十一年二月下诏："犹恐身后之日，子子孙孙，流于习俗，犹循常礼，加四重之梓，伐百祀之木，劳扰百姓，崇厚园林。今预为此制，务从俭约，于九嵕之山，足容棺而已。"（《旧唐书·太宗本纪下》）唐太宗还坦言，他对这种死后薄葬的想法来自于长孙皇后。

长孙皇后"性纯孝俭素，好读书，常与上从容商略古事，因而献替，裨益弘多"。其献替的"古事"中，最能体现廉俭风格的则是她要求死后薄葬。据《旧唐书·长孙皇后传》，长孙皇后病危时曾向太宗要求说："妾生既无益于时，今死不可厚费。且葬者藏也，欲人之不见。自古圣贤，皆崇俭薄，惟无道之世，大起山陵，劳费天下，为有识者笑。但请因山而葬，不须起坟，无用棺椁，所须器服，皆以瓦木，俭薄送终，则是不忘妾也。"简而言之，皇后认为埋葬人只不过是要找一个不为人所见的藏身之地而已，因此无须奢侈置办，只需因山起坟就行了，无须棺椁，只需些木瓦就可以了。

由于唐太宗对长孙皇后关于薄葬之遗训奉行得不遗余力，这确实也对唐代大臣们产生了深刻的影响。如一代名相魏征死后，唐太宗顾念君臣关系，曾下令按一品官规格举行葬礼，却遭到魏征妻子反对，她说："征一生节俭，备厚葬非亡人之意。"结果，一代名相的葬礼，竟然仅以篷车载棺收埋而草草了事。其后还有宰相姚崇，临死前也曾特地遗嘱后人必须丧事从简。在遗书中，他叮嘱儿子说：

昔孔丘亚圣，母墓毁而不修；梁鸿至贤，父亡席卷而葬。昔杨震、赵咨、卢植、张奂，皆当代英达，通识古今，咸有遗言，属以薄葬。或濯衣时服，或单帛幅巾，知真魂去身，贵于速朽，子孙皆遵成命，迄今以为美谈。凡厚葬之家，例非明哲，或溺于流俗，不察幽明，咸以奢厚为忠孝，以俭薄为悭惜，至令亡者致戮尸暴骸之酷，存者陷不忠不孝之诮，可为痛哉！死者无知，自同粪土，何烦厚葬，使伤素业。若也有知，神不在柩，复何用违君父之令，破衣食之资。吾身亡后，可敛以常服，四时之衣，各一副而已。吾性甚不爱冠衣，必不得将入棺墓。紫衣玉带，足便于身，念尔等勿复违之。且神道恶奢，冥涂尚质，若违吾处分，使吾受戮于地下，于汝心安乎？"（《新唐书·姚崇传》）

除薄葬外，唐太宗在生活方面也厉禁奢靡，崇尚节俭。这是因为，太宗深明"夫圣世之君，存乎节俭。富贵广大，守之以约"的道理。据《贞观政要·俭约》记载，太宗本人曾患有"气疾"，公卿们曾多次规劝太宗应另外"营一阁以居之"，竟然被太宗屡次拒绝，理由正是"朕有气疾，岂宜下湿？若遂来请，靡费良多。惜汉文将起露台，而惜十家之产，朕德不逮于汉帝，而所费过之，岂为人父母之道也？"还有，太宗"今欲造一殿，材木已具，远想秦皇之事，遂不复作也。"为杜绝臣下奢侈浪费，太宗又明申"自王公以下，第宅、车服、婚嫁、丧葬，准品秩不合服用者，宜一切禁断"。

正是在唐太宗厉行俭约的言传身教之下，大唐群臣纷纷效尤，"岑文本为中书令，宅卑湿，无帷帐之饰"。"户部尚书戴胄卒"时，也是"其居宅弊陋，祭享无所"。"温彦博为尚书右仆射，家贫无正寝，及薨，殡于旁室"。一代名相魏征也是宅内"先无正室"，及患病，太宗省视病情之后，才命朝廷为之营造（《贞观政要·俭约》）。由此可知，太宗君臣上下尚俭去奢之风已渐成气候，这既为初唐廉洁政风的形成奠定了基础，又为"贞观之治"的盛世提供了保障。

类似唐太宗这样的贤明君主之所以如此厉行俭约以戒奢，其关键在于贞观君臣皆能明白"奢则伤廉"的道理。不仅太宗本人明白"夫圣世之君，存乎节俭。富贵广大，守之以约"的尚俭道理，且魏征这样的贤相也深知"戒奢"的意义。在流传至今的《贞观政要》一书中，曾记载了许多魏征关于戒廉的格言，如"居安思危，戒奢以俭"，"丧乱之源，由于骄奢"。在魏征看来，无论是御宇天下的一国之君，还是统领一方的顾命大臣，倘若他们"不念居安思危，戒奢以俭"，其危害性正犹如"斯以伐根而求木茂，塞源而欲流长也"。

在中国历史上最能深谙"奢则伤廉"之要意的，莫过于明代开国元君朱元璋。由于朱元璋出身下层贫苦农民，对元朝统治者的贪腐奢靡以亡国的教训感悟最深，因此，在他执政的一生中，始终心存戒奢崇俭之念力。据史书说，朱元璋得天下后，手下人曾将陈友谅的一张镂金床弄来敬献给他。朱元璋说："这张床与孟昶的七宝溺器有何区别？"于是，当场命人把床毁掉。这时，站在旁边的侍臣辩解说："未富而骄，未贵而侈，所以取败。"朱元璋听了立即严厉斥责道："就是富了又岂可骄？显贵了又岂可侈？有骄侈之心，虽富贵岂能保？处富贵者，一定要抑奢侈、弘俭约、戒嗜欲。即便这样，犹恐不足以慰民望，何况穷尽天下技巧，满足一人之享受乎？其致亡者宜矣。覆车之辙，不可蹈也。"正是看到了诸如"抑奢侈、弘俭约、戒嗜欲"对于一代廉洁政风的敦化，朱元璋当皇帝之后，不但将官员呈献的宝物悉数毁掉，就是他本人的正常衣食供应，也尽量节省。如浙江金华所产的香米，本是朱元璋最喜欢吃的，作为一国之君，他完全可以把这香米列为贡品，让金华年年上贡，但他担心地方官员趁机勒索小民，于是决定在御苑中辟出几十亩水田种香米，以资供食。又如太原产优质葡萄酒，自元朝起就列为贡品，朱元璋却挂念"民力维艰"，将它取消了。

朱元璋的戒奢之心不仅表现在个人的严于律己上，其对朝廷官员也同样苛刻。有一次，朱元璋在奉天门口，看到一名散骑舍人穿的衣服非常鲜丽，便问这名散骑舍人制作这套衣服的价钱，答曰五百贯。朱元璋听罢大怒，叱责说："农夫寒耕暑耘，早作夜息，蚕妇缲丝绩麻，缕积寸成，劳苦不堪，及登场下机，公私交相勒索，收入大半不能归己所有。长年含辛茹苦，食不果腹，衣不蔽体，你却对农桑辛苦一无所知，制一件衣服花五百贯钱，这是农民数口之家一年的花费。你如此骄奢，岂不是暴殄天物？"

在中国历史上，大凡像朱元璋这样的开国君主，皆能深谙"物力维艰"的道理，因此，出于居安思危之顾虑，他们大多能够戒奢以俭。一旦朝廷不奢侈，就会把维系国家机器运转的一切费用开支降到最低，这样老百姓就能得到实惠，其王朝也就国泰民安了。其中道理就在于"天下之财，不在官则在民"。可是，大明王朝这种太平日子并未长久，继朱元璋之后的皇帝由于逐渐懈怠了这种"戒奢以俭"的廉洁执政意识，取而代之的是一种"饱暖思淫欲"的享乐思想逐渐占据了上风。自明代永乐皇帝始，享乐的社会风气即开始出现苗头，自仁宗皇帝开始，一百多年间，其皇室与贵族集团的奢侈之风一个比一个厉害。这种奢侈的前提当然是得手中有钱，因此，皇室贵族为了维系自己享乐的必需品，不得不加大赋税的征收，如此一来，百姓自然不堪盘剥。官民对立由此日滋，其官逼民反的历史结局就只是时间问题了。

据可考史料记载，明朝末年吏治腐败，官吏豪绅横征暴敛，贵族争相霸占田地，以致"天灾流行，饥馑洊臻，政繁赋重"，最终引发了由李自成领导的农民起义。史载，李自成入京前夕，京城兵饷只能靠征妓银来维系。明代计六奇的《明季北略》曾如是披露了当时京城的窘境说："崇祯末年，北京人有只图今日、不过明朝之意。贫富贵贱，各自为心。每云：'流贼到门，我即开门请进。'不独私有其意，而且公有其言，已成崩解之势矣。"《明史·流贼》把当时明末的社会时局比喻成"一人之身，元气羸然，疽毒迸发，厥症固已甚危，而医则良否错进，剂则寒热互投，病入膏肓，而无可救，不亡何待哉"。一个朝代已政治腐败到这种地步，自然回天乏术了。故《明史》也说："庄烈非亡国之君，而当亡国之运，又乏救国之术。"本来，明代崇祯皇帝乃一时有为之君，可他面对明末吏治腐败、政治凋敝的一大烂摊子，只能欲哭无泪、爱莫能助了。无怪乎崇祯亦自哀叹说："朕非亡国之君，臣皆亡国之臣！"《明史·庄烈帝本纪》记载崇祯临终遗言说："帝崩于万岁山，王承恩从死。御书衣襟曰：'朕凉德藐躬，上干天咎，然皆诸臣误朕。朕死无面目见祖宗，自去冠冕，以发覆面。任贼分裂，无伤百姓一人。'"对于崇祯之死，李自成曾深为惋惜说："君非甚暗。"由此可知，明朝覆亡的根本原因在于吏治腐败而滋长的"政失民乱"，说白了，就是政失民心，"失民心者失天下"。相反，李自成义旗一举，而八方响应，应者云集，其原因正在于他的起义军顺应了民心，即及时地采纳了李岩"取天下以人心为本"的主张来"收天下心"，终于让这股起义军遂成燎原之势，最终把腐败黑暗的朱明王朝送进了历史坟墓。

四、自足：廉者自安

养廉之方，除已述的洁己、节俭与去奢等品行外，还有一个很重要的心态修持，这就是"自足"。俗言"知足常乐"，是说自足心与人生的快乐密不可分。中国古圣先贤留下了许多昭示后人"知足"的格言，如西汉刘向曾说："人当知足，独不念牛衣中流涕时耶？"西晋嵇康论述"知足"时，也说："清虚静泰，少私寡欲。旷然无忧患，寂然无思虑。"西方古希腊名言也说："知足是天然的财富，奢侈是人为的贫困。"而在这里，我们要探究的知足心，则是一类关涉个人心性修养的主题。

在中国历史上，最早关注"知足"重要性的思想家莫过于道家学派的老子，在其传世名著《道德经》里，老子除了向世俗统治者们提出"尚俭去奢"的治国之道外，还逐步引导他们去明白"知足不辱"（《老子·四十四章》）、"知足者富"（《老子·三十三章》）和"知足之足，常足矣"（《老子·四十六章》）的大道理。老子认为，出自人主贪欲而来的不知足，正是天下祸乱的根源——"祸莫大于不知足，咎莫大于欲得"。在老子看来，酿就这种"人主多欲，祸乱之源"的社会根基，乃在于居上之统治者的贪欲奢靡之风会招致其下黎民百姓的反抗，从而激化社会矛盾，引起政局不稳，社会动荡。对于这个社会矛盾的酝酿与激化过程，老子首先是提醒："民之饥，以其上食税之多，是以饥。"（《老子·七十五章》）继而是警告："民之轻死，以其上求生之厚，是必轻死。"（《老子·七十五章》）最后是哀叹："民不畏死，奈何以死惧之？"（《老子·七十四章》）因此，为了维系国家的安定和谐，老子告诫统治者首先应"去奢尚俭"，其次是"息心节欲"。"息心节欲"，说白了就是奉劝人们应"知足"，即所谓的"知足不辱"、"知足者富"和"知足之足，常足矣"。

道家老子这种关于"知足不辱"、"知足之足，常足矣"的生活智慧，给后人留下了许多人生借鉴。如唐代诗人杨炯在《泸州都督王湛神道碑》中有"叹疏广之知足，慕祁奚之请老"的语句。句中的"疏广"、"祁奚"就是中国历史上两位著名的官场"知足"楷模。

疏广之事载于《汉书·隽疏于薛平彭传》，疏广与其侄疏受同朝，官任太子太傅、少傅。等到皇太子年二十时，疏广对其侄疏受说："吾闻'知足不辱，知止不殆'，'功遂身退，天之道'也。今仕官至二千石，宦成名立，如此不去，惧有后悔，岂如父子相随出关，归老故乡，以寿命终，不亦善乎？"受叩头曰："从大人议。"即日父子俱移病。满三月赐告，广遂称笃，上疏乞骸骨。上以其年笃老，皆许之，加赐黄金二十斤，皇太子赠以五十斤。公卿大夫故人邑子设祖道，供张东都门外，送者车数百两，辞决而去。及道路观者皆曰："贤哉二大夫！"或叹息为之下泣。

上文意思是说，疏广对疏受说："我听说'知道满足不会受辱，懂得止步没有危险'，'功成名就主动引退，符合天道'。如今官做到二千石，官当成了，名声树立了，这样还不离职，恐怕要后悔的，还不如我们叔侄二人一起出关，告老还乡，寿终正寝，不也很好吗？"疏受磕头说："听从大人指教。"当日叔侄一起借口有病（请假）。满三个月皇帝准许续假回家治病，疏广就说病加重了，上书请求辞官退休。皇上考虑他们年纪很大了，全都准许退休，加赐黄金二十斤，皇太子赠送黄金五十斤。公卿大夫故友乡人设祖道（给他们饯行），在东都门外陈设帷帐，送他们的车数有几百辆，（疏广二人）告辞离去。道路两旁看到的人都说："这二位大人真贤德啊！"有的为他们叹息哭泣。

疏广这种"功成身退"的做法虽出自老子《道德经》"功成身退，天之道也"，但在行为上无疑也是受到过前贤如祁奚的启发。祁奚本是《春秋左传》中记载的历史人物，按《汉书》记载，疏广"少好学，明《春秋》"，据此应知，疏广应该通晓"祁奚请老"的典故。祁奚乃春秋时晋国贤大夫，出任中军尉一职。据《春秋》所记，他曾"历事晋景、厉、悼、平四世（前599年—前532年）"，是晋国元老，因此在国中声望很高。史载，祁奚年事已高，特向晋悼公请老回乡之时，悼公问谁可代中军尉一职，祁奚举荐解狐。悼公又问，解狐可是你的仇敌，祁奚道："君问可，非问臣之仇也。"解狐卒，祁奚又荐祁午。悼公问，祁午可是你的儿子，祁奚道："君问可，非问臣之子也。"这就是历史上著名的关于祁奚外举不避仇，内举不避亲的荐贤故事。史官在记述祁奚这段荐贤美事时，曾给予很高的评价说："祁奚于是能举善矣。称其仇，不为谄。立其子，不为比。举其偏，不为党。"

从上述"疏广知足"与"祁奚请老"的历史典故中可知，"功成身退"的知足心，乃是永葆为官者晚节福祉的一种谦让、淡定的心态。结合当前官场的"五九"现象来看，疏广和祁奚的知足心何尝不是一种人生之福呢！所谓"五九"现象，就是指部分在位官员在他们即将离任卸职之前，在一种"有权不用，过期作废"的心理驱使下，在其权力的最后有效期间大肆贪污受贿而终至锒铛入狱、晚节不保的现象。"五九"现象固然与我们当前人事制度有关，但更多的是与官员本人的不健康心态有关。目前，有研究者将造成这些"五九"现象的不健康心态划分为四个方面：一是"有权不用，过期作废"的过时心态；二是"人走茶凉，朝不保夕"的顾后心态；三是"付出太多，得到太少"的失衡心态；四是"劳苦功高，理应享受"的补偿心态。造成这四种不健康心态的根本原因，可归结于一种自我知足心的泯灭。从这个意义上说，这种发生在部分官员身上的"五九"现象，归根结底，乃是一种因贪欲惯性所引发的不知足。其实，关于老年戒贪的时年道德问题，儒家孔子早在两千多年前就明确论述过了，如在《论语·季氏》篇，孔子曾说："君子有三戒：少之时，血气未定，戒之在色；及其壮也，血气方刚，戒之在斗；及其老也，血气既衰，戒之在得。"此处所言的"及其老也，血气既衰，戒之在得"，就是孔子专为老年人提出的一种时年道德，"戒之在得"，是说老年人要"戒贪"，要学会知足。这个知足心的培养，可不是一个平常意义上的简单口头禅，它确实需要人们有一番心性涵养的陶冶功夫。因为，这种知足心正好与人天性中那种好利自私的贪欲心相互抵触，所以要做到知足，对一般人来说，可不是一件容易的事情。那么，作为个体的人如何在心性上切实修炼这种知足心呢？其要领大致有三：一是自甘清贫；二是自安其心；三是自谋其乐。

清贫，顾名思义，即是"清寒贫苦"。清寒贫苦虽谈不上是一种美德，但在关键时刻又不失为一种衡量世人美德的生活态度，古语"士穷见节义"、"家贫出孝子"就属此类。更何况，对于一个身居要职的官员来说，清贫有时甚至是一种信仰，一种正气或力量。如明代"救时宰相"于谦就是这样的典型人物。

于谦，字廷益，明朝中兴名臣，民族英雄。他一生居官三十五年，一直兢兢业业，不贪私利。早年曾发誓要将一世清白昭著人间，并著有《石灰吟》以明志，其诗说：

> 千锤万凿出深山，
> 烈火焚烧若等闲。
> 粉骨碎身浑不怕，
> 要留清白在人间。

事实证明，该诗正好是于谦一生为官的真实写照：不与世俗同流合污，坚持自己的清廉刚正，为国为民鞠躬尽瘁，死而后已。当时的明朝官场已是腐败丛生，贿赂公行。尤其是英宗即位后，太监王振把持朝政，勾结内外贪官污吏，擅作威福，大臣进京，必须馈送重金厚礼，否则后果难堪。然而于谦一身正气，决不随波逐流。他每次进京，只带随身行装。好心人怕他遭殃，劝说："你不带金银入京，也应带点土特产送一送啊！"他举起袖子笑笑说："我带有两袖清风！"于谦身居兵部尚书大任后，"口不言功"，"日夜分国忧，不问家产"，"所居仅蔽风雨"，常被"错认野人家"。他曾作诗形容他的床"小小绳床足不伸，多年蚊帐半生尘"。他遭诬陷被杀，抄家时，竟"家无余资"。抄家者见正屋紧闭，还上了锁，认为必是钱财藏其内，打开一看，原来都是皇帝赏赐的物品。

于谦死后，石亨的党羽陈汝言代任兵部尚书，不到一年，贪赃累计巨万，英宗召集大臣去看，变了脸色说："于谦在景泰受重用，死时没有剩余财产，陈汝言为什么那么多？"石亨低下头不能回答，天顺三年（1459年），石亨被关进监狱，第二年死在里面。天顺五年，曹吉祥因谋反，全族被处死，于谦的冤案也终于真相大白。

类似于谦的这种清贫精神在我党革命先烈方志敏身上也体现得淋漓尽致。

方志敏被捕时，两个国民党士兵满肚子热望能搜出一千或八百大洋发个意外之财，哪知从方志敏上身摸到下身，从衫领捏到袜底，"除了一只怀表和一支自来水笔之外，一个铜板都没有搜出"。"是不是要问我家里有多少财产？""有的有的，但不算多。去年暑天我穿的几套旧的汗褂裤，与几双缝上底的线袜……就算是我唯一的财产了。"[①]如此清贫的方志敏，却对中央苏区财政给予了极大的关心和支持。他说："中央苏区大，开支也大，经济来源有限，要尽可能地支援中央苏区。他每年都要向中央苏区上解大量资金，仅1933年1月就先后两次托人带给中央苏区金子350两。清贫廉洁的方志敏还对工作有着极高的热情，他从不搞特殊化，为我党同志塑造了一个完美的公仆形象。方志敏担任省苏维埃主席兼军区司令员，开会、办公、指挥作战，非常紧张。他很善于支配时间，上午做省府工作，下午做军区工作，晚上拿起电话听汇报和发指示，夜深了放下电话就写文章。他在百忙中，除了自己抓紧学习外，还在横峰县葛源枫树坞办了一个马列主义训练班，每天都去讲一两个小时课。他到各地巡视工作从来不准许招待，谁招待谁受批评。为了节约，他作报告、开会、讲话不喝茶，只喝白开水。他从不接受礼品，也不允许别人和红军部队、苏维埃机关接受任何礼品，这些都表现了方志敏一心为公、甘当公仆的高尚品格。

在现今流传史料中，最能体现方志敏清贫精神的，莫过于他被捕后在狱中写下的《清贫》一文。在《清贫》中，方志敏如此写道：

---

① 《方志敏文集》，人民出版社1985年版，第166页。

我从事革命斗争，已经十余年了。在这长期的奋斗中，我一向是过着朴素的生活，从没有奢侈过。经手的款项，总在数百万元，但为革命而筹集的金钱，是一点一滴的用之于革命事业的。这在有些人看来，颇似奇迹，或认为夸张；而矜持不苟，舍己为公，却是每个共产党员具备的美德。所以，如果有人问我身边有没有一些积蓄，那我可以告诉你一桩趣事。

就在我被俘的那一天——一个最不幸的日子，有两个兵士在树林中发现了我，而且猜到我是什么人的时候，他们满肚子热望在我身上搜出一千或八百大洋，或者搜出一些金镯金戒指一类的东西，发个意外之财。哪知道从我上身摸到下身，从袄领捏到袜底，除了一只怀表和一支自来水笔之外，一个铜板都没有搜出。他们于是激怒起来了猜疑我是把钱藏在哪里，不肯拿出来。他们之中有一个，左手拿着一个木柄榴弹，右手拉出榴弹中的引线，双脚拉开一步，做出要抛掷的姿势，用凶恶的眼光盯住我，威吓道：

"赶快将钱拿出来，不然就是一炸弹，把你炸死去！"

"哼！你不要做出那难看的样子来吧！我确实一个铜板都没有。想从我这里发洋财，是想错了。"我微笑着淡淡地说。

"你骗谁！像你这样当大官的人会没有钱！"拿榴弹的兵士坚决不相信。

"绝不会没有钱的，一定是藏在哪里，我是老出门的，骗不得我。"另一个兵士一面说，一面弓着背重来一次，将我的衣角裤裆过细地捏，总企望着有新的发现。

"你们要相信我的话，不要瞎忙吧！我不比你们国民党当官的，个个都有钱。我今天确实是一个铜板也没有。我们革命不是为着发财啦！"我再向他们解释。

等他们确知在我身上搜不出什么的时候，也就停手不搜了，又在我藏躲的地方低头注目搜寻了一圈，也毫无所获。他们是多么的失望呵！那个持弹欲放的士兵，也将拉着的引线仍旧塞进榴弹的木柄里，转过来抢夺我的表和水笔。然后彼此说定表和笔卖出钱来平分，才算无话。他们用怀疑而又惊异的目光，对我自上而下地望了几遍，就同声命令地说："走吧！"

是不是还要问问我家里有没有一些财产？请等一下，让我想一想，啊，记起来了，有的有的，但不算多。去年暑天我穿的几套旧的汗褂裤，与几双缝上底的线袜，已交给我的妻子放在深山坞里保藏——怕国军进攻时，被人抢了去，准备今年暑天拿出来再穿。那些就算是我唯一的财产了。但我说出那几件"传家宝"来，岂不要叫那些富翁们齿冷三天！

清贫、廉洁、朴素的生活，正是我们革命者能够战胜许多困难的地方！

于谦与方志敏身上这种甘于清贫的精神，不正好验证了清贫是一种信仰、正气和力量吗？

修炼自己的知足心，除了应有这种自甘清贫的精神外，还要自安其心，不为任何外界的威逼利诱所动，用孟子的话，就是须有一种"富贵不能淫，贫贱不能移，威武不能屈"的大丈夫气概。其实，如果把廉洁当成一种德行来理解的话，这个安廉守洁的心态就是一种自安其心的"知足"。因为，在中国古圣先贤看来，一种德行必须是身心合一的，才能够做到心安，所以孔子才有"仁者安仁"（《论语·里仁》）的说法。在孔子看来，一个仁者不管身处何时何地都能够矢志不渝地坚守仁道，甚至"杀身成仁"也在所不惜。对此，孔子的弟子子路曾有所困惑，如史载孔子厄于陈、蔡之间时，"绝粮，从者病，莫能兴。子路愠见曰：'君子亦有穷乎？'子曰：'君子固穷，小人穷斯滥矣！'"（《论语·卫灵公》）孔子意思是说，君子无论在何种人生境地中都能固守贫困，而小人一旦陷入困穷，就会变节妄为了。孔子这个"君子固穷"既道出了君子甘于清贫的精神，又点明了君子本性自足的那份淡定与超然。在儒家看来，一个有德的仁人君子本来就是自性自足的，故宋儒程颢说"仁者浑然与物同体"（《程氏遗书》），孔子说"君子无终食之间违仁。造次必于是，颠沛必于是"（《论语·里仁》）。这就是所谓的"有德者不移"，即有德之人不管在任何情况下都不会改变他的节操,援用郭店儒简《穷达以时》篇的话,这就是"穷达以时,德行一也",即一个人不管在贫穷忧戚还是富贵显达时,其美好的德行都是始终如一、不可改易的。具备这种德性的人,就是《周易》"乾卦"之《文言》所说的"不易乎世,不成乎名,遁世无闷,不见是而无闷,乐则行之,忧则违之,确乎其不可拔"的"潜龙"。在这里,"潜龙"之德必须是一种矢志不渝的恒德,能坚守这种恒德之关键乃在于心安,为此,就必须始终恪守儒家的慎独之道。

慎独,是儒家关于个体独处修养的一种道德方法,简而言之,是指人们在个人独自居处时,也能严于律己,谨言慎行,防止有违道德的欲念和行为发生,从而使道义时时刻刻伴随主体之身。晚清曾国藩平生素以修身为本,在其著名的"日课四条"——慎独、主敬、求仁、习劳中,他认为慎独是根本,是"体",其他三条则是枝叶,是"用"。其中关于"慎独",曾国藩主要从"心安"的角度来诠释。现录其原文如下:

一曰慎独则心安。自修之道,莫难于养心。心既知有善知有恶,而不能实用其力以为善去恶,则谓之自欺。方寸之自欺与否,盖他人所不及知,而己独知之。故《大学》之"诚意"章,两言"慎独"。果能好善如好好色,恶恶如恶恶臭,力去人欲,以存天理,则《大学》之所谓自慊,《中庸》之所谓戒慎恐惧,皆能切实行之。即曾子之所谓自反而缩,孟子之所谓仰不愧,俯不怍,所谓养心莫善于寡欲,皆不外乎是。

故能慎独,则内省不疚,故能对天地质鬼神断无行有不慊,于心则馁之时。人无以内愧之事,则天君泰然,此心常快足宽平,是人生第一自强之道,第一寻乐之方,守身之先务也。(《教子书》)

自古史书流传的恪守慎独之楷模,应莫过于东汉官员杨震"却金暮夜"之典故。据《后汉书·杨震传》记载:杨震曾四次调任荆州刺史、东莱太守。到郡上任的时候,路过昌邑,过去他曾推荐的荆州秀才王密正在做昌邑的县令。晚上，王密去拜见杨震，怀中揣了十斤金子，送给杨震。杨震说："我了解你，你不了解我，这是怎么回事呢？"王密说："这么晚了，没有人能知道这件事。"杨震说："天知道，神知道，我知道，你知道。怎么能说没人知道？"王密羞愧地退出去了。

按常理来看，在无第三者知情的"暮夜"，不正是心安理得收受贿赂的良机吗？可杨震却不这么认为，在他看来，人应该随时随地恪守慎独的美德，明白在"你知、我知"之上，还有"天知、神知"。用俗语来说，就是"若要人不知，除非己莫为"。反过来，一个人只有像杨震这样恪守慎独，才能"自安其心"。联系前述那些自陷于"五九"怪圈的晚节不保者，不正是在各种物欲、利益的诱惑下，无法"自安其心"吗？直面这些身陷"五九"怪圈的晚节不保者，其发人深思之处在于：他们"五九"之前何以能廉洁自保却无法善始善终呢？究其原因，除了恪守廉洁奉公的"自安其心"外，还应提升自我以做到"自谋其乐"。

中国古人在训练人之德行时，非常注重"乐"的重要性（如孔子有"知之者不如好之者，好之者不如乐之者"），并把"乐德"或"乐道"作为一种最高的德行境界。在谈到人之"成德"时，上世纪90年代出土的郭店儒简文献特别强调"德"须至于"乐"而后已的重要性，也就是说，人之习"德"必须达到"乐"的境界后方能谓之"成德"。如《五行》篇说的"不安则不乐，不乐则无德"或"不安不乐，不乐无德"，又说"唯有德者，然后能金声而玉振之"与"闻道而乐者，好德者也"。这种以"乐"论"德"的"德者，乐之成"，堪称郭店儒简之"德"论的一大特色。其实，郭店儒简这种重"乐"以成"德"的思想，其与孔子的"仁者安仁"（《论语·雍也》）的"乐道"精神境界及孟子的"仁言不如仁声之入人深也"（《孟子·尽心上》）的重"乐"思想也是一脉相承的，而这种重"乐"的理论成熟形态则是《礼记·乐记》。

那么，为何可以说：郭店儒简这种"德"须至于"乐"而后已的"不乐无德"观念，又当是对孔子"仁者安仁"之"乐道"思想的直接继承呢？援

引《论语》中关于这种"仁者安仁"的"乐道"记载有两处,一是关于弟子颜回的,一是关于孔子本人的,现列举如下:

子曰:"贤哉回也!一箪食,一瓢饮,在陋巷,人不堪其忧,回也不改其乐。贤哉回也!"(《论语·雍也》)

子曰:"饭疏食,饮水,曲肱而枕之,乐亦在其中矣。不义而富且贵,于我如浮云。"(《论语·述而》)

以上两处材料也是宋明新儒学探究"孔颜之乐"的文本出处。究其"孔颜之乐"的内在心理,则根源于人"形仁于内"后的那种自安与自足!故孔子又曰:"不仁者,不可以久处约,不可以长处乐。"(《论语·里仁》)只有那种"仁者安仁"或"求仁而得仁"的君子,才不仅会做到"长处乐"以"安仁"的"坦荡荡",而且还可以进到"君子固穷"而"无终食之间违仁"的精神境界。

正是由于儒家的修身学问中贯彻了这种"乐德"或"乐道"的真精神,所以,大凡中国历史上那些真正的廉吏清官,不仅能做到以洁明志,还能以廉为乐。然而,要成为这样一名合格廉吏,除了应有一番淡泊名利的人生情怀外,还必须对人生根本问题之生死观有一番通达洒脱的彻悟意识。在这方面,宋代苏东坡堪称中国历史上的典型代表。

在中国历史上,苏东坡不仅是一位多才的大文豪,也是一位伟大的思想家。他通过融合儒、道、佛三家思想于一身,从而形成了自己独特的人格精神,其性格正直、乐观豁达而超然。苏东坡一生际遇坎坷却始终屹立不倒,无论身居何处,都能随遇而安,自足自乐,自廉自安。总览苏东坡居官为政40年,先后多次进出朝廷,又长期在十多个地方担任行政长官,他不仅一生节俭,清廉为官,而且还身体力行了一系列廉洁从政、造福于民的政坛佳话。

苏东坡一生勤政为民,清正廉洁,政绩卓著,人称苏贤良。周纲《苏轼九章》曾这样评价苏轼说:"四十年,其爱民之深,忧民之切,凡所到之处,百姓无不爱戴感念,世代相继"。因此,苏东坡无论居官何处,始终是关心民生、造福百姓,这种为民请命的政治使命促使他甚至到了不计个人得失而甘冒任何政治风险的程度。在他所处的北宋政坛上,以王安石为代表的改革派和司马光为代表的保守派常常爆发针锋相对的政治斗争,而苏东坡却能游离于这场斗争之外而保持自己个体人格与政治立场的独立性。如在面对宰相王安石的激进改革时,苏轼敢于直言改革对百姓的危害,主张关心百姓生活,劝告皇帝优先富民。为了百姓,他竟敢说:"苛政猛于虎,如今全国已有二十万虎狼在横行了"。因反对这种改革,苏东坡被排挤出朝廷,但他仍坚持维护一方百姓权益,《宋元通鉴》记载:"时新法日下,轼于其间,每因法以便民,民赖以安"。到保守派司马光执政后,又执行全盘否定改革的政治路线,苏轼这时又站在百姓的角度,建议司马光吸收新法的合理部分,并因此又与司马光政治集团发生争执,于是再次被排挤出朝廷。由此可知,苏轼与两任宰相的矛盾并非个人恩怨,而都是为了百姓的利益。苏轼每离任一方,百姓都恋恋不舍,扶老携幼,自发送别,场面感人,苏轼坐船经过苏州时,岸上观者达万人。

　　苏东坡为政如此得民心,当然得益于他本人深谙为政当"以廉为首,在得民心"的道理。对于为官者应该廉洁从政的思想,苏东坡在其所著的《六事廉为本赋》中阐述得十分明确。先将其全文照录如下:

　　事有六者,本归一焉。各以廉而为首,盖尚德以求全。官继条分,虽等差而立制;吏功旌别,皆清慎以居先。器尔聚才,由吾先圣。人各有能,我官其任。人各有德,我目其行。是故分为六事,悉本廉而作程,用启庶官,俾厉节而为政。善者善立事,能者能制宜。或靖恭而不懈,或正直而不随。法则不失,辨别不疑。第其课分,事区别矣;举其要分,廉一贯之。蔽吏治之否臧,必旌美效;为民极之介洁,斯作丕基。所谓事者,各一人之攸能;所谓贤者,通聚贤之咸暨。拟之纲罟,先纲而后目;况之布帛,先经而后纬。于冢宰处八法之末，厥执既分；在西京同大孝之科，於斯为贵。乃知功废于贪，行成于廉。苟务渎货，都忘属厌。若是则善与能者为汙而为滥，恭且正者为诐而为恰。法焉不能守节，辨为不能明贤。故圣人恶彼改官，虽百能而莫赎；上兹洁行，在六计以相兼。此盖周公差次之，小宰分掌者。考课则以是黜陟，大比则以为用捨。彼六条四曰洁，晋法有所亏焉；四善二为清，唐制未之得也。曷日独摽兹道，分贯其余？始於善而迄辨，皆以廉而为初。念厥德之至贵，故他功之莫如。譬夫五事冠於周家，闻之诗雅；九畴统之皇极，载自箕书。噫，绩效皆烦，清名至美。故先责其立操，然后褒其善理。是以古者之治，必简而明，其术由此。

在这篇《六事廉为本赋》中，苏东坡主要从三个方面阐述了为政清廉的道理：一是"以廉而为首"。苏东坡认为，在六事当中，保持清正廉洁是第一位。二是"举其要兮，廉一贯之"。也就是说，应该把廉洁自律贯彻到居官从政的整个过程之中，要一以贯之，而不要半途而废。三是"功废于贪，行成于廉"。显然，这个观点是苏东坡总结了历代从政者的经验教训。

当然，在北宋政坛复杂的政治斗争中，苏东坡这样一意孤行地奉行廉政为民且"廉一贯之"的做法，其个人得失上肯定是要付出一番沉重代价的。由于反对王安石新政对百姓利益的损害，苏东坡自然不容于朝廷当权派的激进改革势力，于是他自求外放，调任杭州通判。在杭州待了三年，任期满后，即先后被调往密州（今山东诸城）、徐州、湖州等地，任知州县令。期间，虽然也政绩显赫，深得民心，却又不幸卷入"乌台诗案"而蒙受了103天的牢狱之灾。出狱后即被降职为黄州（今湖北黄冈市）团练副使。宋神宗元丰七年（公元1084年）奉诏赴汝州就任。因途中遭受丧子之痛，苏轼便上书朝廷，请求暂时不去汝州，先到常州居住。年幼的宋哲宗即位，高太后听政，以王安石为首的新党被打压，司马光重新被启用为相。苏轼复为朝奉郎知登州（今山东蓬莱）。四个月后，以礼部郎中被召还朝。在朝半月，升起居舍人，三个月后，升中书舍人，不久又升翰林学士知制诰（为皇帝起草诏书的秘书，三品），知礼部贡举。可是，由于他敢于对旧党执政后暴露出的腐败现象进行抨击，自然，他又不能见容于当权的保守势力，于是又遭诬告陷害而再度请求外调。至此，它又重新回到了阔别16年的杭州当太守。这次，苏东坡在杭州本来过得很惬意，曾自比唐代的白居易。但元祐六年（公元1091年），他又被召回朝。不久因为政见不合，外放颍州。元祐八年（公元1093年），高太后去世，哲宗理朝，新党再度执政，次年6月，贬为宁远军节度副使，再次被贬至惠阳（今广东惠州市）。1097年，苏轼又被贬至更远的海南。据说在宋朝，放逐海南是仅比满门抄斩罪轻一等的处罚。后徽宗即位，调廉州安置、舒州团练副使、永州安置。1101年（元符三年）大赦，复任朝奉郎，北归途中，于1101年8月24日（建中靖国元年七月二十八日）卒于常州（今属江苏）。葬于汝州郏城县（今河南郏县），时年64岁，御赐号文忠（公）。

尽管一生清正廉洁、勇于为民请命而颠沛流离，但苏东坡却并未被这些坎坷遭遇所击倒、压垮，相反，他深受佛家"平常心是道"的启发，始终能够适时地调整心态，不仅为自己坚持的清廉节操而问心无愧，而且，还能面对自己的坎坷遭遇随遇而安。如在杭州时，他曾全身心地纵情于山水，写下了《饮湖上初晴后雨》的诗篇。贬任黄州时，虽曾一度心灰意冷，但仍通过文学寄托，留下了《前赤壁赋》、《后赤壁赋》和《念奴娇·赤壁怀古》等千古佳作。其时，为了补贴家用，他带领家人开垦城东的坡地以耕种，其"东坡居士"的美名别号也因此流传于世。即使在贬至偏远蛮荒的海南时，他仍然持有一份积极的心态："九死蛮荒吾不悔，兹游奇绝慰平生"，并写下了脍炙人口的"日啖荔枝三百颗，不辞长做岭南人"的千古诗篇。

苏东坡之所以能直面宦海沉浮而安之若素，当然是离不开其内心一贯坚持的个人节操与居官信念。对此，后人往往是通过其所著的《后杞菊赋》一文来洞悉苏东坡的个人节操与信念，其文如下：

天随生自言常食杞菊。及夏五月,枝叶老硬,气味苦涩,犹食不已。因作赋以自广。始余尝疑之,以为士不遇,穷约日益贫。衣食之奉,殆不如昔者。及移守胶西,意且一饱。而斋厨索然,不堪其忧。日与通守刘君廷式循古城废圃求杞菊食之。扪腹而笑。然后知天随生之言可信不谬。作《后杞菊赋》以自嘲,且解之云。

"吁嗟先生,谁使汝坐堂而皇之上称太守?前宾客之造请,后掾属之趋走。朝衙达午,夕坐过酉。曾杯酒之不设,揽草木以诳口。对案颦蹙,举箸嗫呕。昔阴将军设麦饭与葱叶,井丹推去而不嗅。怪先生之眷眷,岂故山之无有?"

先生听然而笑曰:"人生一世,如屈伸肘。何者为贫?何者为富?何者为美?何者为陋?或糠核而瓠肥,或粱肉而墨瘦。何候方丈,庾郎三九。较丰约于梦寐,卒同归于一朽。吾方以杞为粮,以菊为糗。春食苗,夏食叶,秋食花实而冬食根,庶几乎西河南阳之寿。"

在上文中,苏东坡通过其了悟贫富与达观生死的人生超然态度来寄寓他的人生节操与信念:首先,在苏东坡看来,"人生一世,如屈伸肘"。意思说,人的一生几十年,就像人的手肘一伸一屈那么快。既然人生如此短暂,所以也就没有必要去刻意地追求过分的荣华富贵。第二,是苏东坡关于贫富的看法。何为贫富呢?"卒同归于一朽"。其意思是说,不管贫者、富者,他们最终结果都是一样的,即都要走向死亡,因此,人就没有必要去过分追求富裕而贪腐。

另外,在苏东坡修身养廉中还有著名的"三养"说:即安分以养福,宽胃以养气,省费以养财。从这"三养"之道中,我们深深地体味到苏东坡那种修身养廉以自足自安的人生真谛。

第五章

开新篇：廉政建设的新思路

在本书前面几个章节中，我们已就"廉洁"的道德内涵、古代廉政史鉴以及历代古圣先贤们的养廉之方进行了一番历史的漫游，其目的在于"观古以鉴今"，即认识过去是为了更好地了解现在和把握未来。因此，在接下来的篇章里，我们将本着"古为今用"的原则，以期从前人关于廉洁的浩瀚史料中发掘出某些能对当今廉政建设有益的新思路与新方法。

众所周知，廉政建设既是古代政治的永恒话题，也是现代民主政治的核心纲领。从这个意义上来说，廉洁的话题可谓既古老又常青。说它古老，是因为从古至今，任何英明的政治家无不关注廉洁政治；说它常青，又因为古今中外的政治家在对待如何建设廉洁政府的问题上，往往

"仁者见仁、智者见智"。其众说纷纭的焦点大致集中在如下两大主题：一是文化与制度的关系问题，二是法律与道德的关系问题。

围绕文化与制度的关系问题，近代以来一直存在着两派"决定论"的学术观点：即"文化决定论"与"制度决定论"。文化决定论认为，文化决定制度，有什么样的文化就会产生什么样的制度；制度决定论则认为，制度决定着文化，有什么样的制度就会衍生与该制度相适应的文化。这两派理论在如何建设廉洁政府的构想上也有着相应的表现思路：文化决定论者认为，廉政建设应该先从廉政文化抓起，文化是制度之母。只有牢牢立足于本土廉政文化的廉政制度，才真正适合本国国情。否则，就只能是空中楼阁。他们认为，在制度建设方面中国不适合搞西方社会的"三权分立"，因为"三权分立"制度是建立在以西方文化主要是以基督教为主体的文化背景之上的。同样地，制度决定论者则认为，廉政建设应先从构筑良好的廉政制度入手，一种良好的廉政制度可以有效地防止腐败，从而达到高效廉洁的行政目的。

其实，关于这种制度与文化的关系问题，我们还可以通过近代中国知识精英们向西方学习与寻求真理的心路历程来展现问题的真正症结。如梁漱溟在《东西文化及其哲学》一书中深入剖析了中国近代化的心路历程，他说，洋务运动失败后，"大家又逐渐意识到政治制度上面，以为西方化之所以西方化，不单在办实业、兴学校，而在西洋的立宪制度、代议制度。于是大家又群趋于政治制度一方面，所以有立宪论和革命论两派。后来的结果，立宪论的主张逐渐实现；而革命论的主张也在辛亥年成功……但这种改革的结果，西方的西洋政治实际上仍不能在中国实现，虽然革命有十年之久，而因为中国人不会运用，所以这种政治制度始终没有安设在中国。于是大家乃有更进一步的觉悟，以为政治的改革仍是枝叶，还有更根本的东西在后头。假使不从更根本的地方做起，则所有做法都不中用，乃至所有西洋文化，都不能领受接纳的。此种觉悟的时期很难清晰划分出来，而稍微显著一点，不能不算《新青年》陈独秀他们几位先生。他们认为要想将种种枝叶抛开，直截了当去求最后的根本。所谓根本就是整个的西方文化——是整个文化不相同的问题。如果单采用此种政治制度是不成功的，须根本的通盘换过才行，而最根本的就是伦理思想——人生哲学——所以陈先生在《吾人之最后觉悟》一文中以为种种改革通用不着，现在觉得最根本的在伦理思想。对此种根本所在不能改革，则所有改革皆无效用。到这时才发现了西方的根本所在，中国不单火炮、铁甲、声、光、化、电、政治制度不及西方，乃至道德都不对的！这是两方问题接触最后不能不问到的一点，我们也不能不叹服陈先生头脑的明利！……这时候因为有此种觉悟，大家提倡此时最应做的莫过于思想之改革——文化运动。经他们几位提倡了四五年，将风气开辟，于是大家都以为现在最要紧的是思想之改革——文化运动——不是政治的问题。"①

显然，按照梁先生这番历史总结来理解，文化无疑是制度的基础。因此，在我们看来，要重估新时期的廉政建设，我们首先不能为这种学界的理论争执所拘泥，而应该超越争执，开辟出一条制度反腐与文化防腐相结合的新思路。

法律与道德的关系问题，在当今学界似乎早已有了众所周知的结论：即法律和道德既有区别，又有联系。②其联系主要表现在：

（1）两者在起源和发展上有某些共同点。道德和法律起源于风俗习惯。19世纪美国民族学家摩尔根在其著的《古代社会》一书中指出：当文明开始以后，希腊人、罗马人以及希伯来人的最初法律，只不过将体现于习惯和风俗中的他们前代经验的结果变为法律的立法而已。这一点，恩格斯也作了这样的揭示："在社会发展某个很早的阶段，产生了这样一种需要：把每天重复着的生产、分配和交换产品的行为用同一个规则概括起来，设法使个人服从生产和交换的一般条件。这个规则首先表现为习惯，后来变成了法律。"③

（2）两者在内容上相互包含。法律中包含有道德，道德规范中也具有法律内容。比如，在我国魏晋隋唐的法典中，除律格正文外，还附有所谓

---

① 《中国现代学术经典·梁漱溟卷》，刘梦溪主编，河北教育出版社1996年版，第15—16页。
② 参见《新伦理学教程》，魏英敏主编，北京大学出版社1993年版，第217—218页。
③ 《马克思恩格斯全集》第18卷，第309页。

"十罪"（魏晋）或"十恶"（隋唐）的条目，其中的"敬"、"孝"、"睦"、"义"，就属于道德行为规范。

（3）两者在社会作用上相互凭借。道德为法律的施行鸣锣开道，法律则成为道德的坚强后盾和保障。从历史来看，不论哪一个统治阶级，都总是一方面借助本阶级的道德来为他们的法律规范及其实施进行辩护，另一方面，又借助本阶级的法律来维护和推行他们的道德规范。法律与道德不仅互相凭借，而且他们的社会作用相同，都是统治阶级维护社会秩序的手段，所谓"礼者禁于将然之前，法者禁于已然之后"。这里的"礼"是就道德而言，"法"即我们通常意义上的法律。

把法律和道德的这种既分又合的内在错综关系移植到当前的廉政建设上来，我们应该采取法律与道德并重的方针：既要从法律上严肃反腐立法，又要在道德上大力加强各级官员的官德修养。

下面，我们将沿着这种文化与制度相结合、法律与道德并重的新思路来探讨当前廉政建设的新构想。

一、健全廉政文化

"文化"、"文明"二词，皆是近代以来从西方移译而来的。本来，二者语义有别，但现在多被世人混用。国学大师钱穆先生认为"文明、文化，皆指人类群体生活言。文明偏在外，属物质方面；文化偏在内，属精神方面。故文明可以向外传播与接受，文化则必由其群体内部精神累积而产生"。①

按钱穆先生的观点，文化乃是偏重人类内在心灵的一种精神表征。倘若从这个意义上来理解我们所要探究的"廉政文化"，就是应该倡导人们把廉政当成是一种内在的精神气质来培养，并力求在全社会树立起一种"廉则荣，贪则耻"的廉耻文化。当然，对于这种廉耻文化的培植，首先应该尝试从中国传统文化里发掘一些能够"古为今用"的思想资源，然后再附带地借鉴一些当前海外各国关于廉政文化建设的新思路、新方法。

在论及中国传统廉政文化资源的时候，理所当然地离不开传统儒家了，这是因为，在整个中国历史上长期占据着主流地位的就是儒家文化。可是，一旦提到儒家文化对廉政建设的意义时，某些熏习过近代西方文化的人士往往颇有微词。在他们看来，儒家文化乃是一种亲情文化，这种亲情文化不仅对我们当前的廉政建设无益，反而会导致徇私枉法的腐败现象。对此，好事者甚至还会举证儒家经典的两处文献，一则是《论语·子路》所载：

---

① 钱穆：《中国文化导论》，商务印书馆1994年版，第1页。

叶公语孔子曰："吾党有直躬者,其父攘羊,而子证之。"孔子曰:"吾党之直者异于是。父为子隐,子为父隐,直在其中矣。"

上述材料正是当前备受垢议的针对儒家"亲亲相隐"原则的原始出处。另一处乃是《孟子》中所载的一桩案例:

桃应问曰:"舜为天子,皋陶为士,瞽瞍杀人,则如之何?"
孟子曰:"执之而已矣。"
"然则舜不禁与?"
曰:"夫舜恶得而禁之?夫有所受之也。"
"然则舜如之何?"
曰:"舜视弃天下犹弃敝蹝也。窃负而逃,遵海滨而处,终身欣然,乐而忘天下。"

这则案例,很容易让好事者当成是贵为天子的舜公然徇私枉法的铁证。殊不知,此则案例旨在说明由"仁"、"义"矛盾所引发的道德和法律的冲突,这是一种特殊情境中的人伦个案。在这个情理冲突的人伦境遇中,考虑到"舜为天子"的职责,孟子认为在处理瞽瞍杀人一事时,舜首先应从"门外之治"的"义"(在此,"义"已表现为"法")出发,先命有司皋陶"执之"。只有这样,方才贯彻了"门外之治义斩恩"的原则。但同时,舜又与普通人一样充当着"人子"的人伦角色。因此,孟子认为,舜在恪尽了天子之职后,接下来,他应从其"人子"的角色出发,再须另行人伦之"情"的"仁",即抛弃天下如敝蹝,劫狱窃父而隐,"乐而忘天下"。这才可谓同时兼顾了"门内之治恩掩义"的原则。上述案例的解决,表面上看,孟子好像是持一种先"义"后"仁"的主张,但实际上贯彻的却是儒家在对待"仁"、"义"冲突困境时所秉持的那种大"仁"小"义"立场。

正是因为儒家道破了这层"亲亲相隐"的人伦之情,所以,为了避免这种由"亲亲相隐"而引发的司法不公，历代司法实践中均采取了"亲亲"回避的原则和异地为官的做法。因此，从这一角度来看，任何一种文化都包含着不同人们各自所需的价值取向，正是基于人们对其各自本土文化价值取舍的历史选择过程中，才产生了所谓的利弊问题。就拿我们中国儒家的孝道文化来说，历史上流传的"稷母责金"典故可看做是由孝道引申的廉政文化。故事讲述的是，战国时期，齐国有个叫田稷的人，他在齐宣王手里拜了相。有一次，他接受了下属的行贿，"受吏金百镒"。由于田稷是一个出名的孝子，他立即将收来的礼金拿去孝敬他的母亲。当其母亲问及这些金子的来历时，田稷就如实回答说是从下属官吏那里得来的。于是，其母亲当即就很严厉地责备田稷说："国家设官以待子，厚禄以养子。子不能廉洁公正，以奉君命，非吾子也。"意思是说，国家设有官爵来待你，用很厚的俸禄来养你，你却不能公正廉洁地为官来报效君主，你就不配做我的儿子。结果，田稷出于对母亲的孝顺，很惭愧地接受了母亲的批评，并立即向下属悉数归还了礼金，还亲自到齐宣王那里去请罪。齐宣王"高其母之行，使复为相"。而在另外一些情形中，有些官员恰恰正是为了满足自己对父母尽孝的人伦义务，为了让父母过上较优裕的物质生活，竟然不惜以沦作贪官的代价来尽孝。结果，一旦东窗事发，不仅害了自己，也害了父母。由此可见，作为孝子，沐浴着同样的孝道文化，它既可以培养廉洁的清官，也可能滋生出贪官污吏，但我们决不可因这种孝道文化有助长污吏之人情文化因子的可能，就完全否认它对现代廉政文化建设的积极性作用。对此，我们对文化涵义的理解，应该还有更深入的认识，这就是：文化，它不仅是一种偏重人们内在心灵的精神表征，同时它还包含着一种理性化的价值导向。从这个意义上来说，文化即是理性化，就是以理性来处理任何事，从理性中产生的，即谓之文化。至于这种理性化的文化所包含的价值导向，当然不外乎真、善、美三大概念。关于文化本身兼具的"真"、"善"、"美"价值，贺麟先生是这样认识的，他说：

  文化包括三大概念：第一是"真"，第二是"美"，第三是"善"。文化要以真理来感化、来影响。就名词上的意义来说，文化是真理所产生，所以文化是真理化，但真理是从学术上研究而得的，例如哲学、科学等等都是构成文化的因素，也可以说是学术化；所谓"美"，就是艺术化，使欣赏的人有美感，受陶冶；所谓"善"，即是道德化。总体说来，真善美即是真理化、艺术化、道德化，而由于系高尚的情感、坚强的意志和正确的理智所产生，可以说即是精神化——精神文明。①

基于贺麟先生对"文化"概念的理解，我们同样也应该把当前的廉政文化当做新时代精神文明的核心任务来对待，并认真把握好其廉政文化之"真"、"善"、"美"的合理内核来进行真理化、艺术化和道德化的宣传与弘扬。

（1）廉政文化的真理化，就是应该将"廉政为民"作为一种正确的人生观对广大干部进行教育与宣传。人生观，就是人们对人生意义的根本态度和看法。如司马迁在《史记》中曾经列举不同人对人生意义的认识是不一样的，因而人们各自人生的价值取向也就是多元的，这就是"贪夫徇财，烈士徇名，夸者死权，众庶冯生"（《史记·伯夷列传》）。人生在世，志向各异，追求"财"（金钱）、"名"（名节）、"权"（权力）、"生"（生命）之不同的人生价值，这本来也无可厚非，如孔子曾说："富与贵，是人之所欲也。"（《论语·里仁》）但是孔子又特别强调，人们获取"富与贵"的途径也必须诉诸正当的手段，相反，若一味为了权力而尔虞我诈、为了金钱而坑蒙拐骗，这种"富贵"不仅不值得提倡，反而还是君子深以为耻的，所以孔子又言："不义而富且贵，于我如浮云。"（《论语·述而》）

对于我们广大干部与政府官员来说，树立正确的人生观就是要深入理解"执政为民、清白为官"的理念。其实，考诸历史上众多因贪腐而落马的不法官员，其根本原因在于他们不正确的人生价值观，这就是他们多数人把做官当成是一种生财之道。在这种错误人生观的支配下，其从事权钱交易的贪腐行为也就理所当然了。对于这种沉迷于官场一味敛财的追腥逐臭之徒，私

---

① 贺麟：《文化与人生》，商务印书馆1996年版，第280页。

欲已腐蚀了他们的灵魂，即俗语说的"利令智昏"了。对于这些贪得无厌之徒，任何要求他们"拒腐蚀，永不沾"之类的廉洁教育都无异于痴人说梦，"执政为民"对他们来说，也仅是一句托辞而已。所以，树立干部的正确人生观宜早不宜迟，这样才能真正地起到防贪于未然的效果。

"执政为民"，表面上看来，就是要求广大干部恪尽职守，坚持为人民服务的宗旨。其实质，则是要求干部们在执政时应公私分明，不要以权谋私或损公肥己。古人言，"政在去私。私不去则公道亡，公道亡则礼教无所立"（傅玄：《傅子·问政》），"为政之道，曰公与清"（李邦献：《省心杂言》），这些皆是居官在位者的至理名言。同时，要在民众中树立威信，也必须要求干部从"廉"与"公"做起，正如清代张聪贤《官箴》所言："吏不畏我严而畏我廉，民不服我能而服我公。廉则吏不敢欺，公则民不敢慢。公生明，廉生威。"清朝乾隆中期的宰相刘统勋就堪称是这样一位公正廉明的清官。史载，刘统勋当宰相时，"尝有世家子任楚抚，岁暮，馈千金。刘呼其仆人，正色告之曰：'汝主以世谊通问候，名甚正。余承乏政府，尚不需此。汝可归告汝主，留赠故旧之贫窭者。'"坚决予以回绝。还有一回，"有赀郎昏夜叩门，拒不见。翌晨至政事堂，呼之至，责之曰：'昏夜叩门，贤者不为。如有何禀告，可众前言之。虽老夫过失，亦可箴规。'其人嗫嗫而归"。由于刘统勋一生素俭，从不临财苟得，所以他才敢于不遗余力地向贪官污吏们开刀。在任期间，他曾先后对广东粮驿道明福违禁折收钱财，对云南总督恒文、巡抚郭一裕假上贡压属吏贱值示金，对山西布政使蒋洲压属吏补亏帑银，对陕西西安将军都赉侵吞粮饷，对归化城将军保德等侵吞帑银，对苏州布政使苏崇阿误论书吏侵吞帑银，对江西巡抚阿思哈收受贿赂，都能严加惩罚，一一按律论处。正由于刘统勋身正行直，居官公廉不贪，才对他所惩办的贪官污吏们造成了威慑，该杀者杀，该罚者罚，公私分明，毫不容情。①

---

① 参见《戒贪立廉史鉴》，包恒新著，华龄出版社2007年版，第117—118页。

"清白为官",就是要求广大干部做到"临财勿苟得",把做人的清白看得比钱财更重要,曾国藩"八本堂"之一的"居官以不要钱为本"的道理正在于此。在当今物欲横流的商品社会,面对送上门来的金钱诱惑,能一辈子慎始如初,拒纳禁献而不愿苟得的,也确实难能可贵。一般来说,能做到这一点的官吏,必定是终身克勤克俭的清正廉明官员。这些皆可归因于他们能矢志不渝地恪守"清白为官"的正确人生观。所以,古往今来的开明君主和那些清正廉明的官员,无不视贿赂为祸国之源,进而极力倡导"临财勿苟得"的清白风尚。如南北朝时徐勉曾对人说:"人遗子孙以财,我遗子孙以清白。"在他看来,"遗子孙以清白"要比留给子孙钱财更为宝贵。

(2)廉政文化的艺术化,就是应该将那些历史上或现实中的清官廉吏的典型人物通过适当的艺术加工来进行各种形式的媒体宣传。建设廉政文化,自然离不开对廉政人物的颂扬与传播,这是因为,廉政文化所倡导的无非是一种精神,即那些在历史上始终坚守清正廉明、刚直不阿之廉洁人物的精神。从这个意义上说,廉政文化就是通过历史上那些廉吏身上的一股股廉洁精神展现出来的。例如包拯和海瑞就属这种廉洁精神的代表人物。

包拯(999年—1062年),字希仁,庐州合肥县东乡(今安徽合肥市肥东县解集乡)包村人。本是北宋时的一名大臣,但他为官清廉的美名却在时隔千年后的今天仍然稳驻人心,以至于人们提到他时,都敬称他为"包公"、"包青天"。"包青天"一词还约定俗成地成为后世百姓心目中清官的代名词。在民间一些地方,甚至还有把包拯进行塑像以立庙纪念的风俗。后世百姓这种自发地将其奉若神明的做法,除了包拯一生被众口相传的廉洁事迹之外,当然还与他身上所体现的那些公正无私、执法如山、一身正气的廉政精神紧密相关。史载,"包公"为官20年,宋仁宗时曾位居宰相,但他却一直严于律己,清正廉明,一生十分注重砥砺名节。

《孝肃遗事》有这么一段关于包拯的记载：包拯曾知端州（今广东肇庆市），此地盛产用端溪石精研而成的砚台——端砚。端砚自唐代以来就颇负盛名，早有"端州石砚人间重"的诗句流传于世。到宋代，端砚已成朝廷贡品，更加名贵。所以，历任知州都要在完成贡品定额外，另行强令砚工生产出比定额多数十倍的端砚，或贪污勒索，中饱私囊；或用以赠送朝中权贵，博取仕进。包拯上任后，一扫前人额外多征贡砚之陋习，命砚工按照进贡实数制作交纳，深受百姓欢迎。包公离任后，当地砚工精制一方好砚要赠送给他，被他婉言谢绝。因此包拯在端州一年之久，虽其酷爱书法，但至岁满离任时仍然是"不持一砚归"。包拯的廉明事迹在《五朝名臣言行录》中也有记载。包拯这种官任一方，离任时连一件作为纪念品的砚台也拒收的行为，不但与他同时期的前任官员判若泾渭，而且对今天的为官者，也具有醒世作用。

包拯一生都在反腐倡廉，他对官场徇私舞弊的贪污现象深恶痛绝。他一生为官廉明的精神，曾有两件典型事例可证：一是他曾给宋仁宗上过一道《乞不用赃吏》的奏疏。在奏疏中，他说："廉者，民之表也；贪者，民之贼也。"这话可能已成为后代为官者不经意间的口头禅，可事实上他们中不少是道貌岸然外廉内贪的伪廉之徒，而包拯却能说到做到，并毕生都在身体力行。二是包拯病危时，考虑自己为官清白一世，他觉得对包氏后人应该有个交代，于是给家人留下这样的遗训："后世子孙仕宦有犯赃滥者，不得放归本家，亡殁之后，不得葬入大茔之中。不从吾志，非吾子孙。"临终前，他还再三要求将这条遗训刻在石头上，竖砌在堂屋东壁，"以昭后世"（《包拯集·遗训》）。

包拯为官清廉的精神之所以能代代相传，当然是有其原因的：一是历代文学作品对包拯这种"包青天"精神的艺术加工与传播；二是后人通过塑像与立庙形式纪念，如合肥包公祠里，至今还保存有一副对联："一水绕荒祠，此地真无关节到；停车肃遗像，几人得并姓名尊。"该对联对包拯来说，非溢美之辞，而是恰如其分的写实式概括。

海瑞（1514年—1587年），字汝贤，海南琼山县人。海瑞一生经历了明代正德、嘉靖、隆庆、万历四个皇帝，可谓书写了一部明代的清官史略。据说，海瑞又别号刚峰，取此名号之意是立志终身要刚正不阿。为了配得上这一名号，海瑞可算是亲身躬行了一辈子。关于海瑞刚正不阿的最典型例子，则是著名的"直言天下第一事疏"事件。该事件发生在嘉靖四十三年（1564年）阳历十一月，海瑞时任云南户部主事。在奏疏中，海瑞直言嘉靖皇帝是一个虚荣、残忍、自私、多疑和愚蠢的皇帝，举凡官吏贪污、役重赋多、宫廷的无限浪费和各地的盗匪滋炽，皇帝本人都应该直接负责。现在皇帝天天和方士混在一起，但上天毕竟不会说话，长生也不可求致，这些迷信统统不过是"系风捕影"。奏疏中最具刺激性的一句话是"盖天下之人不直陛下久矣"，就是说，普天下的官员百姓，很久以来就认为你这个皇帝是不正确了。奏疏中，海瑞的措辞虽然极为尖辣，但又谨守着人臣的本分。他认为，皇帝只要"幡然醒悟"，由乱至治，也不过是"一振作间而已"。历史学家黄仁宇在《万历十五年》一书中，对海瑞的奏疏有过这样一番评论："这样的奏疏确乎是史无前例的。往常臣下向皇帝诤谏，只是批评一种或几种政策或措施，这种指斥皇帝的性格和否定他所做的一切，等于说他这几十年的天子生涯完全是尸位素餐，而且连为人夫及人父的责任也没有尽到，其唐突之处，古今罕见。"[①]据说，嘉靖皇帝读罢奏疏，其震怒难以言表，他当场就把奏折往地上一摔，大叫："快抓住这个人，不要让他跑啦！"旁边一个宦官为了平息皇帝的怒气，就不慌不忙地跪奏道："万岁不必动怒。这个人向来就有痴名，听说他已自知必死无疑，所以他在递上奏本以前就买好一口棺材，召集家里人诀别，仆从已经吓得纷纷逃散。这个人是不会逃跑的。"嘉靖听完，长叹一声，又从地上捡起该奏本一读再读。不过嘉靖终究还是原谅了海瑞，尽管锦衣卫已将海瑞下狱。两年后，嘉靖皇帝临终前还特地留下遗诏，释放海瑞，并

---

① 黄仁宇：《万历十五年》，中华书局1982年版，第138—139页。

官复原职。由此可知,海瑞的清官名声乃在于他浑身焕发着一种冒死争谏的刚直不阿精神。当然,海瑞本人也是一名难得的清官。

史载,海瑞对自己要求极严,生活极清苦。他在任御史和应天巡抚时期,为拒绝别人送礼,特地发出了《禁馈送告示》。他明确给自己规定一条,如果他自己不为公为民而滥支乱用府库钱粮,则各州县可以鸣鼓攻之,自己绝不自赦。平时,海瑞是"清苦之行,举朝不能堪,亦举朝不能及"。去世后家无余资,仅薄田数亩。而且,海瑞为官时还与百姓关系极好。在南京任职期间,乡民过其府第,都要进去看看他。万历十五年(1587年),海瑞在南京去世。发丧之日,南京市民老幼相携,焚香送殡,"号泣如丧考妣,倾城皆至舟次,罢市数日。"时人对海瑞的为官评价说:"海刚峰不怕死,不要钱,不吐刚茹柔,真是铮铮一汉子。"其堪称中国古代典型清官形象之一。与包拯一样,海瑞也被后人借助于各种艺术形式而改编成了百姓们喜闻乐见的清官形象而名垂千古。

(3)廉政文化的道德化,就是应该把廉政作为干部素质考核的一项基本道德要求,并在干部队伍中牢固树立起"廉则荣,贪则耻"的廉耻意识。由于善恶问题是道德的基本问题,廉政文化的道德化也就是要让全体干部都能树立起一种廉政的道德意识,即应该把居官在任时所从事的廉政行为当成是善,而把任何不廉洁的贪贿行为皆当成恶。从这种道德层面来建设廉政文化,可对广大干部起到防腐于未然的警醒作用,即把腐败扼杀在萌芽状态。同时,干部队伍中那些心存侥幸的不廉洁分子也能从内心觉醒一种羞耻心。这种廉政文化的道德层面,其实就是孔子所讲的"礼"的教化功能,孔子说"道之以政,齐之以刑,民免而无耻。道之以德,齐之以礼,有耻且格。"(《论语·为政》)由此可见,传统中国以"礼"为中心的道德文化,对我们新时期的廉政文化建设仍然很有借鉴意义,因为,这种道德文化有助于发掘人内心的羞耻心来达到预防腐败的效果。结合现实来看,当前社会中许多腐败事件的发生,都是因为这些问题官员在心灵上对自己的贪污腐败行为缺乏一种道德上的羞耻感。在这些问题官员眼里,他们的贪腐之所以成为"问题",并非由于他们道德上的欠缺,而是一种附属于官场政治斗争的牺牲品,或者归因于自己的官运欠佳。俗话说,知耻而后廉,鲜耻则寡廉。羞耻意识与廉洁的关系密不可分,因此古人才有"廉耻"并立之说。在某些历史学家看来,廉耻心的有无甚至还是决定一种民族文化是否有生命力的关键因素。如牟宗三先生在考察中国历史的唐末五代时期为何总是出现走马观花式的短命王朝时发现,其根本原因,就是这个时代的人们丧失了起码的道德廉耻感。对此,牟先生说:"到了唐末五代,这也是中国历史中最黑暗的一个时期。五代不过五十多年,却有梁唐晋汉周五个朝代。每个做皇帝的,原先都想万世一系地往下传,而每个朝代却至多不过十几年,可见五代时期很差劲,更重要的是,这个时代的人丧尽了廉耻。所以,一个民族糟蹋文化生命,同时就牵连着糟蹋民族生命。什么叫糟蹋文化生命呢?在这里表现的即是人无廉耻。五代人无廉耻,代表人物即是冯道。"①牟先生在文中提到的冯道究竟是怎样一个无廉耻之人呢?原来,冯道虽然身处五代乱世,却创造了中国历史上以宰相身份侍奉皇帝最多的记录。《旧五代史》说他是"事四朝,相六帝",《新五代史》说他是"事四姓十君"。据统计共有四朝五姓八帝,即后唐明帝、闵帝(皆李姓),后晋高祖、出帝(皆石姓),后汉高祖、隐帝(皆刘姓),后周太祖(郭姓),后周世宗(柴姓)。正由于冯道一生侍奉过如此多的异姓皇帝,也就不可避免地为后代的史学家和士大夫所诟病,史家说他是"事四朝,相六帝,可得为忠乎!夫一女二夫,人之不幸,况于再三者哉"!

明末思想家顾炎武也对冯道不顾廉耻的丑态如此评论:

《五代史·冯道传》论曰:"礼、义、廉、耻,国之四维;四维不张,国乃灭亡。"善乎管生之能言也!礼、义,治人之大法;廉、耻,立人之大节。盖不廉则无所不取,不耻则无所不为。人而无耻,则祸乱坏亡,亦无所

---

① 牟宗三:《政道与治道》,广西师范大学出版社2006年版,第5页。

不至。况为大臣而无所不取，无所不为，则天下其有不乱，国家其有不亡者乎？然而四者之中，耻尤为要，故夫子之论士曰："行己有耻。"孟子曰："人不可以无耻。无耻之耻，无耻矣。"又曰："耻之于人大矣！为机变之巧者，无所用耻焉。"所以然者，人之不廉而至于悖礼犯义，其原皆生于无耻也。故士大夫之耻，是谓国耻。吾观三代以下，世衰道微，弃礼义，捐廉耻，非一朝一夕之故。故而松柏后凋于岁寒，鸡鸣不已于风雨，彼昏之日，固未尝无独醒之人也。（顾炎武《日知录·廉耻》）

显然，根据"忠臣不事二主"的传统观念，并较之于"耻不食周粟"的伯夷、叔齐来看，冯道无论如何算不得"忠臣"的。当然，对于自幼饱读儒家诗书的冯道本人来说，其自然对自己一生离经叛道的失节之举，也不无自知之明，为此，他曾著《长乐老自叙》以自我辩解，说自己也是"孝于家，忠于国，为子、为弟、为人臣、为师长、为夫、为父，有子、有孙。时开一卷，时饮一杯，食味、别声、被色，老安于当代，老而自乐，何乐如之？"（《新五代史卷五十四·杂传第四十二》）其寡廉鲜耻之态，可谓昭然矣。

为了健全我们当今的廉政文化，除了通过上述"古为今用"的思路来发掘传统文化资源之外，当今国外廉政建设的许多新举措也是很值得我们借鉴的。例如美国政府的廉政建设就很注重官员从政道德对预防腐败的作用，并从立法上对官员的从政道德进行约束。为此，在1978年，美国国会通过了《政治道德法》。1989年，又由国会通过了《道德改革法》。1992年还由联邦政府道德署颁布了《行政部门雇员道德行为准则》。

在德国，每个公务员在上岗前都需要签订"廉政合约"，并在国旗下宣誓，要以"传统的普鲁士官员的道德标准"要求自己，做到廉洁奉公、公私分明。

北欧国家一般都有着良好的社会环境，重视道德教育，长期执政的社会民主党奉行社会民主主义，主张公平、平等。北欧民众大多培养了自觉遵纪守法的良好理念，强调诚实守信，以权谋私被视为令人唾弃的行为，这种以廉洁为荣、贪污为耻的道德传统和社会氛围，对广大公务员的廉洁自律有极大的影响力。北欧国家普遍认同"文化是制度之母"，十分重视廉政文化对廉政制度的影响。所有这些对公务员的廉洁自律、对全社会形成崇廉尚廉的好风气有极大的影响力。这是北欧不用重典依然廉政的重要原因。①

二、完善廉政制度

文化是制度之母，或者说文化决定着制度，这并不是说，重视廉政文化的建设就可以轻而易举地坐享高效、廉明的太平盛世。从任何一部中国大历史来看，自古至今，中国传统廉政文化不可谓不深厚，其体现在中国历代廉吏身上的那一股股廉洁精神也不可谓不刚毅，但是，中国自古以来的贪官污吏依然是"前赴后继"，其重要原因无疑还是与缺乏与之相应的可实际操作的廉政制度有关。一旦缺乏制度层面的可操作性，任何一种美妙的廉政文化都难免曲高和寡。综考历史上那些贪污腐化的时代，无不是根源于吏治腐败，这种吏治腐败一方面固然离不开那些根深蒂固的诸如任人唯亲、讲求裙带关系的"腐败文化"，但是缺乏一整套相应严密廉政制度的规约，也是滋生官场不正之风的体制性缺陷。

诚然，中国历史上的腐败现象，本是封建专制制度的一种必然产物。这种封建专制制度下的君主独裁制，很容易滋生和培养出各种类型的贪官污吏。历览中国历史上那些大贪官，几乎都是利用了这种封建专制社会的制度缺陷来"挟天子以令诸侯"，他们几乎都是在一种扶助年幼皇帝的特殊政治环境中培养出来。例如，东汉末期的殇帝、安帝即位时，由于太后邓绥之兄

---

① 详见《国外公务员廉政制度对我国的启示》一文，李景平著，《学术论坛》2010年第12期。

弟的外戚专权，结果酿成了"十常侍"这样的腐败集团；东汉充帝、质帝、桓帝三位幼帝即位时，因梁太后与梁冀临朝听政，才给了梁冀以专权贪利的腐败机会；宋度宗赵祺也正是在年幼无知时，才给了巨贪贾似道一手遮天的机会；明代光宗朱常洛、熹宗朱由校称帝，也因年幼而被太监魏忠贤与客氏专权，催生了以魏忠贤为首的贪污集团，最终连带着把朱明王朝也送进了历史的坟墓。

  封建专制社会除了易于滋生"挟天子以令诸侯"的腐败温床外，还经常在官吏选拔上产生腐败。如何选拔贤才以尽可能地杜绝腐败现象，这是历代统治者尤为关注的一大人事制度。也可以说，在历史上吏治腐败最集中的一个体现，就是人事制度的腐败。在中国早期的廉政文化中，对于用人标准的问题，古人早就提出了"选贤与能"的观念，如《礼记·礼运》中有"用人之仁，去其贪"、《尚书·大禹谟》中也有"任贤勿二"的说法。远古尧、舜、禹三代流行的禅让制，正是以贤良作为选拔人才的唯一标准。唐太宗李世民在择官方面，也认为"能安天下者，惟在用得贤才"（《贞观政要·择官》）。清代康熙帝也说："国家用人，当以德器为本，才艺为末。"（《御制文二集》）遗憾的是，由于缺乏一套健全的用人制度，在漫长的中国封建社会里，实际盛行的用人之道不是"选贤与能"，而是凭血缘关系的任人唯亲或唯财。因此，一人当官，鸡犬升天，就成为封建社会的普遍现象。

  虽然，中国历史上也出现过少数举贤不避亲的开明君主，像唐太宗李世民执政时，就曾经"任用"许多自己的亲人。其"贞观之治"的几员干将都是他的亲戚，如高士廉是李世民的舅舅，长孙无忌是文德皇后的兄长。可是，李世民这种"举贤不避亲"的背后却有一番唯"贤"（或"才"）是举的真实用意。据史料记载说，贞观七年十月，李世民要擢升长孙无忌为司空，文德皇后反对，无忌本人也"固辞"。高士廉也陈词力谏说："臣幸居外戚，恐招圣主私亲之诮，敢以死请。"李世民不听，还说："朕之授官，必择才行。若才行不至，纵朕至亲，亦不虚授。"可知，唐朝在太宗李世民时，选官用人标准是任"贤"（才能），而不是唯"亲"。可是，到了唐玄宗李隆基时，却完全偏离了这种标准，已从任人唯贤转为任人唯亲了。如唐玄宗宠幸杨贵妃时，杨家人一下子个个"青云直上"，诗人白居易在《长恨歌》中形容的"姊妹弟兄皆列士，可怜光彩生门户。遂令天下父母心，不重生男重生女"，就是描绘杨氏一族飞黄腾达的情景。

在封建社会，有一些统治者为了避免任人唯亲的选官制度所导致的吏治腐败，也曾尝试一些选拔官吏的新举措，如汉代盛行"举孝廉"的察举选官制和自隋唐以后盛行的科举选官制。

汉代实行察举选官制度，其本意欲在全国选拔清廉之士，可是在当时封建大一统的皇权政治下，该制度在实际操作时却弊端百出，汉末童谣流传的"举秀才，不知书。察孝廉，父别居。寒素清白浊如泥，高第良将怯如鸡"，就是对这种制度的讽刺。囿于时代的局限，当时许多有识之士也曾反思过察举制的弊端，但往往多是绕开制度避重就轻，认为当时社会对于人才的贤愚标准存在着鱼目混珠之类的似是而非，以至于社会上真贤与假贤不分。尤其是到了汉末，这种察举制已纯粹沦为"以名取人"，如果士人有"高行奇知"而声名显闻的话，则长官就应对其负有察举的义务。由于长官察举需考虑士人名望，士人也因此刻意培养这种名望，使得汉末的沽名钓誉之士日贵于时。这些我们在本书前面关于汉代选廉制度的考察中已有详述，此处兹不赘述。

始于隋唐时期的科举制，本是为了克服魏晋以来在选吏方面通行九品中正制的弊端而产生的。

汉代察举选官制沿袭至东汉末年时，因外戚、宦官专权而腐败不堪，出现了"爵以贿成"、"举秀才，不知书，察孝廉，别父居"的腐败官场生态。到三国时，曹操为了笼络天下人才，遂多次颁布求贤令，其要求是对"不仁不孝"之人，只要具备"治国用兵之道"皆可选拔出来。这种求"贤"不尚"德"的"唯才是举"，避免了汉末假名节以沽誉的弊端。为了使这种"唯才是举"的标准形成固定的选官制度，220年魏文帝采纳陈群的

"制九品官人之法"建议,实行九品中正选官制度。曹魏政权在全国州、郡、县内推出年望德高之人担任大小中正官,由中正官对其辖内的人物加以品评,还按其家世、行状给出一定的等级,以作为朝廷选拔士人的依据。中正品评的品第与士人入仕职位的高低紧密相联。这种九品中正选官之法刚开始实行的时候确实达到了以才入仕的选官效果,然而,久则生弊,到西晋初年即出现了世家大族独占上品的官场垄断局面,出现了"下品无高门,上品无贵贱"的官场乱象。西晋末年,其弊端日益暴露,中正举人往往随心所欲,全凭个人好恶与家世门第来评定人物,已完全背离了"唯才是举"的初衷。南北朝时,九品中正制已名存实亡。因此,到了实现大一统的隋朝,改革传统的选官制度刻不容缓,科举制就此产生。

科举,本义是分科取士,创自隋炀帝大业元年(605年),终于清光绪三十一年(1905年),共计实行了一千三百多年,可以说是中国封建王朝选拔官吏的重要途径。据《隋书·高祖纪》记载,隋文帝在开皇十八年(598年)年七月,"诏京官五品以上、总管、刺史,以志行修谨、清平干济二科取人。"这里的"志行修谨"是就德而言,"清平干济"就才而言。这种以德、才分科取士的做法,已初具科举制的雏形。隋炀帝始开进士科,进士科从创立初取士就从以推荐为主转向以考试为主,把读书、应试和做官三者紧密结合起来,这就标志着科举制的正式诞生。

唐朝时期,科举制开始逐步完善。唐太宗在科举方面采取了一系列新举措:应试者不受门第限制,不必有官员荐举,皆可"投牒自荐"。这是科举与察举的重要区别。不仅考试规则明确,考试科目也增加了,如秀才、明经、进士、明法、明字、明算等,但以明经、进士两科为主。到贞观年间,已基本建立了一套科举考试制度。武则天时,还率先尝试殿试,不过未能形成制度。702年,又设立了武举科,考试科目有马射、步射、平射、马枪、负重摔跤等。唐玄宗时,增补了诗赋成为进士科的主要考试内容。

宋代的科举制实行三级考试。一是由各州举行的乡试,又叫解试,第一名称"解元";二是礼部举行的省试,第一名称"会元";三是殿试,第一名称"状元"。宋代的考试科目比唐代精简了,王安石改革,废明经诸科,以进士一科取士。元、明、清承之。为了杜绝科场考试舞弊的现象,宋代在考试方法上还实行糊名和誊录。糊名,就是将试卷上考生的姓名、籍贯等密封起来。誊录,就是将考生的试卷另行抄写。这样,试卷评阅人不仅无法知晓考生姓名,连考生的字迹也无法辨认。

科举制至明清两代已达到鼎盛时期。明清的科举分四级进行,即院试(童试)、乡试、会试和殿试。童试又分为县试、府试和院试三个阶段。童试三年两考,县试由县官主考,府试由知府主持,院试由各省学政主持,学政又名提督学院,故又称该级考试为院试。凡童试的应考者皆称"童生",院试考中者正称"生员",俗称"秀才"。"秀才"是求取功名的起点,之后才有资格参加下一级的考试。乡试地点在省城贡院,三年一考,乡试考中者称"举人",头名称"解元"。会试由礼部主持,于乡试的第二年举行,举人在京师会试,考中的称"贡士",第一名称"会元"。殿试在会试当年由皇帝亲自主持,应试者皆为贡士,均不落榜,只是由皇帝重新安排名次。殿试的录取分三甲:一甲三名,赐进士及第,第一名称状元,二名榜眼,三名探花。二甲赐进士出身,三甲赐同进士出身,统称进士。进士榜用黄纸书写,故称金榜,中进士称金榜题名。

就在科举选官制处于明清的鼎盛之际,却也同时饱受非议,其原因大致归于两个方面:一是八股文,二是科场弊案。明代的乡试、会试,均考八股文,这种八股文对应试者的身心危害极大,并严重束缚了人们的思想。明末士人顾炎武甚至批评八股文说:"愚以为八股之害,甚于焚书,而败坏人才有甚于咸阳之郊。"(《日知录·拟题》)到清代时,课考弊案不断,如在顺治十四年顺天乡试案、同年江南乡试案、康熙五十年江南乡试案、乾隆十七年顺天乡试案、咸丰八年顺天乡试案等几个科场大案中,就有37人被处死,其中还包括最高一级的、时任大学士的满人一品大员。

科场弊案的频发并非明清两朝的独特现象，它在科举制盛行的唐朝就已初现端倪。如北宋司马光曾揭露过唐朝的科举，说："所取进士皆弟子，无艺，以关节得之。"（司马光：《资治通鉴·唐穆宗长庆元年》）"以关节得之"，说的，无非就是科举考试中的权钱交易。如唐代薛用弱的《集异记》中，曾记载了一代诗人王维应试时如何"以关节得之"而一举登第的历史内幕：

王维右丞，年未弱冠，文章得名。性娴音律，妙能琵琶，游历诸贵之间，尤为岐王（李范，唐玄宗弟弟）之所眷重。时进士张九皋，声称籍甚。客有出入于公主（即太平公主，武则天之女）之门者，为其致公主邑司牒京兆试官，另以九皋为解头。维方将应举，具其事言于岐王，乃求庇借。岐王曰："贵主之强，不可力争。吾为子画焉。子之旧诗清越者，可录十篇；琵琶之新声怨切者，可度一曲。后五日当诣此。"维即依命，如期而至。岐王谓曰："子以文士，请谒贵主，何门可见哉？子能如吾之教乎？"维曰："谨奉命。"岐王则出锦绣衣服，鲜华奇异，遣维衣之；乃令赍琵琶，同至公主之第。

岐王入曰："承贵主出内，故携酒乐奉宴。"即令张筵。诸伶旅进。维妙年洁白，风姿都美，立于前行。公主顾之，谓岐王曰："斯何人哉？"答曰："知音者也。"即令独奏新曲，声调哀切，满座动容。公主自询曰："此曲何名？"维起曰："号《郁轮袍》。"公主大奇之。岐王曰："此生非至音律，至于词学，无出其右。"公主尤异之，则曰："子有所为文乎？"维即出献怀中诗卷。公主览读，惊骇曰："皆我所颂习者。常谓古人佳作，乃子之为乎？"因令更衣，升之客右。维风流蕴藉，语言谐戏，大为诸贵之所钦瞩。

岐王因曰："若使京兆今年得此生为解头，诚为国华矣。"公主乃曰："何不遣其应举？"岐王曰："此生不得首荐，义不就试，然已承贵主论托张九皋矣。"公主曰："何预儿事，本为他人所托。"顾谓维曰："子诚取解,当为子力。"维起谦谢。公主则召试官至第,遣宫婢传教。维遂作解头,一举登第矣。

由上可知,唐朝科场的不正,主要表现在权力干涉过多,因此,主管部门和考官皆不能秉公办事,遂令科举选官失去了其应有的公信力。其实,在封建社会,为了克服选官制度的弊端,一些开明君主除了从用人制度方面下功夫外,还对已选任的官员进行考课制。考课,用我们今天的话来说,就是对官员进行考核。它包含两层意思:一是考,就是考察中央至地方各级官吏在任职期间执行国家法令的情况;二是课,就是依照国家的行政计划进行督课。如唐太宗曾就这种考课官吏的做法,尝试过一定的标准,即所谓的"四善二十七最"。"四善"为:"一曰德义有闻,二曰清慎明著,三曰公平可称,四曰克勤匪懈。"(《资治通鉴》卷一百九十三)"二十七最"就是对从事二十七种不同业务官员的具体要求,按每个官员的具体情况考评他们的等次。例如,对于流外官也按四等考评:"清谨勤公为上,执事无私为中,不勤其职为下,贪浊有状为下下。"(《文献通考》卷三十九)不可否认,唐太宗这些措施,均对当时的廉政建设起到过积极的作用。有趣的是,古代君王为杜绝在职官员因贫而贪的腐败现象,甚至也曾发明了现代西方社会里的"高薪养廉"。历史上,西汉的汉宣帝最早提出"高薪养廉"的主张。如在神爵三年(前59),汉宣帝为了加强吏治清廉的力度,下诏全国要求提高低级官员的俸禄标准:"吏不廉平则治道衰。今小吏皆勤事,而俸禄薄,欲其毋侵渔百姓,难矣。其益吏百石以下奉十五。"(《汉书·宣帝纪》)另外,为鼓励官吏清廉,汉宣帝还注重对廉吏进行表彰,"二千石有治理效,辄以玺书勉厉,增秩赐金",这也可看做是"高薪养廉"的一种做法。不可否认,这种"高薪养廉"的主张对汉代的廉风确实起了很大的效用,当然,囿于其封建皇权制度的桎梏,其养廉效果也很有限。

以上仅是就中国历史上有关廉政建设的举措进行一番历史回顾,然而,要想真正地从源头上遏制腐败现象,除了加强廉政文化的宣传之外,还必须从制度建设——制度反腐入手。这正如邓小平在《党和国家领导制度的改革》中指出的："制度好可以使坏人无法任意横行,制度不好可以使好人无法充分做好事,甚至会走向反面。"制度问题"更带有根本性、全局性、稳定性和长期性"①,因此,制度反腐既是新时期廉政建设的重要保障,也是从源头上防治腐败的根本途径。自改革开放以来,我们国家在廉政制度建设方面经历了一个从制度重建、制度深化到制度完善的过程。②

1978年到1991年是制度重建的阶段。大致来看,这一时期的主要任务是迅速恢复"文化大革命"时期被破坏的制度与国家机器。这一时期,作为反腐倡廉制度建设的重要标志则是党的十一届三中全会决定恢复中纪委并重建党的各级地方纪律检查机关。不久,检察院、法院和监察部等司法与国家行政监督机关也相继成立了,并在1989年8月设立了最高人民检察院贪污贿赂监察厅,专门负责腐败案件的调查。

1992年到2001年是制度深化的推进阶段。这一时期,随着社会主义市场经济体制的建立,经济建设领域的犯罪现象日益增多,为了加大惩治力度,党的十五大又提出了"标本兼治"的思路,并逐步加强制度预防的紧迫性。这一时期国家出台了一系列预防和惩治腐败的法规条例。根据中纪委办公厅编制的《廉洁从政行为规范》,国务院及相关职能部门在1978年至1991年间制定的廉政规则共计204条,而在1992年至2001年期间制定的反腐倡廉规则有217条。可以说,这一时期是中国廉政制度建设相对集中的时期,一些有代表性的反腐廉政条例主要有:《中国共产党党员领导干部廉洁从政若干准则》、《国务院稽查特派员条例》、《党政领导干部选拔任用工作条例》、《国家公务员暂行条例》和《关于实行党风廉政建设责任制的规定》等。

从2002年开始,确切地说,以党的十六大为标志,我国廉政建设进入了制度完善的发展阶段。随着党在这一时期执政理念的深刻变化,2003年党的

---

① 《邓小平文选》第2卷,人民出版社1994年版,第333页。
② 参见王雅娟《反腐倡廉制度建设的回顾与展望》一文,《中共乌鲁木齐市委党校学报》2011年第6期。

十六届三中全会第一次明确提出要"建立健全与社会主义市场经济体制相适应的教育、制度、监督并重的惩治和预防腐败体系"。2003年12月,中国政府签署了《联合国反腐败公约》,这标志着在全球经济化和腐败全球化新形势下,中国政府的反腐败工作顺利实现了从关门反腐到开放式反腐的重要转变。为了与这种新形势下的反腐斗争相适应,我国在反腐倡廉的制度建设上也正逐步完善,其表现有:

(1)为了进一步完善对权力的制约与监督的制度,努力形成了有效规范权力运行的监督机制,特地颁布了《中国共产党党内监督条例(试行)》和《中国共产党党员权利保障条例》等;

(2)为进一步完善规范国家工作人员从政行为的制度,促进领导干部廉洁自律,又颁布了《关于党员领导干部报告个人有关事项的规定》、《国有企业领导人廉洁从业若干规定》、《中国共产党党员领导干部廉洁从政准则》等;

(3)为了进一步完善对违法违纪行为的惩处以为司法机关查办违纪贪腐案件提供法制保障,还颁布了《中国共产党纪律处分条例(试行)》、《行政机关公务员处分条例》等;

(4)为了进一步完善反腐败领导体制、工作机制方面的法规制度,颁布了《行政监察法实施条例》等;

(5)积极开展国际领域内的反腐败合作,稳步推进了《联合国反腐败公约》与我国法律制度相衔接工作;

(6)不断拓宽反腐倡廉制度建设工作领域,反腐倡廉法规制度建设工作视野不断开阔。特别是2005年1月,中央颁布了《建立健全教育、制度、监督并重的惩治和预防腐败体系实施纲要》,这是我国反腐倡廉制度完善的重要标志。

当然,建立这套制度反腐的长效机制,并不意味着我们国家的贪污腐败现象就从根本上得到了治理。根治腐败乃是一项综合、系统的工程,尤其是当前,我国正处于商品经济持续发展的改革开放大潮中,一切商品社会所固有的唯利是图心理无疑会让部分想"尽快富裕起来"的人铤而走险,拉拢并利诱我们的政府官员从事以权谋利的勾当,加之我们的市场经济体系正处于逐步建设与完善阶段,在对政府官员的教育、管理和监督工作中存在着薄弱环节,特别是有些地区和部门对腐败持有"不可不反,不可真反,不可大反"的错误认识,因此,这种地方保护主义和部门保护主义的不正之风,也在一定程度上纵容姑息了某些腐败现象。这就决定了我们当前政府所面临的反腐败任务乃是一场复杂、艰巨而长期的斗争。

在当前经济全球化和腐败全球化的国际反腐新形势下,我们目前的反腐败斗争也应该与国际社会接轨,并尽可能地借鉴一些国外其他国家在制度反腐方面的新措施与新经验。下面,仅以两个与中国有相似文化背景国家和地区的廉政制度略作考察,一是新加坡,一是中国香港。

新加坡可称得上是亚洲最为廉洁的国家之一,在制度反腐方面,新加坡政府有许多值得别国借鉴的经验。为减少腐败的发生,并使腐败现象易于被发现和及时惩治,新加坡政府在1960年就颁布了第一部《防止贪污法》。该法律不仅对贪污、贿赂等渎职行为作了明确界定,还对各种腐败的形式做了细致规定。在证据上,则对官员腐败采取了有罪推定,即一旦某官员被发现有生活奢侈、消费超支或拥有不明财产,法院就可以此作为受贿的证据;同时,为保障执法人员的独立办案,该法律还赋予反贪人员很大的调查取证权,规定被告家属和证人对查办的案情有如实提供证据的义务,否则将会受到严惩。

在有法可依的情况下,为了保障该法的有效实行与实际的可操作性,新加坡政府在1962年又成立了高效的反腐专门机构——反贪污调查局。该局归总理直属领导,局长经总理任命,对总理直接负责,且不受任何其他机构与个人的干预。反贪污调查局既是新加坡反贪污腐败的专门机构,也是《防止贪污法》的实际执行机关。目前该机构有77名调查人员,主要接收和调查公众对公共部门和非官方部门的投诉,调查公务员营私舞弊等行为,并检测公共部门的日常运作及程序,设法把官员贪污舞弊的机会降到最小。反贪污调查局拥有绝对权威,每个调查员都拥有局长签发委任证书,作为法律依据,享有警方所能行使的一切权利,甚至可在未经法院许可和没有逮捕证的情况下拘捕犯罪嫌疑人。该局还会经常检查政府机关执行公务的程序,对容易发生腐败的部门人员进行经常性调换,也时常对这些部门进行突击检查,并每隔3—5年全面检查部门防止腐败的措施是否真正落实。尽管反贪污调查局拥有很强的独立性,但也同样受到其他部门的制约与监督,"尤其是警方、税收署、移民局等对贪污贿赂十分敏感的部门特别注视调查局每位成员的活动,如果调查局成员在办案过程中行为稍有不轨,就可能被告到总理那里,并处以严厉的惩罚"①。

除了有完善的反腐败法律与长效的执行机构之外,新加坡政府还建立了严格的公务员选拔、考核以及管理制度。由于公务员是公共权力机关最核心的群体,也是最容易出现腐败的群体。因此,新加坡对于公务员的选拔和考核拥有一套严格、规范的程序。为了保障公务员选拔的公开与公平,新加坡成立了独立于内阁的公务员委员会,该委员会直属于总理,不受政府各部门的制约与影响,专门负责公务员的录用、任命和奖惩,并对公务员进行严格的道德考核。最有特色的是,该委员会的委员由学术界、商界、金融界和其他社会知名人士兼任,不得由政界人士出任。同时,还制定了一系列完备的专门规范公务员行为的法律如《公务员法》、《公务员行为准则》、《公务员纪律条例》及《没收非法财产条例》。在录用公务员时,新加坡也制定了严格的标准和程序。除了要对应试人员进行必要的录用和体格检查之外,还需进行完整的资格审查,尤其是在品行方面,主要审查被录用者是否有犯罪前科、平时的交际范围、家庭情况、个人爱好以及社会背景等。

在对公务员的日常管理中,严格的财产申报制度也是新加坡政府的一大特色。每位公务员在被聘任之前,必须申报个人及配偶的财产情况,而且还设置了一套严格的财产申报程序:首先公务员要出示财产清单,到法院设置的公证处接受审查并由指定的宣誓官签名;公证处的正式文本交

---

① 宋长国等:《各国廉政建设比较研究》,知识产权出版社2006年版,第273页。

由工作人员所属部门的人事机关保存,副本保存在法院公证处。此后,每年 7 月 1 日,每个公务员必须填写个人财务表格,写明自己的财务状况,各部门要对每份财产申报表进行审核。如果发现其财产来源有问题,就立即交送反贪局调查。如果本人对财产的来源无明确的解释,就被作为贪污受贿证据。此外,为了从制度上加重官员贪污腐败的成本,新加坡还实行了公积金和高薪养廉制度。根据新加坡政府制定的《中央公积金制度》,一名公务员每月可以获得 40% 的公积金,工作时间越久,所得的储蓄就越多。高级公务员到退休时,公积金的总额是 80—90 万新元(约人民币 400 万—500 万元)。倘若公务员在职期间能够廉洁奉公,无任何贪贿行为,就可以在退休后得到全部的公积金。否则,就会开除、坐监、撤销全部公积金。还有,新加坡公务员工资的待遇经过 1973 以后的连续四次调整,目前已跻身世界上公务员工资最高的国家之一。这些有关公务员日常管理制度的建立,无疑加大了公务员的腐败成本,一旦发生腐败行为,就会"冒着失去工作和养老金的危险"。

中国香港的廉政指数也一直位居透明国际排行榜的前列,这无疑是跟香港现行的行政监察和廉政体制的机构设立和运作有关,这就是"廉政特派廉政专员公署"(Independent Commission Against Corruption),简称香港廉政公署。

香港廉政公署组建于 1974 年 2 月 14 日,在这之前,香港地区也一直饱受腐败问题的困扰。20 世纪 70 年代,有贪污嫌疑的香港总警司葛柏潜逃,引起全港民怨沸腾。这一事件促使香港政府决心设立一个新的机构以专门打击全香港的贪污腐败行为。1973 年 10 月 17 日,香港总督麦理浩爵士正式宣布成立一个独立的反腐败委员会。1974 年 2 月,香港立法通过了《总督特派廉政专员公署条例》,并宣布作为香港打击贪污行为的一个独立正式机构——香港专员廉政公署。廉政公署的使命宣言是《廉政公署专业守则》的规定:"廉政公署致力维护本港公平主义,安定团结,全港市民齐心协力,坚定不移,以执法、教育、预防三管齐下,肃贪倡廉。"廉政公署下设廉政专员、报案中心以及专门委员会,是独立于香港政府的行政系统。廉政专员（设正副职）由行政首长（总督）直接任命，并对其负责，其内部机构分为执行处、防止贪污处、社区关系和行政总部。执行处是廉政公署中专门负责调查职能的部门，是结构最大也是最主要的职能部门，主要从事调查、逮捕和起诉工作，它必须以法律为准绳，对涉嫌起诉的人员，要与廉政公署商讨。社区关系处是廉政公署的第二大部门，主要职责是：阐释反贪污法例，教育在校学生，鼓励社会人士采取防贪措施和向廉署举报贪污。因此，该部门与广大市民联系密切，这是一个以宣传教育为主的部门。防止贪污处是廉署中专司审查职能的部门，主要任务是审查政府部门和公共机构的工作、惯例和程序，发现可致贪污的因素时立即提出改善的办法。值得一提的是，这个处皆由包括建筑师、律师、工程师等在内的专家组成。他们提出加强立法和执法的建议，以减少或杜绝贪污的机会。由于廉政公署是独立于政府和司法机关之外的职权机构，因此，它也必然享有许多办案时不受任何部门干预的特权，如特别调查权、拘留和扣押权、搜查权、使用武力权、获取资料权、物品检押权、限制财产处置权、变更法庭命令权、立法权等。然而，这种绝对的权力往往也会导致绝对的腐败。在廉政公署依法享有了如此多特权的同时，也必须要有一套完善的监督和控制机制来帮助它运行。首先，廉署专员须向总督负责，并接受其监督；其次，廉署专员及内部处长级人员必须出席立法会会议，并回答议员的提问，同时向立法会提交年报，立法会也有权以立法的形式赋予撤销廉署的权力；第三，由于香港司法独立，对案件的判决必须经过法院审理，廉署人员扣押证件或拘捕受调查人士，均须向裁判司申请；第四，廉政公署的职责是调查和搜查证据，无权起诉，调查情况均交由律政司署决定是否起诉；第五，通过公众媒体随时的追踪报道来监督廉署的工作。

总之，在1974年廉政公署成立以前的香港，也曾是一个腐败高发的地区。"廉署成立短短数年，香港便跻身全球最清廉地区之列，目前在'国际透明'180个国家和地区排名中位居第十二名，在亚洲则仅次于新加坡"。[1]

---

[1] 程文浩：《香港廉政公署30年一部反腐的经典教材》，《新闻周刊》2004年07期。

三、严肃反腐立法

构建新时代的廉政建设,除了要在制度与文化的关系上坚持廉政文化与廉政制度并重的新思路之外,还必须在道德与法律的关系问题上施行德法兼济的策略。只有靠法律惩治于已然,靠道德防范于未然,才是当今廉政建设的必由之路。本节先谈廉政建设的法律基础保障问题。

古希腊政治家亚里士多德说:"为政最主要的一个规律是:一切整体都应订立法律并安排它的经济体系,使执政和属官不能假借公职,营求私利。"①显然,在亚里士多德看来,法律是为政的基础和首要前提,因此,为政之核心任务的廉政建设当然也离不开法律作为制度保障。事实上,自古至今,依靠惩贪立法也一直是中国历朝统治者作为打击贪腐以维护廉政的重要措施。据史书记载,上古时司法官皋陶在造律时,曾有"昏、墨、贼、杀,皋陶之刑也"(《左传·昭公十四年》),其中的"墨",就是指官员的贪污罪名。《尚书·吕刑》中也列举了泛指西周官员贪赃枉法的五类情况,即所谓的"惟官、惟反、惟内、惟货、惟来"。

秦汉以后,随着官僚制度对世卿制度的完全取代,有关廉政建设方面的立法措施也日渐完善,在魏国李悝的《法经》中就对惩贪的罪名与处刑轻重均作出了明确规定:"丞相受金,左右伏诛,犀首以下受金则诛,金自镒以下罚不诛也。"在新近出土云梦秦简的《为吏之道》篇,也有针对官吏的赃、廉之分,其中以"临财见利,不取苟富"者为廉吏,以"居官善取"为"吏有五失"之一。汉代开始,又逐渐从力度上加大了对赃吏的惩处,尤其对主守官和监临官犯赃罪者加重刑罚:"主守而盗直十金弃市(《汉书·陈万年传》)";"监临官受其官属所赠饮食计偿费勿论;受财物,夺爵为士伍,免之;无爵,罚金二斤,令没入所受。"(《汉书·景帝纪》)尤为引人注目的是,汉代的反贪立法不仅打击贪贿,还同时惩处行赇者(即行贿者),"临汝侯灌贤坐行赇罪,国除","汾

---

① 亚里士多德:《政治学》,商务印书馆1965年版,第269页。

阳嗣侯意坐行赇，髡为城旦"。(《史记·功臣表》)

唐朝时，在廉政法制建设方面已臻成熟。如唐律明确将所有非法取得财富的行为一律视为"犯脏"，"在律，'正脏'有六色：强盗、盗窃、枉法、不枉法、受所监临及坐赃"。(《唐律疏议·名例·以脏入罪》)此处的"枉法、不枉法、受所监临及坐赃"四种是专门针对官吏而言的，类似于现在的受贿罪。而且，唐律对赃吏的惩处还在法律上注重细节以区别犯罪情节的轻重，如区分无财受请、受财为请，受馈送、乞取、强乞取等，并以此加重处罚。"唐律严惩官吏犯脏罪的基本制度及精神为宋、明、清各朝代的法典所沿袭，集中体现了中国古代廉政法制建设在惩贪立法上的突出成就"。①

除了立法反贪之外，中国古代的廉政法制还尤为注重监察立法，以更好地从制度层面来确保反贪立法的有效执行。早在战国时期，作为执行监察职能的御史就已经设立了。史载，齐威王有一次在他的后宫置办酒席，诏淳于髡并赐之酒，齐王问他说："先生饮一斗而醉，恶能饮一石哉！其说可得闻乎？"淳于髡回答说："赐酒大王之前，执法在傍，御史在后，髡恐惧俯伏而饮，不过一斗径醉矣。"云梦秦简《尉杂》篇也有"岁雠辟律于御史"的记载。先秦时设置的御史一职，不仅行使着行政监察权，还同时拥有司法监察权。

随着汉代大一统王朝的确立，中央监察机关也开始独立出来了。尤其是为了防止监察机关本身的腐化，汉代还同时实行多元化的监察体制，"包括三公六卿在内的京师百官、地方长官、皇亲国戚以致检察官自身都被置于这张网络之中，受到来自一种或多种监察组织的监督，对于贯通政令、整饬吏治、廓清风气产生了不可低估的作用"②。汉武帝即位以后，锐意推行强干弱枝的政策，又开始改革了监察制度，武帝元封五年划分全国为十三州郡，各设部刺史一人作为皇帝派往地方的监察官，并在《监御史九条》的基础上制定《六条察

---

① 张晋藩：《中国古代廉政法制建设及其启示》，《法商研究》2011年第04期。
② 张晋藩：《中国古代廉政法制建设及其启示》，《法商研究》2011年第04期。

郡之法》（又称《六条问事》）以"诏书旧典，刺史班宣，周行郡国，省察治状，黜陟能否，断治冤狱，以六条问事，非条所问，即不省"。

一条，强宗豪右田宅逾制，以强凌弱、以众暴寡；

二条，二千石不奉诏书遵承典制，倍公向私、旁招守利、侵渔百姓、聚敛为奸；

三条，二千石不恤疑狱，风厉杀人，怒则任刑，喜则淫赏，烦扰苛暴，剥截黎元，为百姓所疾，山崩石裂，妖祥讹言；

四条，二千石选署不平，苟阿所爱，蔽贤宠顽；

五条，二千石子弟恃怙荣势，请托所监；

六条，二千石违公比下，阿附豪强，通行货赂，割损政令也。"

《六条问事》是汉代地方监察制度法律化的重要成果，其针对性十分明确，它以地方二千石的高官及其子弟，以及作为其社会基础的强宗豪右为主要监察对象，而非一般守令。虽然部刺史不过是六百石的低级官员，但却可以监察、奏弹二千石的地方长吏与王侯，这种以下察上，以卑督尊的规定，是汉代监察法的一大特点，并为后世许多朝代所效仿。

唐代可谓是推行监察制度臻于完备的时期。唐朝设立御史台为全国最高监察机关，御史大夫（从三品）一人为台长，率领群僚行使监察权。御史台下设三院：即台院、殿院、察院。台院设侍御史四人掌"纠举百僚，推鞫狱讼"；殿院设殿中侍御史六人掌殿廷供奉之仪式；察院设监察御史十人掌"分察百僚，巡按郡县，纠视刑律，肃整朝仪"（《唐六典》卷十三，《御史台》）。其中的察院是御史台三院中最重要的职能部门。由于唐朝统治者能充分意识到监察职能对政治繁荣稳定的重要性，"御史执宪，纲纪是司"（《全唐文》卷29），"彰善瘅恶，激浊扬清，御史之职也。政之理乱，实由此焉（《全唐文》卷19）"，所以唐代御史的监察职能行使得很有效，其监察御史品秩虽低，但职务繁杂，威慑百官，是皇帝的耳目之司。可以说，唐朝社会政治的稳定、经济的繁荣，与其监察职能的制度化、法律化是分不开的。

明代开国皇帝朱元璋正是有鉴于前朝元代因吏治腐败而导致覆亡的历史教训，不仅十分重视重典治吏的方略，还尤其加强了监察机关的执法权限。为增强监察机关的行政效能，朱元璋废除了自唐朝以来的御史台三院制，改置都察院统一行使监察权，他曾经面谕督察院长官说："国家立三大府，中书总政事，都督掌军旅，御史掌纠察，朝廷纪纲尽系于此，而台察之任尤清要。卿等当正己以率下，忠勤以事上，毋萎靡因循以纵奸，毋假公济私以害物。"（《明史·职官志二》）据此，朱元璋还给予监察御史以单独进奏的权力，以充分行使皇帝之耳目的监察职能。而且，朱元璋还临时派出御史巡察地方，行使所谓的"代狩"，并赋予出巡御史"大事奏裁，小事力断"的特权。此外，明代还同时展开大规模的监察立法活动，如在《诸司职掌》与《大明会典》中都有对都察院及六科的监察职责、权限与活动原则的专门规定。遗憾的是，由于明代中后期的宦官专权，遂使这些监察立法形同具文。

清代的监察法制堪称中国历代监察法的集大成者。首先，清朝的监察法除了在《大清律例》、《大清会典》及各《部院则例》中有明确规定外，还主要集中在乾隆编纂的《都察院则例》与乾、嘉、道、光四朝编制的《钦定台规》。这部《钦定台规》是集秦汉以来监察法之大成，是中国封建历史上最为完备的一部监察法典。

中国古代这些廉政法制的确立，跟一些古代圣贤们对廉政意义的自觉认识有关，如管仲说："礼义廉耻，国之四维，四维不张，国乃灭亡。"（《管子·牧民》）晏婴说"廉者政之本"（《晏子春秋·内篇·问下第四》）。法家代表人物韩非论及"廉"之治道意义时也说："廉，外则可以大任，少欲则能临其众。"（《韩非子·十过》）明末思想家王船山在他的《读通鉴论》中评论过吏治腐败的危害，他说："贿赂之败国家，如鸩之必死，未有能生之者也。"此外，史上一些英明的封建统治者也深明廉政是事关国之兴亡的关键，如清代顺治帝即位诏书也说："国之安危，全系官僚之贪廉。官若忠廉，则贤才向用，功绩获彰，庶务皆得其理，天下何患不治。官若奸贪，则贿赂肆行，庸恶幸进，功过冒赏，巨憝得以漏网，良善必至蒙冤，吏胥舞文，小民被害，政之紊乱，实由于此。"（《清世祖实录》卷9）康熙皇帝也说："治国莫大于惩贪。"（《清朝通志·刑法略》）

尽管中国的反贪立法文化源远流长，监察立法殊为完备，反贪机构与监察组织也极为严密，但由于君主专制一直是中国古代政权的基本组织形式，各级官吏皆为君权的依附者，因此，法律制裁的对象只能是广大民众，是无法有效地对权力形成真正制约，其腐败的滋生也是必然的。由此可知，君主专制的皇权制度不仅是造成腐败的根源，也是干扰廉政建设的障碍。在这种制度之下，吏治的清明只能是一种暂时、偶然的现象，相反，吏治的腐败则是一种长期、必然的趋势。正因为这样，中国历代封建王朝皆无法摆脱由廉转贪的历史宿命。

新中国成立以后，中国共产党和人民政府在十分注重廉政建设的同时，还尤为重视廉政立法。据粗略统计，建国后党和政府曾先后制定了针对廉政建设的法律、法规和条例共计100多项。归纳起来，这些廉政立法大致体现在以下四个方面：

（1）关于国家机关与工作人员贪污贿赂、以权谋私的惩戒性措施规定，主要有全国人大常委会《关于惩治贪污罪贿赂罪的补充规定》和《关于惩治走私罪的补充规定》、《国务院关于国家行政机关工作人员的奖惩暂行规定》；国务院发布的《国家行政机关工作人员贪污贿赂行政处分暂行规定》、《违反财政法规处罚的暂行规定》；监察部发布的《关于有贪污贿赂行为的国家行政机关工作人员必须在限期内主动交代问题的通知》等。

（2）关于国家机关与工作人员为政清廉和不搞特权的规定，主要有《国务院关于在对外活动中不赠礼、不受礼的决定》、《关于在国内公务活动中严禁用公款宴请和有关工作餐的规定》、《国务院关于严禁在招收、调配职工工作中搞不正之风的通知》、《中共中央关于严格按照党的原则选拔任用干部的通知》、《禁止向企业摊派暂行条例》、《关于切实做好减轻农民负担工作的通知》、《中国共产党党员领导干部廉洁从政若干准则》、《关于实行党风廉政建设责任制的规定》、《中华人民共和国公务员法》和《建立健全教育、制度、监督并重的惩治和预防腐败体系实施纲要》等。

（3）关于禁止国家机关与工作人员经商办企业的规定，主要有中共中央、国务院《关于严禁党政机关和党政干部经商办企业的规定》、《关于清理党和国家机关干部在（企业）兼职有关问题的通知》，国务院《关于清理整顿各类对外经济贸易公司的通知》等。

（4）关于国家检察机关与监察人员的法律规定，主要有《国务院批转财政部关于财政监察工作的几项规定的通知》、《中华人民共和国监察机关调查处理政纪案件试行办法》、《税务机关监察工作暂行规定》、《中华人民共和国行政诉讼法》、《中华人民共和国审计法实施条例》等。

此外，自2003年开始，中国的反腐败在制度立法上还迈向了与西方发达国家逐渐接轨的"阳光法案"之路。这种被誉为"阳光法案"的财产申报制度，曾是西方国家普遍公认极有价值的重要反腐手段。财产申报制度（Properties Declaration System）一般是以立法方式来设定国家公职人员的义务并强制其如实申报个人财产、来源及各种投资活动。该制度起源于瑞典，早在1766年，瑞典任何一个公民都享有查看本国从一般官员到首相的纳税清单的权力。1883年英国政府通过了《净化选举，防止腐败法》的法案，正式以立法形式承袭了瑞典的做法，使得财产申报制度成为一项对所有官员极具约束力的反腐机制。美国国会1978年《政府行为道德法》则堪称当前最为完备的财产申报立法。

由于财产申报制度不仅符合现代法治国家的需要，而且，现代技术化的高科技手段也使这一制度的可操作性日益增强。因此，自20世纪80年代以来，财产申报制度也被世界大多数国家所借鉴、完善，成为肃贪惩腐的一把利剑。在这种国际反腐斗争的新形势下，我们中国政府的反腐工作也逐渐顺应了这种国际化潮流。1995年中共中央、国务院就联合出台了《关于党政机关县（处）级以上领导干部收入申报的规定》。该规定首次确立了我国党政领导干部应申报收入接受监督的制度,从而构建了我国财产申报制度的基本框架。由于该规定只是明确了"收入申报"而不属于严格意义上的"财产申报"制度,因此,为了在中国进一步推行并逐步完善真正立法意义上的财产申报制度,2006年8月29日,中共中央召开的政治局会议研究并出台了《关于党员领导干部报告个人有关事项的规定》(以下简称《有关事项规定》)作为重要的党内法规。《有关事项规定》实质上就是借鉴、采纳了世界上通行的"官员财产申报制度"。2010年7月11日,中共中央办公厅、国务院办公厅印发了《关于领导干部报告个人有关事项的规定》(以下简称"规定"),要求县处级副职以上(含县处级副职)的官员,应当于每年1月31日前集中报告一次上一年度的收入、房产、投资以及婚姻变化和配偶、子女移居国(境)外、从业等十四大类情况。然而,碍于当前中国国情与文化的差异,官员财产申报、公示的制度建设目前处于一种胶着状态:对这一制度本身的意义基本没有争议,但对推出时机和实施举措,仍缺少共识。在我国目前财产申报制度实行的过程中,官员财产的隐私权与社会公众对官员财产申报的知情权之间的冲突经常成为争论焦点。由于中国有着"不露富"的传统,一直以来,官方的宣传又把官员的隐私纳入"密级"加以保护,公开报道中很少涉及官员个人的信息,因此,尽管一些官员财产来源合法,但在目前贫富差距加大且存在仇富心理的社会氛围中,很多官员会借口隐私权问题而反对公布个人财产。当然,这些问题仅是暂时的,随着中国广大老百姓对于廉政建设之呼声的日益高涨,加上新时期我党上下同仇敌忾的反腐决心,这一为国际社会普遍看好的"阳光法案"必将在中国逐渐克服水土不服的窘境,并落地生根。

  以上建国后制定的100多个有关廉政建设的法律、法规和条例,对我国廉政建设所起的作用已是举国皆知。仅以最近公布的《中国共产党第十七届中央纪律检查委员会第七次全体会议上的工作报告》为例,2011年,全国纪检监察机关共接受信访举报1,345,814件(次),立案137,859件,结案136,679件,给予党纪政纪处分142,893人,涉嫌犯罪被移送司法机关处理5334人。严肃查处了刘志军、张家盟、刘卓志、宋晨光等一批大案要案，同时重点查办了一批涉案人员职级不高但涉案金额巨大、影响恶劣的案件。治理商业贿赂专项工作也扎实推进，全国共查办商业贿赂案件1.58万件，涉案金额48.1亿元。

当然，上述反腐领域所取得的成绩也是喜忧参半，即一方面我们应欣喜地看到我们党和政府依法惩贪反腐的坚定决心，另一方面我们又要充分认识我们国家在当今经济全球化时代的反腐工作所面临的严峻形势。对于当前我国反腐败斗争领域面临的严峻形势，党中央也始终保持着警觉性，即全党上下"必须深刻认识当前反腐败斗争面临的严峻形势，切实增强忧患意识、危机意识和责任意识。我国现阶段的反腐败斗争，是在严峻复杂的国际环境下，是在国内经济体制深刻变革、社会结构深刻变动、利益格局深刻调整、思想观念深刻变化和各种社会矛盾凸显的历史条件下进行的，各方面体制机制还不完善，各种腐朽思想的影响仍然存在，腐败现象滋生蔓延的土壤在短时期内难以清除，党风廉政建设和反腐败斗争面临不少新情况新问题。比如，腐败现象在一些领域仍然易发多发，党员领导干部违纪违法问题依然严重；一些腐败案件涉案金额巨大、社会影响恶劣，窝案、串案、案中案明显增多；违法乱纪行为日趋复杂化、隐蔽化、智能化，社会领域、新兴经济领域案件和利用高新技术手段作案有所增加；一些党员领导干部作风方面问题比较突出，损害群众利益的突出问题和不正之风仍然比较严重；腐败问题与多种社会矛盾相互交织，治理难度加大，等等"。（贺国强：《中国共产党第十七届中央纪律检查委员会第七次全体会议上的工作报告》）

上述列举的关于中国当前反腐败所面临的新形势之严峻与新问题之艰巨，无疑证明了，我们当前的反腐倡廉工作并不是单纯依靠法律的整治就能一劳永逸。历史上对于这种立法防腐、依法反贪的局限性，最有发言权的莫过于明代开国皇帝朱元璋。

由于朱元璋亲眼目睹了元代统治者因为贪污腐化而亡国的历史现实，所以明代立国以后，朱元璋深悟了一条"吾治乱世，刑不得不重"的道理，在廉政建设上尤为注重以"重典治吏"的威慑力量来防腐反贪。归纳起来看，朱元璋推行的"重典治吏"是"从严密法网和法外用刑两个方面"[①]来予以实施的。对于"严密法网"的作用，朱元璋的看法是："法贵简当，使人易晓。若条绪繁多，或一事两端，可轻可重，吏得因缘为奸，非法意也。夫网密则水无大鱼，法密则国无全民。"（《明史·刑法志一》）可见，朱元璋要求法律须简明了然，这样就可以避免断案上的模棱两可，不给奸吏枉法可乘之机。为了贯彻他的重典治吏思想，朱元璋于洪武七年颁行新《大明律》三十卷，又创制《御制大诰》、《御制大诰续编》、《御制大诰三编》以颁行全国。这些律条成为明代惩治贪官污吏的重要法器。在法外用刑方面，朱元璋首创"剥皮实草"之刑，规定贪污六十两银子以上者"枭首示众，仍剥皮实草"，并将其挂于官府两旁，以儆诫官吏。明初惩治贪官之刑酷，赵翼有评论说："明祖惩元季纵驰，特用重典驭下，稍有触犯，刀锯随之。"（《廿二史札记·明祖晚年去严刑》）即便是宗亲功臣，朱元璋也绝不手软，如明初有人检举他的侄子朱文正违法乱纪，立即被朱元璋罢官，又有其女婿驸马都尉欧阳伦出差办事时私贩茶叶，竟被朱元璋查证后处死。其中，最能说明朱元璋"重典治吏"的莫过于明史上著名的"空印案"和"郭桓案"，其诛杀人数曾达八万之多，可见朱元璋反贪之猛，用刑之烈。但是，由于朱元璋过于高估"重典治吏"的廉政效果，其结果只能事与愿违，最后连朱元璋自己也不得不感慨说："吏卒赃吏，岂能尽革。"（《御制大诰续编吏卒赃私第七十二》）"我欲除贪赃官吏，奈何朝杀而夕犯？"（刘辰：《国初事迹》）

史学界对于朱元璋的"重典治吏"而收效甚微的原因，曾作过深入探究，其中较为流行的观点是，明代朱元璋制定的官员俸禄过低导致"重典治吏"的实际效果不甚了了。如明末思想家顾炎武曾明确指出了"明代官俸太薄"，这一点，当代海外历史学家黄仁宇在《万历十五年》中曾做过相关考

---

① 杨一凡：《明初重典考》，湖南人民出版社1984年版，第3页。

察也验证了顾炎武的说法。如明朝的七品知县一年只有90石米。当然，如果精打细算地过日子，这点俸禄能勉强凑合，但若要从事其他活动，则肯定入不敷出。因此，官员若无其他敛财手段，其生活水平注定普遍偏低。如著名清官海瑞死后竟然买不起棺木。明代官员这种低俸遭遇无疑违背了"先丰其禄再责以廉"的养廉常识。尽管高薪未必就能养廉，但低薪必然会诱发腐败。因此，从这个意义上说，明代官员俸禄过低确实也是导致其官吏贪墨的制度诱因。可是，在廉政建设上，法律毕竟只是一种惩贪于已然的亡羊补牢式做法，要真正地建设起"防腐于未然"的廉政之风，还是离不开对官员的道德教育——官德建设的培养。

四、加强官德建设

官德，即官员道德，它是对于广大从政干部的一项职业道德要求。在尤为重视修身养性之道的传统儒家文化里，为官与为人是统一的。所以，就品德修养方面来说，一个好官，首先必须是个好人，所以儒家经典《大学》有"自天子以至于庶人，一是皆以修身为本"。这里的"修身"就是"正己"，就是那种修炼道德之人的基本素养和践行功夫。在孔子看来，用儒家这套修身正己的理论把自己修炼成一个好人，这就叫做"成己"，然后再推己及人，把自己所影响到的每一个人皆修习成像自己一样的好人，这就叫做"成人"，用孔子的话，即是"己欲立而立人，己欲达而达人"（《论语·雍也》），这也是儒家所谓的"为政"。从儒家思想来看，无论是做人还是做官，都离不开对人的道德追求，道德上的完善还是实现圆满人生的必要条件，所谓"太上有立德，其次有立功，其下有立言"（《左传·襄公二十年》）。所以，中国儒家文化反复教导人们无论在何种人生境况下都不能失德。如孔子说："君子固穷，小人穷斯滥矣"、"志士仁人，无求生以害仁，有杀身以成仁"（《论语·卫灵公》）。"君子去仁，恶乎成名？君子无终食之间违仁，造次必于是，颠沛必于是"（《论语·里仁》）。总之，作为人之为人的德性禀赋——"仁"，它应具备高于个体生命之上的价值意义，是个体的人在任何情况下都应该固守的。这就是儒家所谓的"有德者不移"，即孟子的"富贵不能淫，贫贱不能移，威武不能屈"（《孟子·滕文公下》）。新出土的郭店儒家文献《穷达以时》一文，通篇展示了一种"穷达以时，德行一也"的思想，实际上就是儒家"有德者不移"的德性论价值观。所以，儒家始终注重对个体道德生命的培育，即"君子以成德为行，日可见之行也"，这种"有德者不移"的德性观，也即《周易·乾卦》的"潜龙"之德，只要士君子保持了这种"德"，即使暂时不见容于世，也不应该有丝毫自暴自弃的人格懈怠。如《周易·乾卦》引孔子之语解说"潜龙勿用"一句爻辞时，即表达了这样一番道理：

初九曰："潜龙勿用"，何谓也？子曰：龙德而隐者也。不易乎世，不成乎名，遁世无闷，不见是而无闷，乐则行之，忧则违之，确乎其不可拔，潜龙也。

儒家这种"有德者不移"的思想体现在官德修养上，就是要求广大官吏明白"做人第一"的道理，即先学会做人，再学做官，必要时甚至不惜丢官也绝不能丢人，就像历史上的"海瑞罢官"那样。一旦自己工作（即事功）与人性道德发生冲突时，应该存德以废事，坚守自己的道德底线。这种官德本位的思想最早见诸孔子以前的先秦时代，如《左传·襄公二十年》引穆叔一段论述立德、立功、立言之关系时说："太上有立德，其次有立功，其下有立言。"

据史料可考，中国古人很早就意识到了作为统治者的德政——"官德"之有无与一国政治衰旺的必然关系。如《尚书·仲虺之诰》篇引用商汤论及夏朝之灭亡时有"有夏昏德，民坠涂炭"的说法，显然，商汤把夏朝灭亡归因于"昏德"——道德败亡所致。到春秋战国时期，一些贤明的政治家更是注重"德"对家兴国治的重要性,如齐国臧哀伯曾说:"国家之败,由官邪也。官之失德,宠赂彰也。"(《左传·桓公二年》)郑国子产也说:"德,国家之基也。"(《左传·襄公二十四年》)孔子据此称赞子产说:"子产有君子之道四焉:其行己也恭,其事上也敬,其养民也惠,其使民也义。"(《论语·公冶长》)孔子用于称赞子产的这种"君子之道",实际就是一种古代的"官德"标准。在总结了先秦各种"官德"要求的基础上,孔子进一步提出"为政以德"的主张,即"为政以德,譬如北辰,居其所而众星拱之"(《论语·为政》)。意思是说,只要能做到以德治国,那么,当政者就会像北极星一样,高居天体北极,大臣和人民群众就像群星一样环绕在他的周围,服从他的领导。又说:"政者,正也。子帅以正,孰敢不正?"(《论语·颜渊》)"其身正,不令而行;其身不正,虽令不从"(《论语·子路》)。在孔子看来,为官者正己就能正民,这里提到的"正",是就统治者的道德要求——"官德"而言的,也就是说,为官者公正,政令就会畅通无阻,民风也就自然好转,所谓"子欲善,则民善也。君子之德风,小人之德草。草上之风,必偃"(《论语·颜渊》)。上层统治者的道德品质及行为是有很大的示范效应,是民之榜样——"民之表也","下之事上也,不从其所令,从其所行。上好是物,下必有甚焉者矣。故上之所好恶,不可不慎也,是民之表也。"(《礼记·缁衣》)对此,孟子也有同样的论调说:"君仁,莫不仁;君义,莫不义;君正,莫不正。一正君而国定矣。"(《孟子·离娄上》)也正是因为意识到统治者的"德"对政治稳定的重要性,孟子进而提出了应该选拔有德者来充任领导的"仁者在位"的主张,"是以惟仁者宜在高位,不仁而在高位,是播其恶于众也"(《孟子·离娄上》)。孟子这种"惟仁者在位"的主张实际上是对西周初年周公"以德配位"思想的继承。

先秦的官德思想中已明确提出"廉"的道德范畴。儒家孔子虽然极为重视"为政以德",但是,"廉洁"一词并未成为孔子思想主题的重要德目,"廉"字在《论语》中也仅出现过一次,其辞载于《论语·阳货》:

子曰:"古者民有三疾,今也或是之亡也。古之狂也肆,今之狂也荡;古之矜也廉,今之矜也忿戾;古之愚也直,今之愚也诈而已矣。"

后来孟子则明确地把"廉"的涵义界定为"不苟取",即"可以取,可以不取,取伤廉"(《孟子·离娄下》)。荀子也提到了"廉节",如"贪利者退而廉节者起"(《荀子·君道》)。

正是有了儒家文化这种注重官德修养的传统,中国古代那些有远见的政治家往往都十分重视官德修养。《左传·襄公四年》记载,周武王时,太史辛甲命百官"官箴王阙",即要求文武大臣用箴言谏诤武王过失。唐太宗李世民曾撰写一部规范帝王身心修养的《帝范》,该书撰成于贞观二十二年(648年),是唐太宗留给太子李治的遗训,李世民自述说:"饬躬阐政之道,皆在其中,朕一旦不讳,更无所言。"其《帝范》可称得上是中国历史上唯一一部由皇帝亲自执笔的帝德修身书,史称"中国历史上最伟大的帝王沉思录"。

《帝范》讲述了一代英明帝王如何管理国家的统御之道,它是唐太宗一生执政经验的高度浓缩,书中对帝王的个人修养,选任和统御下属的学问,乃至经济民生、教育军事等国家事务都做出了非常有见地的解答。其中篇幅最大的则是有关帝王修身——帝德修养的学问方法。全书共分十二篇:君体、建亲、求贤、审官、纳谏、去谗、诫盈、崇俭、赏罚、务农、阅武、崇文。如在论述君德时,唐太宗首先强调了君王修身养性的重要性,他说:"夫君者,俭以养性,静以修身。俭则人不劳,静则下不扰。人劳则怨起,下扰则政乖"。其次是"君德之宏,唯资博达",君王务必要"宽大其志,足以兼包;平正其心足以制断。非威德无以致远,非慈厚无以怀人。抚九族以仁,接大臣以礼。奉先思孝,处位思恭。倾己勤劳,以行德义,此乃君之体也。"在处理宗亲内部关系时,也应该做到"以奸破义,无以疏间亲。察之以德,则邦家俱泰,骨肉无虞,良为美矣"。在君臣关系方面,唐太宗尤其提到了"纳谏"与"去谗"两项君德要求,他把君王的拒谏与偏信谗言的行为当作是人君之恶,"大臣惜禄而莫谏,小臣畏诛而不言。恣暴虐之心,极荒淫之志。其为雍塞,无由自知。以为德超三皇,材过五帝。至于身亡国灭,岂不悲哉!此拒谏之恶也"。对于大臣谗言误国的危害,唐太宗始终保持着高度警惕,"砥躬砺行,莫尚于忠言;败德败正,莫逾于谗佞。今人颜貌同于目际,犹不自瞻,况是非在于无形,奚能自睹?何则饰其容者,皆解窥于明镜,修其德者,不知访于哲人。讵自庸愚,何迷之甚!良由逆耳之辞难受,顺心之说易从。彼难受者,药石之苦喉也;此易从者,鸩毒之甘口也!明王纳谏,病就苦而能消;暗主从谀,命因甘而致殒。可不诫哉!可不诫哉!"(唐太宗《帝范》)

在中国封建时代,与唐太宗劝诫君德的《帝范》形成鲜明对比的是,一代女皇武则天的《臣轨》堪称又一部用于约束群臣的官德手册。唐上元二年(675)三月,女皇武则天引文学之士著作郎元万顷、左史刘祎之等人,修撰此书,备作臣僚官德借鉴之书。在武则天亲自撰写的书序中,声称此书是为了"发挥言行,镕范身心,为事上之轨模,作臣下之准绳",该书遂名为《臣轨》,"轨",即规矩、准绳之意。全书分2卷计10篇——分国体、至忠、守道、公正、匡谏、诚信、慎密、廉洁、良将、利人十章。《臣轨》以儒家传统道德观念为基础,论述为臣者正心、诚意、爱国、忠君之道,是为臣僚的座右铭与士人贡举习业的读本。该书引用刘向在《说苑》中提出的"六正、六邪"的贤臣标准来作为规范诸大臣的为政之德,"《说苑》曰:人臣之行有六正、六邪,行六正则荣,犯六邪则辱",因此,"六正"、"六邪"实可堪称"人臣之术"。其"六正"、"六邪"的具体内容如下:

"六正"是:

一曰萌芽未动,形兆未见,照然独见存亡之机,得失之要,预禁乎未然之前,使主超然立乎显荣之处,天下称孝焉。如此者,圣臣也。

二曰虚心白意,进善通道,勉主以礼义,谕主以长策,将顺其美,匡救其恶。功成事立,归善于君,不敢独伐其劳。如此者,大臣也。

三曰毕身贱体，夙兴夜寐，进贤不懈，数称于往古行事，以励主意，庶几有益，以安国家。如此者，忠臣也。

四曰察见成败，早防而救之，引而复之，塞其间，绝其源，转祸以为福，令君终以无忧。如此者，智臣也。

五曰守文奉法，任官职事，辞禄让赐，不受赠遗，衣服端齐，食饮节素。如此者，贞臣也。

六曰国家昏乱，所为不谀，然而敢犯主之严颜，面言主之过失，不辞其诛，身死国安，不悔所行。如此者，直臣也。

"六邪"是：

一曰安官贪禄，营于私家，不务公事，怀其智，藏其能，主饥于论渴于策，犹不肯尽节，容容乎与代沉浮，上下左右观望。如此者，具臣也。

二曰主所言皆曰善，主所为皆曰可，隐而求主之所好而进之，以快主之耳目，偷合苟容，与主为乐，不顾其后害。如此者，谀臣也。

三曰中实颇险，外貌小谨，巧言令色，又心疾贤，所欲进，则明其美而隐其恶；所欲退则明其过而匿其美，使主妄行过任，赏罚不当，号令不行。如此者，奸臣也。

四曰智足以饰非，辩足以行说，反言易辞而成文章，内离骨肉之亲，外妒乱朝廷。如是者，谗臣也。

五曰专权擅威，持操国事，以为轻重，于私门成党，以富其家，又复增加威权，擅矫主命，以自贵显。如此者，贼臣也。

六曰谄主以邪，坠主不义，朋党比周，以蔽主明。入则辩言好辞，出则更复异其言语，使白黑无别，是非无间，候伺可不，推因而附然，使主恶布于境内，闻于四邻。如此者，亡国之臣也。(武则天《臣轨》)

《臣轨》中单就官员之廉德的阐述乃有《公正》、《廉洁》两章。其《公正》篇指出说，克己奉公应是为官者的基本行为准则，"理人之道万端，所以行之在一。一者何？公而已矣。唯公心可以奉国，为公心可以理家。"只有为官者"公"心，才能秉公执法，才能伸张正义，顺应民心，最终治理好国家，实现社会安宁。其《廉洁》篇则在吸收了汉代刘向"临官莫如平，临财莫如廉"（《说苑·政理》）的廉治思想上，进一步提出了"廉平之德，吏之宝也"的观点，其文说："理官莫如平，临财莫如廉。廉平之德，吏之宝也。非其路而行之，虽劳不至；非其有而求之，虽强不得。"即清廉与公平之德，乃是衡量廉吏的重要标准，一切官吏应时刻坚信以"廉"为正路，不仅如此，"清廉"还是为政者得以善终全身的法宝，即"知者不为非其事，廉者不求非其有，是以远害而名彰也。故君子行廉以全其真，守清以保其身"。

自唐以后，作为官德修身之宝典——《帝范》与《臣轨》二书一直流传久远，并对后世封建君臣的官德教育产生了深远影响。

隋唐以后，以宋明理学为代表的"新儒学"一度成为中国的主流文化。宋明"新儒学"仍然将早期儒学经典（主要是《四书》）奉为修身圭臬。元代以后，《四书》又被列为科举考试的钦定教材，是儒门学子晋升官场科考的必读书目。从此，儒家《四书》有关为政之道的官德思想，不仅对当时的士大夫精神产生了不可磨灭的影响，其余波甚至绵延到了我们现代中国人及海外华人。与早期儒学一样，宋明新儒学仍然十分重视士人修身教育与官德培养。如素有"道学宗主"之美誉的周敦颐就认为，人之贵者不在官位的高低，而在于其德之尊贵，他说："天地间，至尊者道，至贵者德而已矣。至难得者人，人而至难得者，道德有于身而已矣。"（《通书·师友上》）又说："道义者，身有之，则贵且尊。"（《通书·师友下》）在周敦颐看来，这些"道德""道义"就是先秦儒学所尊的上古"圣人之道"，"圣人之道，入乎耳，存乎心，蕴之为德行，行之为事业"（《通书·陋》）。像周敦颐这样因过于恪守官场"道义"，有时难免在世人看来是一种循规蹈矩的"拙"态。难能可贵的是，周敦颐不以此官态之"拙"为耻，反以为荣，还因此公然鄙视那些在官场左右逢源的"巧者"。在他看来，官场腐败风气，往往正是源于这些"巧者"的肆无忌惮。为了标榜自己居官行事的这副

"拙"劲，周敦颐还自述《拙赋》以自勉，其文如下：

或谓予曰：人谓子拙？予曰：巧，窃所耻也，且患世多巧也。喜而赋之。

巧者言，拙者默；巧者劳，拙者逸；巧者贼，拙者德；巧者凶，拙者吉。呜呼！天下拙，刑政彻。上安下顺，风清弊绝。①

在周敦颐看来，如果官员都能效仿这种"拙"态以循规蹈矩的话，则整个官风自然就会廉平，政治也就清和了。

通过上述这番历史的考察，不难明白，在以儒家为主流文化的传统中国社会一直就很重视官德建设，可以说，重视官德教育本来就是一种历史悠远的中国文化。因此，新中国成立以后，我们党和国家领导人历来都很重视对广大干部的官德教育，尤其在我们新时期反腐败斗争中更加重视"德治"的作用，在大力加强社会主义法治建设的同时，也努力倡导"以德治国"的必要性。

新时期"以德治国"的宗旨是在中共十六大新修改的《中国共产党章程》中，正式写入党章的。随后，胡锦涛总书记在2003年7月1日的讲话中，再一次明确了中国共产党将坚持"以法治国和以德治国相结合的思想"作为新时期的施政纲领。

在实际中，贯彻这种"以德治国"政治纲领的关键是"以德治官"的官德建设。由于官德是民德的表率，官风可以影响着民风，是全社会道德风尚好坏的"风向标"。如儒家经典《礼记·缁衣》篇言："上好仁，则下之为仁争先人。故长民者章志、贞教、尊仁，以子爱百姓；民致行己，以说其上矣"，《论语·颜渊》说的"君子之德风，小人之德草。草上之风，必偃"，这些都是旨在说明官德对民风的导向作用。不仅儒家如此，早期法家也有"以吏为师"的说法。"以吏为师"是说，官吏的一举一动、一言一行，都将成为民众效法的榜样。从这个意义上说，官德实在是不得轻慢、也不可懈怠的万德之首。如晋朝的蔡充，为人好学且有名声，当时的高平人刘

---

① 《元公周先生濂溪集·卷之六》，岳麓书社2006年版，第100页。

整，经常是车驾衣着奢侈华丽；但是刘整曾经对人说："我虽然有喜好穿着华丽衣着的坏习惯，可是每当我碰到与蔡充见面同座以后，那天我的心整天就不免感到不安，觉得自己实在是庸俗不堪啊！"还有，唐朝大历年间，皇帝曾下诏任命杨绾为宰相。杨绾为官一向廉明清正，而且生活非常的俭朴；当时的御史中丞崔宽，非常富有，财产很多，崔宽家中花园里的楼台亭榭不但多而且美，在当时可称为天下第一了。但是，当他听到杨绾当上了宰相的消息，当天立即就默默地自行拆毁了花园中的亭台楼榭。而郭子仪听到杨绾就任宰相的消息，也将自己家里的乐妓裁减了五分之四。须知，郭子仪军功甚大，曾经立下了收复两个京师的大功劳，并被皇上封为汾阳王，威势权力可谓震惊当世，然而对一个崇尚廉洁简朴的宰相，却仍然是如此的敬畏！由此可知官德对社会移风易俗的导向作用。

在我党执政八十多年的光辉历史上，一方面曾塑造过一批官德优秀的干部模范，如焦裕禄鞠躬尽瘁、死而后已的为民服务精神，孔繁森热爱人民、无私奉献的公仆本色，吴天祥爱民为民、情系百姓的奉献精神等，另一方面对那些不守官德的贪官污吏也严惩不贷、绝不姑息，如建国初的刘青山、张子善，新时期的王宝森、成克杰、胡长清等一批官德败坏的腐败分子也终受到党纪国法的处罚。

新时期，我国官德建设的现状总体上是好的，但在当前，也时常被媒体引爆一些因官德缺失而导致的腐败"问题官员"。有学者将这新时期导致官德缺失的原因归结为三个方面：即失"常"、失"廉"和失"身"。兹略举三例如下：

（1）失"常"：不信科学信迷信。据国家行政学院程萍博士最近完成的一项"中国县处级公务员科学素养调查"的结果显示，尽管中国县处级公务员科学素养水平总体上要高于普通民众，却只有不到1/2的官员表示，不相信"相面"、"周公解梦"、"星座预测"和"抽签"中的任意一种迷信形式。相信"相面"的县处级官员的比例，甚至要高出普通百姓。有的官员为了追求仕途顺利，开始讲风水、寻大师、求神拜佛。

（2）失"廉"：前赴后继。廉耻，本是官员必具的最起码的道德品质，所谓"廉耻，士君子之大节也"（欧阳修《廉耻说》）。因此，为官行廉是官员执政时必须随时坚守的道德底线。只有为官清廉，才会有官威，才能让民服，即"吏不畏吾严而畏吾廉，民不服吾能而服吾公。廉则吏不敢欺，公则民不敢慢。公生明，廉生威"（张聪贤《官箴》）。温家宝在2011年全国两会期间的记者招待会上说，当前最大的危险在于腐败。可是，即使在全民如此高调反腐的态势下，还是有不少不轨官员铤而走险，前赴后继。

（3）失"身"：生活腐化。当前在部分官员中奉行享乐主义而生活腐化，包养情人。据现行婚姻法起草专家小组负责人巫昌祯教授的调查发现，官员腐败60%以上跟包"二奶"有关，被查出的贪官中95%有"情妇"。更为严重的是，不少官员对待这些生活作风问题普遍表现得习以为常，甚至不以为耻，反以为荣。[①]在腐败官员大肆包养情人的现象背后，往往伴随着一系列奢侈无度的肆意挥霍，如王宝森吃一顿饭要万元以上，睡一个妓女要7000美金；陈希同用国家财产包养情妇，并动用公款造别墅供自己淫乐，他与情妇到安乐窝一共去了181次，共花费公款151万；成克杰包养情妇李平，并一同索贿受贿……[②]

透视我国当前的官德缺失现状，首先是离不开当前这种因腐败蔓延而自然滋生的"腐败文化"，这种"腐败文化"常为部分官员的贪腐心理提供了某些似是而非的歪理邪说，如"常在河边走，哪有不湿鞋"、"小节无害"、"水至清则无鱼，人至察则无徒"、"无商不奸，无官不贪"、"小巫见大巫"等。排除当前之官德缺失的"腐败文化"，原因还有许多，其中关键因素应是我国当前所处的国情所使然，这种国情就是"新的社会制度正在逐步形成，旧的社会秩序正在逐步消亡"。在这样一个过渡时期，我们的权力监督体系不仅有待完善，加上我国改革开放的全方位推进，各种国外流行的享乐主义生活方式与价值观也连带地输入到中国，影响并腐蚀了部分官员，因而也助长了当前的官德败坏现象。为此，党中央不仅对我国当前腐败现象的危害有着清醒的认识，也曾经多次高调重复了自己的反腐决心，如党的十六大报告指出说："坚决反对和防止腐败，是全党一项重大的政治任

---

① 参见《"透视官德缺失七种现状"：部分官员将命运寄托鬼神》，《半月谈》2010年第16期。
② 《国家公务员廉政必读》，中国方正出版社2005年版，第42页。

务。不坚决惩治腐败,党同人民群众的血肉联系就会受到严重损害,党的执政地位就有丧失的危险,党就有可能走向自我毁灭。"党的十六届四中全会也指出:"党风廉政建设和反腐败斗争关系党的生死存亡。党越是长期执政,反腐倡廉的任务越艰巨,越要坚定不移地反对腐败,越要提高拒腐防变的能力。"因此,要加强新时期的官德建设,我们还必须要多多借鉴一些中国古代或当今国外的优秀经验。

中国古代官德建设的优秀经验之一,就是选官制度上的"举贤才"标准。无论是中国汉代的察举制还是隋唐以后的科举制,它们在选拔官吏上都普遍遵守一个共同的道德标准——"唯德是举"。这一点,司马光的《资治通鉴》点评得很明显,如在《资治通鉴》第一卷"评智伯之亡"时,司马光说道:"才德全尽,谓之圣人;才德兼无,谓之愚人。德胜才,谓之君子;才胜德,谓之小人。凡取人之术,苟不得圣人、君子而与人,与其得小人,不若得愚人。"在司马光看来,人之才、德两者是本与末、统治与被统治的关系,即"才者,德之资也;德者,才之帅也"。司马光总结的这种"取人之术",一直主导着中国几千年的选官之道。中国古代这种"唯德是举"的选官之道,对于我们当今官德建设的启发意义在于,我们应该把这个"以德选官"的历史标准形成为制度,在选拔任用官员时应该重视官德的作用,做到"有德有才破格重用,有德无才培养使用,有才无德限制录用,无德无才坚决不用"。

在借鉴国外官德建设的先进经验上,我们首先应该逐步建立和完善包括官德考核在内的政绩考核体系。在官员品德考核方面,新加坡政府的做法很值得我们借鉴。新加坡的公务员品德考核方法有两种:一是个人品德记录。政府每年发给公务人员一部日记本,用以记录个人品德。公务人员必须随身携带该日记本,并随时记录其在外的活动行踪。在平日常办公时间,除了亲友来访应做必要的姓名与来访事由加载外,其余可不予记录。公务人员必须在周一上班时,将该日记本呈交给主管官员检查、签名和发还。主管官员一旦发现其记录有问题,应及时主动将这项记录移送反贪污调查局进行审核查实。否则，主管官员与下属就要承担连带责任。二是行为跟踪。反贪污调查局依法有权对所有公务员，尤其是新参加工作的公务员进行行为跟踪，暗地调查他们的日常活动。其主要内容有：公务员的私生活是否正常，有无嫖赌行为，有无出入酒吧的行为，有无与非法团体来往等等。反贪污调查局在进行行为跟踪时，注重证据的收集，可以采取秘密拍摄方式收集各种证据，以使当事人毫无辩解的余地。如果发现有公务员违法，立即写出调查报告提交给被跟踪人员的主管官员，核实当事人日记是否属实，并给予相应的处理。实践证明，正是这套品德考核制度成为新加坡政府有效防范公务员贪污腐败的得力举措。

参考文献

1. 中央纪委办公厅编：《廉洁从政行为规范》，中国方正出版社2003年版。
2. 中央纪委法规室,监察部法规司编译：《国外反腐败·廉政法律法规选编》，中国方正出版社2002年版。
3. 《国家公务员廉政必读》（全国国家公务员廉洁从政教育读本），中国方正出版社2005年版。
4. 任建明、杜治洲：《腐败与反腐败——理论、模型和方法》，清华大学出版社2009年版。
5. 国家监察部：《干部廉政二十讲》，浙江人民出版社1991年版。
6. 李建华：《中国官德》，四川人民出版社2000年版。
7. 李建华、周小毛：《腐败论》，中南大业大学出版社1997年版。
8. 张涛、项永琴：《中华伦理范畴·廉》，中国社会科学出版社2006年版。
9. 包恒新：《戒贪立廉史鉴》，华龄出版社2007年版。
10. 胡鞍钢：《中国：挑战腐败》，浙江人民出版社2001年版。
11. 杨继亮：《腐败论》，中国社会科学出版社1997年版。
12. 汪志芳：《反腐败论》，浙江人民出版社1991年版。
13. 王沪宁：《腐败与反腐败——当代国外腐败问题研究》，上海人民出版社1990年版。
14. 李雪勤：《中国拒绝腐败》，中国言实出版社1997年版。
15. 杨建祥：《儒家官德论》，江西人民出版社2007年版。
16. 魏英敏：《新伦理学教程》，北京大学出版社1993年版。
17. 郑利平：《腐败的经济学分析》，中共中央党校出版社2000年版。
18. 宋长国等：《各国廉政建设比较研究》，知识产权出版社2006年版。
19. 过世杰：《人生之宝——中外名人廉洁风华》，新疆青少年出版社2005年版。
20. 齐涛：《中国奸臣的末路》，齐鲁书社2008年版。

21. 李文珊：《当代中国廉政建设中的道德调控研究》，中央文献出版社2007年版。
22. 焦健：《当代中国廉政制度预设新论》，天津人民出版社2006年版。
23. 宋振国、刘长敏：《各国廉政建设比较研究》，知识产权出版社2006年版。
24. 温家琦等：《古今中外廉政故事选》，中国青年出版社1991年版。
25. 丁品余：《国外腐败丑闻与廉政之鉴》，中国劳动出版社1995年版。
26. 何亮亮：《解密香港廉政公署》，中信出版社2006年版。
27. 刘洪潮：《外国腐败之风与廉政之道》，新华出版社2000年版。
28. 陈茂同：《国历代选官制度》，华东师范大学出版社1994年版。
29. 苏灿：《苏轼为官之道》，四川大学出版社2009年版。